대학정책,
어떻게
바꿀 것인가

대학정책, 어떻게 바꿀 것인가

초판인쇄 2017년 3월 20일
초판발행 2017년 3월 30일
엮은이 한국대학학회
펴낸이 박성모
펴낸곳 소명출판
출판등록 제13-522호
주소 서울시 서초구 서초중앙로6길 15, 1층
전화 02-585-7840
팩스 02-585-7848
전자우편 somyungbooks@daum.net
홈페이지 somyong.co.kr

ISBN 979-11-5905-158-6 93340

값 15,000원

대학정책,
어떻게
바꿀 것인가

한국대학학회 편

책을 내면서

대학정책, 전면적인 전환이 필요하다

윤지관

지금 한국사회는 커다란 변화의 와중에 있다. 이 변화의 흐름은 촛불을 든 시민들이 창출해낸 것으로 이제 우리는 그동안 누적된 '적폐'를 청산하고 새로운 사회체제를 이룩해내야 하는 과제에 직면해 있다. 지난 정권 하에서 '점진적 쿠데타(creeping coup d'Etat)'가 진행되고 있다는 우려가 나올 정도로 민주주의의 기본질서가 무너지고 사회의 각 부문에서 과거회귀의 징후가 지배하고 있었다. 이런 암울한 상황에서 터져나온 촛불 시민혁명은 단순히 국정농단 세력들을 권좌에서 끌어내는 데 그치지 않고 무너진 민주주의를 회복하는 동시에 기득권 구조가 초래한 불평등하고 불공정한 사회풍토를 혁신할 것을 요구하고 있다.

적폐청산과 새 사회 건설의 시대적 요청은 대학의 경우도 예외가 될 수 없다. 대통령의 탄핵을 촉발한 계기 가운데 하나가 다른 어느 곳도 아닌 대학에서 터져나왔다는 것은 무엇을 말해주는가? 이화여대의 평생교육단과대학 사업에 대한 학생들의 반발과 이 사태에 이어 드러난 입시부정과 대학의 권력유착은 국민들의 공분을 불러일으켰다. 지난 두 번의 보수정권을 거치는 동안 대학은 신자유주의적인 상호경쟁에 내몰리면서 대학의 기본이라고 할 자율성은 극도로 침해되고 대부분의 대학이 강압적인 구조조정의 압박을 받아왔다. 이화여대 사태는 재정지원을 빌미로 한 교육부의 대학통제와 대학의 순응주의가 결합하여 빚은 비교육적 환경이 학생들의 농성을 불러일으킬 정도로 악화되어 있었음을 말해준다.

한국대학학회가 창립 직후 구조조정 중의 한국대학의 실상을 파악하기 위해 진행한 전국순회 지역별 집담회는 이같은 대학의 환경이 비단 이화여대만이 아니라 일반적인 것임을 말해준다. 2014년 9월부터 2015년 2월까지 전국을 11개 지역으로 나누어 12회(서울지역 2회)에 걸쳐 이루어진 이 집담회에는 국공립과 사립대 총 76개 대학의 대표들이 참여하여 한국의 대학이 처해 있는 위기의 현실을 생생하게 증언하였다. 구체적인 상황은 대학마다 차이가 있다해도 대학이 무너지고 있다는 징후는 너무나 뚜렷했다. 6개월간 지속된 이 연속집담회를 통해 우리는 획일적인 기준에 따른 강제적인 구조조정이 대학교육현장을 어떻게 황폐하게 만들고 있는지, 대학내부의 민주적인 거버넌스가 어떻게 무너져 있는지, 대학교육의 질이 얼마나 심각하게 하락해 있는지 확인하는 동시에, 대학들이 교육부의 통제에 순응하고 교수사회에도 패배주의와 아울러 이기주의가 팽배하고 있는 현실을 볼 수 있었다.[1] 이화여대 사태는 대학이 처해 있는 이같은 상황의 한 축도였다.

1 전국 순회집담회의 상세한 내용은 허창수, 「순회집담회 보고서 – 구조조정 속 대학의 현실」,

대통령 탄핵 이후 우리 사회는 대선국면에 들어서 있고 그 어느때보다도 정권교체에 대한 기대가 높아져 있다. 사회의 전 분야에서 적폐청산과 기득권구조 개혁을 통한 불평등 해소가 차기정부의 일차적인 과제로 떠올랐고 이것은 대학문제에서도 마찬가지다. 전국 순회집담회에서도 드러났다시피 위기에 처한 한국의 대학들이 대학다운 역할을 못하게 된 데는 그 구성원들 특히 교수집단의 책임이 작지 않다고 본다. 그런 점에서 교수집단 자체가 대학 내외의 적폐청산 작업에 솔선하여 나서는 것이 대학을 변화시키는 데 필수적인 요건이라고 할 것이다. 그렇지만 이같은 대학풍토가 형성된 근원에는 바로 대학을 기업체처럼 관리통제하고, 재정지원을 미끼로 대학과 교수들을 길들여온 대학정책이 놓여 있다. 차기정부에서 모든 영역에서 정책전환이 요구되고 교육 부문도 마찬가지지만, 무엇보다 대학정책이야말로 전면적인 방향전환이 필요한 것도 이 때문이다.

한국대학학회는 그간 신자유주의적인 대학정책의 방향을 수정하고 이를 대체할 대안정책을 모색해왔다. 이 책은 이같은 목적으로 학회가 작년 10월부터 일곱 차례에 걸쳐 진행해온 대학정책포럼의 소산이다. 한국대학학회는 지난 2013년 11월 정부의 구조조정 정책 기본계획이 발표되면서 이에 맞서는 대안정책의 수립을 위한 연구와 협업이 필요하다는 교수사회의 여망에 따라 2014년 6월 창립되었다. 이후 거의 1년간의 공동작업 끝에 이듬해 4월 국회에서 '대학구조조정 정책대안'을 발표한 바 있다. 그러나 획일적인 평가기준에 따라 대학을 줄세우고 이를 토대로 차등적 정원감축을 강행하는 교육부의 구조조정의 폐해가 대학의 기본기능조차 무너뜨리고 있는 것을 목도하면서 학회는 비단 구조조

『대학 : 담론과 쟁점』 창간호, 2016.7, 111~128쪽.

정이나 정원감축만이 아니라 사회와 대학이 맞이한 새로운 환경에 부응할 수 있도록 대학정책이 전면적으로 개편될 필요가 있다는 인식에 도달하였다.

신정부에서 대학정책을 전면개편해야 하는 이유는 크게 네 가지로 정리할 수 있다.

① 지난 20년간 신자유주의적 대학정책으로의 과도한 편향으로 대학의 기능, 경쟁력, 운영구조 등에서 근본적인 문제가 초래되었다. 이화여대 사태가 단적으로 말해주듯 대학들 사이의 경쟁을 통한 재정지원 방식이 일반화됨으로써, 대학은 실질적인 연구와 교육의 질적인 향상보다 정부가 제시한 지표경쟁에 내몰리고 자율적이고 창의적인 연구의 기반은 더 취약해졌다. 정부는 대학들을 일률적인 기준으로 평가하여 순위를 매기고 당장의 성과와 취업률을 중시하는 식의 구조조정과 특성화를 추진하여 대학의 기능을 극도로 협소하게 만들었다. 대학의 본령이라고 할 대학의 민주적 운영 구조는 이같은 편향적인 요구에 굴복한 대학의 순응주의와 결합하여 거의 무너지게 되었다. 신자유주의적 대학정책의 실패가 확연해진만큼 이를 대체할 '포스트' 신자유주의적인 정책대안의 모색과 실천이 긴요한 시기라고 할 것이다.

② 앞으로 10년간 인구감소 추세가 대학에 본격적인 영향을 미치고 대학의 구조조정이 큰 규모로 이루어질 수밖에 없는 국면으로 진입하고 있다. 중등교육은 이미 학령인구 감소의 영향을 받아 어느 정도 조정을 거쳤고 진보교육감들의 대거당선으로 일정한 개혁의제를 추구하고 있기도 하다. 그러나 대학은 다르다. 향후 10년 동안 현 대학정원의 3분의 1이, 20년 후에는 현 정원의 2분의 1이 줄어들게 될 것이 예상되기 때문

에 이 구조조정을 어떻게 겪느냐 하는 것이 한국 대학 나아가서 교육 전반에 결정적인 분기점이 될 전망이다. 지난 정부의 기업체 구조조정 방식의 정원감축 위주로는 대학의 피폐화를 피할 수 없고 장기적인 대학체제의 개편도 기할 수 없다. 그럼 점에서 대학의 체제 개편을 목표로 한 대학 구조조정 원칙을 새롭게 세울 필요가 있다.

③ 지구화가 대세가 된 이후 우리 사회도 급속도로 지식기반사회를 향해 가고 있고, 최근 제4차산업혁명으로 일컬어지는 기술혁신으로 미래의 삶과 사회가 근본적인 변화를 겪을 것이라는 전망이 나오고 있다. 대학은 더 이상 근대적인 효율추구만으로는 시대의 요구에 부응할 수 없고 지식기반사회에서 미래대학의 책무와 역할이 새롭게 사고될 필요가 있다. 격변하는 기술환경에 대비하는 전문교육과 아울러 융합과 창의성을 동반하는 종합적인 소양교육이 어느때보다 더 필요한 시대가 오고 있는 것이다. 아울러 4차산업혁명 이후 지식과 기술의 독점과 비인간화의 위협 속에서 사회통합에 필요한 민주시민으로서의 자질 함양도 고등교육이 담당해야 할 몫이다. 차기정부의 대학정책은 이같은 미래사회의 변화에 부응하는 전망 속에 수립되어야 할 것이다.

④ 그러나 이상과 같은 변화에 대처하기 위한 어떤 방책도 한국 대학의 왜곡된 편제와 이로 인한 적폐를 방치하고는 효과가 없을 것이다. 즉 한국 대학은 세계에서도 유례없이 사학이 중심이 된 체제로 교육환경은 열악한 반면 대다수 학생들이 고액등록금으로 고통받고 있으며 학벌주의에 기반한 대학서열구조가 공교육을 왜곡시키고 있다. 더구나 이 사학들의 대다수는 전근대적인 족벌경영으로 고질적인 사학문제를 유발해왔다. 이같은 적폐를 그냥두고는 새로운 환경에 대응할 수 없다는 것

이 명백하기에 차기정부의 교육정책이 성공하려면 이번에야말로 이 고질화된 문제를 해결해야 한다. 향후 10년간 대학은 대폭적인 구조조정이 불가피하기 때문에 차기정부로서도 사학문제를 해결하고 대학 편제를 선진화할 수 있는 절호의 기회를 맞고 있는 셈이다.

한국대학학회는 이상과 같은 인식 아래 20년간 지속된 신자유주의 대학정책을 대체할 수 있는 '포스트' 신자유주의 정책을 모색하기 위한 논의를 지속해왔다. 프라임(PRIME) 사업으로 대변되는 정부의 재정지원사업이 산학중심의 대학 구조조정을 강제함으로써 오히려 대학을 위기에 몰아넣어 이화여대 사태처럼 그릇된 대학정책의 폐해가 심각하게 드러나던 작년 여름, 학회는 포럼조직위를 구성하여 대안적인 대학정책에서 고려해야 할 중심적인 주제를 7가지(신자유주의 교육정책 극복문제, 서열화 문제, 재정과 등록금 문제, 경쟁력 문제, 구조조정과 사학문제, 교수구성변화와 비정규직교수 문제, 학문종속성 문제)로 대별하고, 촛불모임이 본격화되던 10월부터 '대학정책 방향전환을 위한 전문가포럼'을 시작하여 올해 3월 말까지 일곱 차례의 포럼을 가졌다. 매달 1회 개최된 이 포럼은 각 주제별로 세 사람의 전문가의 모두발제에 이은 참석 학회회원들과의 심도 있는 종합토론으로 이루어졌고, 포럼조직위는 이 모든 논의 내용을 녹취하고 정리하였다.

대학정책포럼의 목적은 현재의 국면에서 그리고 현재의 조건에서 대학을 변화시켜나갈 수 있는 실질적인 방안과 정책을 발본적인 시각에서 재검토해보자는 것이다. 진보학계에서 오래 전부터 제기해온 대학평준화라거나 국립대통합이나 전국교양대학과 같은 대학체제의 개편을 위한 의제를 그것대로 고려하되, 이를 넘어서 한국 대학이 지구화 국면에서 처해 있는 상황을 좀 더 대국적으로 바라보고 대학이라는 기관의 존재방식과 그 역할에 대한 장기적인 전망을 통해서 현재의 대학문제에 접근하고자 하였다. 서열화나 구조조정 그리고 사학문제와 같은 한국대학이 당면한 병폐에 대한 대책과 아울러 대학의 경쟁력이라거나 학문의 종속성과 같은 다른 차원의 주제도 다루기로 하였다. 비록 한국 대학이 평준화되고 사학비리가 일부 개선된다해도 한국 대학이 지구적 차원에서 겪고 있는 더 본원적인 문제를 회피하고는 제대로 된 대학정책을 세울 수 없는 까닭이다.

대학문제가 복잡한 만큼 다양한 시각이 존재할 수밖에 없지만 정책 자체는 예산문제를 비롯한 현실적인 사안이기도 한 점도 중시하였다. 어떤 이념적 지향에 따른 정해진 해답이 아니라 사실에 근거해서 좀 더 현실적인 정책대안을 모색하는 방향을 취하기로 한 것도 이 때문이다. 한국대학학회에서 활동하는 대학 전문가들은 대개 진보적인 지향을 가지고 있지만, 포럼에는 이들만이 아니라 과거 정부에서 교육부문 정책수립에 참여하거나 자문했던 다른 시각의 논자들도 패널로 초청하여 함께 토론하였다. 여기에는 이같은 토론이나 협업을 통해서 실현가능한 정책대안들이 도출될 수 있을 것이라는 판단이 있었다. 실제로 이 포럼에 참여한 패널들은 각자의 시각에서 대학정책에서 짚어야 할 문제들을 짚고 다양한 방안들을 제안했으며, 입장이 다르더라도 활발한 토론을 통해서 의견들을 종합하고자 하였다. 비록 종합토론을 이 책에 수록하지는 않았지만, 발표자들이 발표문을 개고하는 과정에서 토론 내용을 반영하기도 하였고 추후 이 포럼을 토대로 한국대학학회의 대학정책안을 작성하고 다듬는` 데도 종합토론이 큰 도움이 될 것으로 기대한다.

작년 10월 시작 당시 대학정책포럼의 원래 계획은 총 8회의 포럼을 올해 5월까지 진행하고 그 결과를 토대로 학회 내의 정책위원회에서 3개월 정도 정리작업을 거친 후 9월 학회 차원의 대학정책안을 발표하는 것이었다. 그러나 포럼을 시작한 후 촛불집회의 규모가 커지고 결국 대통령이 탄핵되면서 정치일정이 크게 앞당겨지게 되었다. 포럼도 일정을 조정하여 3월 17일 학문종속성 문제에 대한 토론을 끝으로 마감했으며, 발표문을 정리한 단행본을 출간키로 한 계획도, 충분한 시간을 두고 협업하기로 한 정책안 작성도 시일을 다투게 되었다. 촉박한 일정 때문에 충분한 개고시간을 드리지 못하였지만 포럼에 참석한 패널들이 한 분만 빼고 모두 수정보완한 원고를 제출하여 예정대로 책을 낼 수 있게 되었다. 무엇보다 패널로 발표를 맡고 장시간의 종합토론에 참여하여 새로운 대학정책안 마련에 함께 해주신 스물한분의 패널 선생님들께 진심으로 감사드린다. 불가피한 사정으로 원고를 완성하지 못한 최갑수 교수를 대신하여 비정규직 교수 문제를 새로 집필해주신 박거용 교수와, 마이클 박 교수의 영문원고를 번역해 주신 천지현 씨께는 따로 감사를 전한다. 또한 여러모로 어려운 출판환경에서 이 책의 의미를 높이 사서 일정이 촉박함에도 선뜻 출판을 맡아준 소명출판 박성모 사장께 깊이 감사드린다. 학회에서는 상임편집위원을 맡고 있는 국민대 서재길 교수와 김종탁 간사가 실무를 맡아서 수고해주었고, 편집 운영위원들을 비롯한 많은 회원들이 포럼에 기여하였다. 이번 단행본 출간으로 한국대학학회를 탄생시킨 대학사회의 여망에 조금이나마 보답할 수 있게 되어 기쁘게 생각하며, 새로운 여건에서 대학이 제자리를 잡게 하는 일에 앞으로도 함께 하고자 한다.

차례

1

'포스트' 신자유주의 대학정책, 어떻게 가능한가

자본독재시대의 대학

위기의 한국 대학과 학문

김누리

1

한국 대학은 죽었다. 부산대학교 고현철 교수의 비극적인 죽음은 한국 대학의 죽음을 대유(代喩)한다. 그는 짜라투스트라가 아직도 "신이 죽었다"는 것을 모르는 저자거리의 군중들에게 신의 죽음을 고지했듯이, 아직도 '대학이 죽었다'는 사실을 깨닫지 못하는 '무딘' 감수성을 지닌 대학사회에 경종을 울리려 자신의 몸을 던진 것이다.

중앙대학교 박용성 전 이사장이 비판적인 교수들의 "목을 치겠다"고 공언한 것도 단순한 실수나 허언이 아니다. 그것은 오늘날 한국사회에서 자본과 대학이 맺고 있는 관계를 상징적으로 보여준다. 자본이 대학과 학문의 목을 치겠다고 선언한 것이다. 여기서 드러난 것은 단지 자본권력의 오만방자함만이 아니다. 그것은 자본이 교수와 학문의 생사여탈권을 제멋대로 쥐고 흔들 만큼 대학이 자본의 지배에 완전히 예속되었음을 현시한다.

한국 대학이 죽었다는 사실은 근대 대학의 이념을 돌아볼 때 더욱 선명해진다. 근대 대학의 창시자로 불리는 알렉산더 폰 훔볼트는 "대학은 교수와 학생으로 이루어진 자유롭고 평등한 학문공동체"라고 정의했다. 이에 비추어 보면 한국 대학의 현실은 참담하다. 과연 교수가 존재하는가? 교수(professor)는 말뜻 그대로 "앞에서(pro) 말하는(fess) 자"이다. 권력 앞에서 당당하게 비판하는 자가 교수인 것이다. 보편적 진리를 탐구하는 교수는 특수한 이해를 추구하는 권력과 '필연적으로' 대립할 수밖에 없기에, 교수의 존재론적 본질은 '권력 비판'에 있다. 하지만 한국 대학에서 '교수'는 점점 더 사멸해가고 있다. 학생은 어떤가? 학생은 이름 그대로 '연구하는(studieren) 자'이다. 하지만 오늘날 연구, 즉 진리 탐구에 호기심을 갖고 몰두하는 학생을 찾아보기는 어렵다.

나아가 대학은 과연 '자유롭고 평등'한가? 교수와 학생은 대학의 관료적 지배에 철저히 예속되어 있으며, 대학의 행정권력과 교수 사이에, 교수와 학생 사이에, 정규직 교수와 비정규직 교수 사이에는 엄청난 불평등과 종속관계가 존재한다. 또한 한국 대학은 더 이상 '학문공동체'도 아니다. 이미 대학은 취업학원으로 전락한지 오래고, 교수들은 교수들대로, 학생들은 학생들대로 '경쟁'이 유일한 논리로 창궐하는 싸늘한 전쟁터에서 살아가고 있다. 이렇게 '권력비판을 하지 않는 교수'와 '진리탐구에 관심이 없는 학생'으로 이루어진 '부자유하고 불평등한' '취업 전쟁터'가 오늘날 한국 대학의 모습이다. 훔볼트가 학자에게 꼭 필요한 전제라고 말한 '자유와 고독'은 사치에 가깝다.

왜 한국 대학이 죽었는가? 누가 한국 대학을 죽였는가? 자본권력과 국가권력이 결탁한 한국의 기득권 세력이 대학을 죽였다. 이들이 가장 두려워하는 조직이 바로 대학이기 때문이다. 해방 이후 70년간 우리 사회를 지배해온 기득권 집단은 사실 야당도 노조도 그다지 두려워하지 않는다. 기존 질서에 근본적인 위협이 되지 않기 때문이다. 야당은 기실 '과두지배체제(Oligarchies)'의 일부로서 이미 기득권의 지분을 나누어가진 집단이 되었고, 노조 또한 상당 정도 체제에 통합되고 순치되었다.

한국의 기득권 집단이 대학을 가장 두려워하는 이유는 우리의 현대사만 돌아보아도 쉬이 알 수 있다. 4·19혁명, 5·18민주화운동, 6·10민중항쟁 등 한국 현대사의 역사적 고비마다 전위에 서서 사회의 변화를 견인해온 것은 다름 아닌 대학과 대학생이었다. 기득권 세력은 체제의 '안정적인 관리'를 위해 가장 중요한 일이 바로 대학을 장악하고 통제하는 것임을 역사에서 배웠다.

대학을 장악하고 대학에 대한 지배력을 유지하기 위해 이들이 얼마나 치열한 투쟁을 벌여왔는지를 극적으로 보여준 사례는 야당 시절 박근혜 한나라당 대표가 벌인 사립학교법 개정 저지 투쟁이다. 박 대표가 소수의 개방이사를 참여시키는 '기술적인' 조항 하나를 놓고 모든 국정 현안을 뒤로 한 채 무려 6개월간 가두투쟁을 벌인 이유는 무엇이겠는가? 이는 한국의 기득권 세력이 대학에 대한 빈틈없는 통제력을 유지하는 데 생사를 걸고 있음을 단적으로 보여주고, 또한 역으로 그들이 대학을 얼마나 공포의 대상으로 여기고 있는지를 반증한다. 한국의 보수언론, 특히 자본권력의 충실한 하수인인 경제신문들이 집요하게 총장직선제를 반대하는 담론을 펼쳐온 이유도 여기에 있다. 한국의 기득권 세력은 대학의 민주주의가 복원되면 대학이 다시 정치적 공론장으로서의 기능을 회복하고 권력 비판과 사회 변혁의 견인차 역할을 맡게 될 상황에 공포감을 느끼는 것이다.

2

한국의 기득권 세력과 대학의 관계를 살필 때에는 기득권 집단 내에서 그 동안 세력 구도가 재편되었다는 사실도 주목해야 한다. 재벌을 중심으로 한 경제권력이 수구-보수의 연합체인 정치권력보다 우위에 서는 구도로 변한 것이다. 오늘날 우리는 자본이 사회의 모든 영역을 사실상 지배하는 '자본독재 시대'를 살고 있음을 인식해야 한다. 이를 실증하는 사례는 차고 넘친다. 2008년 삼성의 법률팀장이던 김용철 변호사의 '삼성 비자금 폭로 사건'은 매우 징후적이다. 그가 이 폭로를 감행한 곳은 야당도, 시민단체도, 진보 성향의 언론사도 아니었다. 그 곳은 가톨릭 정의구현사제단이었다. 이는 종교적 성소 이외에는 우리 사회에 자본의 촉수가 미치지 않는 곳은 이미 존재하지 않는다는 사실을 처연하게 증언한다.

2005년 이건희 전 삼성 회장의 박사학위 수여에 반대해 시위를 벌인 학생들에 대한 고려대의 조치도 자본과 대학의 관계를 상징적으로 보여준다. 당시 고려대는 시위 학생들에게 과도한 중징계를 내린 것은 물론 부총장 이하 전 보직교수가 사퇴서를 내는 굴욕적인 태도를 보였다. 이는 군사독재 시대에도 유례를 찾을 수 없는 굴종적 처신으로, 대학과 자본의 권력관계가 어떻게 재편되었는지를 전형적으로 보여준다. 김용철 사건이나 고려대 사태뿐만 아니라 중범죄를 저지른 대기업 총수들에 대한 솜방망이 판결과 관행화된 사면은 우리 사회가 이미 '자본독재 시대'에 들어섰음을 알려주는 증표들이다.

자본독재 시대에 대학은 군사독재 시대와는 다른 방식으로 통제되고 관리된다. 군사독재 시대에 국가권력이 물리적 폭력과 국가 이데올로기를 동원하여 대학을 지배했다면, 자본독재 시대에는 자본권력이 국가권력을 마름으로 삼아, 정의권력(Definitionsmacht)을 동원하여 대학을 지배한다. 자본독재 시대에 대학을 지배하는 주된 수단은 대학담론과 대학평가이다. '취업대학론'을 펼치고, 취업률을 대학평가의 중요한 지표로 내세워 대학을 자본의 일개 도구로 만들어버린 것이다. 이처럼 군사독재 시대에는 대학을 국가폭력을 동원해 가시적으로 지배했다면, 자본독재 시대에는 담론 헤게모니를 통해 대학을 비가시적으로 지배한다. 군사독재 시대에는 육체의 구속이 문제였다면, 자본독재 시대에는 영혼의 포섭이 문제가 된다. 군사독재 시대를 규정한 '정의와 불의의 대결'이 자본독재 시대에는 '효율과 비효율의 대립'으로 환치된다. 따라서 군사독재 시대에 불의에 맞서기 위해 필요한 것이 도덕적 용기였다면, 자본독재 시대에 부조리와 싸우기 위해 요구되는 것은 지성적 성찰이다.

자본독재 시대에 한국 대학은 이미 자본의 노예로 전락했다. 대학은 자본독재를 정당화하는 이데올로기적 기구로 전락하여, 비판적이고 성찰적인 지식인과 시민 대신 순종적이고 무비판적인 '노동기계'와 '소비기계'를 길러내고 있다. 또한 대학은 자본을 위한 인적 자원의 공급처이자 훈련소로 변질되어 자본의 기능적 하부기구 구실을 하고 있다. 게다가 대학은 예비 실업자들의 임시 정거장으로서 자본의 필요에 부응하는 노동시장 조절장치로 기능하고 있다.

대학의 지배구조 또한 기업의 지배구조를 모방하고 있다. 이사장-총장-보직교수-교수로 명령이 하달되는 비민주적인 하향식 지배구조가 대학의 민주적 의견수렴 관행을 파괴하고, 대학을 일개 권위주의적 관료기구로 격하시키고 있다.

자본독재 시대의 대학에서 핵심 공격대상은 두 가지 제도다. 하나는 교수의 존재조건인 정년제다. 자본은 교수가 '권력 앞에서 비판하는 자'로서의 정체성과 신분을 지키기 위해 반드시 필요한 제도인 정년제를 축소하거나 폐기함으로써 권력 비판의 뇌관을 근원적으로 제거하려고 획책한다. 다른 하나는 학문의 존재기반인 학과제이다. 중앙대학교에서 2014년 학과제 전면 폐지를 시도한 것은 그 대표적인 사례이다. 학문의 정체성을 지키고 학문의 전통을 전승하는 토대인 학과를 제멋대로 없앨 수 있는 독점적인 권한을 이사장에게 부여하려는 이런 반지성적이고 비민주적인 시도는 한국 자본의 천박성과 오만을 단적으로 보여준다. 만약 이러한 시도가 성공했더라면 자본의 칼날에 가장 먼저 '목을 배일' 운명에 놓인 것은 인문학과 사회과학 등 자본의 지배에 걸림돌이 되는 '비판학문'이었을 것이다. 이처럼 자본은 비판적인 교수와 학문을 축소, 고사시킴으로써 자본에 대한 비판자들을 척결하고, 기업의 경제연구소나 자유기업원 같은 친기업적인 사설연구소의 역할을 강화하여 자본의 이데올로기를 확산시킬 독점적 권한을 확보하고자 하는 것이다.

자본독재 시대에 한국 대학에서 전면적으로 나타난 현상은 무엇보다도 대학 기업화이다. 성균관대, 중앙대에서 보듯, 대학은 돈으로 구매할 수 있는 상품, '최고입찰자에게 팔아먹을 상품'(데이비드 슐츠)이 된 지 오래다. 또한 거의 모든 대학의 캠퍼스는 자본의 시장이자 놀이터로 전락했다. 고급 프랜차이즈가 대학을 속속 점령해오고, 기업이 지어준 건물들이 대학에 즐비하며, 기업 홍보물이 대학 게시판을 도배하고 있다. 이런 정신의 폐허 속에서 지성을 비하하고 지식인을 조롱하는 한국판 반달리즘이 번져가고 있다.

3

한국 대학이 아무런 저항 없이, 자발적으로, 기민하게 자본의 하부체제로 스스로를 재편한 이유를 살피기 위해서는 해방 이후 한국 대학의 역사를 돌아보아야 한다. 해방 이후 한국 대학의 성격을 가장 분명하게 보여주는 현상은 바로 미국화(Americanization)이다. 할리우드 영화가 '영혼의 미국화'의 기수였다면, 대학은 '정신의 미국화'의 선봉장이었다. 한국 대학은 미국에서 공부한 미국박사가 미국이론을 미국식 방법론으로 가르치는 대학, '미국적인 것'이 모든 것을 지배하는 고등교육기관이었다. 이런 '미국화된 대학'이 미국과 소련 및 남북한의 냉전 시기에 냉전 이데올로기를 생산하는 '냉전 대학'이 된 것은 그리 놀랄 일이 아니다. 1990년 이후 냉전 해체와 세계화의 물결 속에서 한국 대학은 빠른 속도로 신자유주의 세계화의 흐름에 편승하여, 신자유주의 담론에 의해 재편되었을 뿐만 아니라 신자유주의 담론의 생산지가 되었다.

여기서 주목해야 할 것은 한국 대학에서는 학문의 과거청산이 한번도 이루어지지 않았다는 사실이다. '친일 학문'에서 '친미 학문'으로, 또 군사독재시대의 '어용학문'으로 점철된 부끄러운 학문의 역사를 가졌음에도 불구하고 자기가 하는 학문의 과거를 비판적으로 성찰하고 적극적으로 청산하려는 노력이 기울여진 적이 없다.

이처럼 자기 성찰이 결여된 학문일수록 새로운 유행에 민감한 법이다. 자본독재 시대의 대학에서 지배하는 학문은 '자본학'이다. 경영학, 공학, 심리학 등 후기자본주의 사회에서 직접적인 쓰임새가 있는 '유용성'의 학문을 중심으로 대학이 자본 지향적 구조조정을 하기에 이른 것이다. 반면 자본이 핵심적인 공격대상으로 삼는 인문학과 사회과학은 괴멸 수준으로 붕괴하고 있다. 자본의 마름으로 활약하는 교육부는 이런 자본 지향적 구조조정에 앞장서고 있다. '취업대학론'은 말할 것도 없고, 프라임(PRIME) 사업이라든가 링크(LINK) 사업 등 기업친화적 지원정책을 통해 대학을 자본의 도우미로 변질시키고 있다.

이런 상황을 돌아볼 때 "대학개혁의 핵심은 학문비판"이라는 위르겐 하버마스의 지적은 결코 흘려들을 수 없다. 대학이 최고고등교육기관으로서 한국 사회에서 사회적 책무를 다하려면 학문비판이 선결적인 과제다. "모든 학문은 사회적 과정과 분리될 수 없고, 학자의 노동도 사회적 재생산 과정의 산물"(막스 호르크하이머)이기에 학문비판은 사회비판의 전제조건이다. 학문이 새로운 공동체를 위한 "급진적 사유"(테오도르 아도르노)를 감행할 수 없는 사회는 결코 정의로운 미래를 꿈꿀 수 없다.

실제로 한국 대학에서 학문은 오로지 신자유주의 담론을 노골적으로 정당화하는 핵심적인 이데올로기 기제로 타락했다. 유럽에서 활발하게 논의되는 '자본주의 종말론'이나 '신자유주의 비판론', '생태주의 담론'은 한국 대학에서는 거의 찾아볼 수 없다. 이제라도 학문은 한국과 세계가 직면한 문제들을 탐구하고 이를 극복할 이론을 생산해야 하고, 그것을 대학에서 가르쳐야 한다. 예컨대 '청년실업론', '신노동착취론', '신자유주의와 인간소외', '독일 시장자유주의의 몰락', '마르크스주의와 현대 자본주의', '반소비주의론', '자본주의의 종언', '한국사회의 불평등', '유럽 극우주의' 등 오늘날의 현안 문제들을 다루는 강의들이 개설되어야 한다.

현재 한국 대학은 아마도 정치적, 사회적, 생태적, 문화적 책임의식이 세계에서 가장 결여된 대학일 것이다. 이렇게 사회적 책임을 방기하고, 이렇게 미래에 대한 비전을 결여하고, 이렇게 사회적 고통에 둔감한 대학은 지구상 어디에도 없다. 이제 대학은 철저한 자성에 기초한 학문 비판을 통해 대학의 탈정치화와 사회적 무책임을 질타할 수 있어야 한다.

지금까지 살펴본 것처럼 자본권력과 정치권력이 결탁한 기득권 세력이 대학을 초토화한 결과 자본독재가 완성되었다. 자본을 비판할 수 있는 마지막 보루였던 대학이 자본의 위세에 무기력하게 무릎 꿇고 노예의 신세로 전락함에 따라, 이제 자본은 아무런 거리낄 것 없는 완벽한 독재체제를 구축하기에 이르렀다. 사법부는 자본독재의 정당화 기관, 입법부는 자본독재의 기획기관, 행정부는 자본독재의 실행기관, 언론은 자본독재의 선전기관으로 전락한 상황에서, 자본독재를 비판할 최후의 진지인 대학마저 장악해버린 것이다. 그 결과는 우리가 매일매일 목도하는 절망사회의 현실, '헬조선'의 참상이다.

4

독일은 우리와는 다른 길을 걸어왔다. 대학이 국가 발전의 원동력으로서 결정적인 역할을 해왔던 것이다. 유럽에서 민주주의와 시민사회의 전통이 가장 취약했던 독일이 오늘날 세계에서 가장 민주적인 정치제도와 복지체제, 사회의식을 갖추게 된 것은 무엇보다도 대학개혁에 성공한 결과이다.

한국 대학의 현실을 오늘의 독일대학과 비교해보면, 우리가 처해 있는 상황의 심각성을 좀 더 분명히 알 수 있다. 한국 대학은 대학의 사회적 책임의식, 대학의 민주적 의사결정 구조, 학생에 대한 경제적 지원체제 등 모든 면에서 심각한 문제를 안고 있다. 68혁명기의 대학개혁에 의해 오늘날의 모습을 갖추게 된 독일 대학이 우리에게 던져주는 현재적 의미는 대략 세 가지로 간추릴 수 있겠다.

첫째, 대학의 사회적 책임과 학문의 비판적 기능에 관한 문제이다. 독일의 경우 대부분의 대학이 국가가 운영하는 공적 기관으로서 사회적 책임을 자각하고 있는 반면, 사립대학 비율이 80%를 넘어 세계에서 가장 기형적인 고등교육 체제를 갖고 있는 우리의 경우 대학에 대한 사회적 공공적 의식이 지극히 희박하다. 한국 대학은 학생의 직업적 성취를 준비시키는 취업학원이나 고시학원으로 전락한지 오래다. 이런 분위기 속에서 이루어지는 학문 또한 진리를 탐구하고 정의를 분별하는 능력을 키워주기보다는 단순히 취업의 보조수단으로 왜소화되었다. 보편적 진리를 추구한다는 학문의 본성에서 유래한 '비판성'과 '성찰성'이 '실용성'과 '유용성'의 논리 아래 질식하고 있다. 독일 대학에서 시도되었던 비판대학의 유토피아적 실험은 한국에서는 한번도 시도된 적이 없다.

둘째는 대학의 민주화이다. 교수, 학생, 강사/조교가 각각 1/3씩의 동등한 권리를 갖고 대학운영에 참여하는 독일대학의 '3분할 원칙'은 한국 대학의 의사결정구조가 얼마나 비민주적인지를 새삼 돌아보게 한다. 한국 대학의 경우 대학의 3주체가 권력을 동등하게 분점하기는커녕, 학생, 강사/조교는 대부분의 경우 의사결정 과정 자체에서 배제되어 있다. 심지어 많은 대학에서 교수들마저 의사결정 과정이나 거버넌스 형성 과정에 참여하지 못한다. 더욱 심각한 것은 타자의 지배다. 대학의 3주체에 속하지 않는 외부자가 대학을 지배하면서 모든 결정권을 독점하는 경우도 적지 않다. 대학을 마치 개인의 사유물로 생각하는 전근대적 의식과 관행이 만연한 사립대학들도 많다. 한 마디로 한국 대학에서 민주주의는 죽어가고 있다. 대학의 3주체가 대학을 민주적으로 운영할 권리를 되찾는 것이 한국 대학 정상화의 선결과제가 되었다.

셋째는 경제적 종속상태로부터 학생을 해방시키는 문제이다. 독일대학의 경우 학비는 물론이거니와 생활비까지도 국가가 책임져야 한다는 인식이 보편적으로 자리잡고 있고, 제도적으로 실현되어 있다. 이제 반해, 한국의 대학생은 소득수준에 대비하면 세계에서 가장 높은 학비를 감당해야 할 뿐만 아니라, 생활비도 스스로 책임져야 하는 힘겨운 상황에 몰려 있다. 학생들은 학비와 생활비 부담 때문에 부모에 대한 의존도가 지극히 높을 뿐만 아니라, 학비와 생활비를 마련하느라 학업에 전념하기 어려운 처지에 놓여 있다. 이런 문제들을 해결하는데 독일의 '연구보수' 개념은 우리에게 많은 영감을 줄 수 있다. 우리 헌법 32조는 독일의 기본법과 마찬가지로 교육을 '국민의 권리'로 규정하고 있다. 이 헌법정신에 따라 대학 등록금은 반값이 아니라 완전히 폐지되어야 하고, 생활비 또한 학생의 연구를 사회적 노동으로 인정하여 국가에서 상당부분 지원해주어야 한다. 대학생 등록금, 생활비 문제를 해결하기 위해서는 이를 개인적 문제가 아니라 사회적 정의의 문제로 보는 근본적인 인식의 전환이 필요하다.

5

대학의 부활은 한국사회 개혁의 핵심 문제이다. 대학이 살아야 나라가 산다. 대학이 살아야 자본독재를 저지하고 '헬조선'에서 벗어날 가능성이 열린다.

자본독재 시대에 대학을 살리기 위해 무엇을 해야 할 것인가? 당연히 자본독재의 상황을 타개하는 것이 선결과제이다. 정치혁명을 통해 경제에 대한 정치의 우위를 복원해야 하고, 경제민주화를 통해 자본독재를 효과적으로 견제할 수 있는 제도와 구조를 확충해야 한다. 이를 위해서는 또한 실체적 민주주의를 제도화하고, '강한 자아'를 가진 민주주의자를 양성해야 한다. 이러한 문제들은 심도 있는 정치사회적 논의를 필요로 하는 것이므로, 여기서는 대학 개혁에 초점을 맞추어 국가 차원, 대학 차원, 교수 차원에서 시급히 해결되어야 할 문제를 간략히 짚어보고자 한다.

첫째, 국가 차원에서는 대학에 대한 재정 지원을 획기적으로 제고해야 한다. 한국은 주지하다시피 세계에서 고등교육에 대한 국가의 지원이 가장 낮은 나라 중 하나이다. 독일의 경우 대학에 대한 국가의 지원이 99%에 이르는 반면, 한국은 고작 15% 내외에 불과하다. 이것이 한국 대학이 겪고 있는 만성적인 재정 부실의 핵심적인 원인이다. 문제는 이러한 재정적 취약성이 대학을 근본에서부터 망가뜨린다는데 있다. 재정 취약성 때문에 대학의 모든 논의는 돈을 중심으로 이루어진다. 돈이 되는 학문은 중시되고, 돈 안 되는 학문은 무시된다. 특히 기초학문과 순수학문은 심각하게 소외된다. 국가의 지원금을 두고 대학 간에 치열한 경쟁이 벌어지다보니 '지성의 전당'에서는 상상할 수도 없는 온갖 불법, 탈법이 서슴없이 자행된다. 최근 '최순실 사태'로 드러난 사실, 즉 이화여대가 권력자에게 불법적 특혜를 준 대가로 국가 지원금을 싹쓸이한 행태는 이런 악폐의 극단을 보여준다. 나아가 재정 문제가 대학의 핵심 관심사가 되다보니 학문적 능력과 인품을 지닌 인사가 아니라 돈을 조달하고 관리하는 데 유능한 자들이 '경영총장', 'CEO총장' 운운하며 총장 자리를 독점한다.

대학 담론도 이에 따라 저열한 수준으로 떨어진다. 돈이 대학의 모든 문제의 중심이 될 때, 대학이 자본의 먹잇감이 되는 것은 순식간이다. 대학은 점점 더 깊이 자본에 예속되는 것이다. 이러한 일련의 과정은 하나의 악순환 구조를 이룬다. 대학 재정의 부실은 재정 문제가 대학 담론을 지배하도록 만들고, 그 결과 대학 담론은 지극히 천박한 수준에 머물러 대학의 정체성은 점점 더 손상되고, 이는 대학의 공적 기능의 상실과 사회적 위상의 추락으로 이어지며, 이것이 다시 대학 재정의 부실을 낳는 악순환 구조가 형성되는 것이다. 이런 의미에서 국가가 대학에 대한 재정 지원을 획기적으로 늘리는 것이 대학 개혁과 학문 정상화의 출발점이다. 대학 재정에 대한 국가 분담률은 최소 80% 정도로 제고되어야 한다. 그것이 세계 11위의 경제규모에 걸맞은 분담률 수준이다.

둘째, 대학 차원에서는 적극적으로 대학 개혁을 추진해야 한다. 무엇보다도 중요한 것은 대학의 민주화이고, 대학 민주주의의 핵심은 대학의 구성원들이 자신들의 대표자를 자유롭게 선출하는 총장직선제이다. 나아가 대학은 '정치적 공론장'으로서의 기능을 복원하고, 진리 탐구와 권력 비판이라는 본연의 공적 책무를 다시 떠맡아야 한다. 붕괴된 학문 공동체도 재건해야 한다. 경쟁보다는 협력을 통해 학문적 역량을 높이고, 연대의 가치를 중요시하는 문화를 조성해야 한다. 특히 정규직 교수와 비정규직 교수 사이의 터무니없는 불평등 문제를 반드시 해결해야 한다. 무엇보다도 대학개혁의 핵심은 학문비판이 되어야 한다. 학문의 자기 성찰능력을 제고하고, 비판성을 강화해야 하며, 우리의 현안 문제를 다루는 학문 영역을 확장해야 한다.

셋째, 교수들은 대학 개혁에 주도적으로 나서야 한다. 신자유주의의 영향 하에 성장한 학생들이 능동적 주체로서 활동할 역량이 크게 저하된 상황에서 교수들의 역할은 더 커질 수밖에 없다. 교수들은 이제 오랜 무력감을 극복하고, 동료교수와의 협력, 비정규직 교수와의 연대를 강화하여 무너진 학문공동체를 다시 세워야 한다. 경북대의 '대학헌장' 제정에서 보듯 '교수'의 정체성을 새로이 성찰하려는 노력도 필요하다. 나아가 '대학기업화', '취업대학론' 등 신자유주의 대학 담론에 맞서는 대안적, 미래지향적 대학담론을 연구하고 생산해야 한다.

교수단체들도 보다 효율적인 연대 기구를 구축해야 한다. 고현철 교수 추모를 위해 7개 교수단체들이 모여 결성한 '비상대책위원회'와 같은 조직을 발전시켜 '전국교수연구자연합회'(가칭)와 같은 전국적 연대기구를 건설할 필요가 있다. 이를 바탕으로 사립학교법 개정, 신문사 대학평가 거부, 국립대학법인화 철회, 교육부 폐지 운동 등을 조직적으로 전개해나가야 한다.

한국 대학은 민주주의의 적이다

김종영

한국 대학은 민주주의의 적이다. 작금의 상황에서 한국 민주주의의 적은 크게 세 부류 곧 국가, 재벌, 그리고 대학이다. 국가와 재벌의 비민주성에 대한 비판은 매일 신문과 인터넷을 도배하지만 대학이 민주주의의 적이라는 인식은 확고하지 않다. 이 세 그룹은 각각 정치적 권력의 독점, 경제적 권력의 독점, 그리고 지위 권력의 독점을 통해, 맑스의 표현을 빌리자면, 한국 사회의 몸통을 그물처럼 얽어매어 모든 숨구멍을 틀어막고 있다.

작금의 최순실 사태에서 드러났듯 한국 민주주의는 무너졌고 국가는 비정상적인 대통령과 집권 세력에 의해 농락당했다. 재벌은 경제적 독점을 유지하기 위해 한편으론 국가와 부당한 동맹을 맺고 다른 한편으론 시민사회에서 군림해 왔다. 재벌의 온갖 종류의 갑질은 시민사회 내에서의 경제적 독점을 말해주는 표면 현상이다. 대학은 지위 권력을 독점하지만 여전히 정치적 권력과 경제적 권력에 의존함으로서 국가와 재벌에 종속되어 있다. 최순실의 딸 정유라의 이화여대 부정 입학 의혹은 대학의 자율성이 국가 권력으로부터 굳건하게 확보되지 못하고 있다는 증거이다. 근년의 중앙대 사태에서 드러나듯 재벌이 대학의 영역을 장악함으로써 대학의 기업화 논리는 급속하게 헤게모니를 장악하고 있다. 대학의 기업에 대한 종속은 근시적인 이익에 사회의 장래를 맡기는 격이며 이는 결코 장기적 관점에서 우리 사회에 이득이 될 수 없다.

30여 년 전 한국 대학의 구성원들, 정확히 말하면 대학생들이 주도한 민주화 운동에 의해 한국은 '형식적 민주화'를 성취했다. 시간이 지난 지금 한국 사회는 '실질적 민주화' 곧 사회경제적 민주화에 실패함으로써 '헬조선'으로 전락했다. 강산이 세 번이나 변할 수 있는 시간이니 당연히 대학도 변했다. 긍정적인 변화도 많았지만 부정적인 변화는 더 많았다. 대학의 양적 팽창, 글로벌 경쟁력 강화, 연구 수준 향상, 국가 지원 R&D 증가, 인프라 확충 등은 긍정적인 면들이다. 반면 대학의 질적 하락, 대학 서열의 심화, 수도권 대학/지방 대학의 양극화, 대학의 신자유주의화, 사학 재단의 비리, 학령인구의 감소, 대학 재정의 악화 등은 부정적인 면들로 긍정적인 면들을 압도한다. 대학은 유토피아는 아니지만 유토피아를 꿈꾸고 기획하는 장소로 현실에 만족할 수 없는 속성을 가지고 있는 것이다.

한국 대학이 민주주의의 적인 가장 큰 이유는 이것이 한국의 불평등을 재생산하는 가장 중요한 사회 체제 중 하나라는 점 때문이다. 피라미드적 학벌 구조인 한국 대학은 지위 권력을 독점함으로써 엘리트와 비엘리트의 극단적 구분을 만들어낸다. 가족은 자식의 엘리트적 지위를 확보하기 위해서 또는 나향욱 전 교육부 정책기획관의 비유대로 말하자면 개·돼지로 취급받지 않기 위해 만인의 만인에 대한 투쟁을 벌여야만 한다. 여기서 한국 민주주의를 위협하는 좀 더 심층적인 원인이 형성된다. 곧 한국의 청소년들은 입시에서 동료들을 반드시 이겨야만 하는 투쟁을 수행하기 때문에 연대의식과 공공성은 꿈도 꿀 수 없다. 성인이 된 다음에도 연대는 학연을 중심으로 형성되고 다른 학연을 지닌 사람들을 배척하게 된다. 곧 그들은 '차별에 찬성하는' 교육을 받은 것이다.

소수의 승자와 절대 다수의 패자를 만들어내는 이 구조는 당연히 계급적으로 가진 자의 편이다. 부모의 월소득이 100만 원 증가할수록 수능 영어점수 백분위가 2.9단계 올라가고 국어는 2.2단계, 수학은 1.9단계 높아진다.[1] 특목고, 자사고, 강남 3구 출신의 서울대 합격 비율은 올해 49.1%로 '금수저' 출신 비율은 증가추세다.[2] 2014년 기준 소득이 가장 높은 10%는 소득이 가장 낮은 10%보다 사교육비를 18배 더 많이 지출했다.[3] 20조 원에 달하는 사교육의 가장 많은 부분은 경제적으로 여유 있는 계층이 지출한다. 이런 통계들은 너무 많아 이젠 식상하기까지 하다. 교육의 계급화는 이제 누구도 부인할 수 없다.

대학을 가야할 이유는 경제적 보상의 관점에서 분명하다. 2015년 기준 대졸 월평균 임금은 298만 원이고 고졸은 195만 원으로 100만 원 이상 차이가 난다.[4] 대학 중 명문대를 가야할 이유는 더 분명하다. 익히 아는 바 서울 중심의 명문대와 비명문대의 양극화 현상 곧 인서울 선호 현상은 대학 졸업자의 임금과 직결된다. 60위 아래 대학과 비교하여 최상위 10개 대학 출신의 임금은 18.8%가 더 높았다.[5] 곧 최상위 학교 출신들이 대기업 정규직이 될 가능성이 가장 높다. 대졸 정규직의 월평균

1 오찬호, 『진격의 대학교』, 문학동네, 2015, 120쪽.
2 『한겨레』, 2016.3.17.
3 전병유 편, 『한국의 불평등 2016』, 페이퍼로드, 2016, 84쪽.
4 위의 책, 91쪽.
5 김두환, 『압축성장의 고고학 – 사회조사로 본 한국 사회의 변화』, 2015, 한울, 129쪽.

임금은 325만 원이고 비정규직은 197만 원으로 고졸의 정규직 임금인 229만 원보다 낮다. 로스쿨 신입생 중 강남 3구 출신은 14.8%, SKY 출신은 47.9%였다.[6]

대학은 학위라는 사회적 지위재를 제공한다. 명문대를 통한 지위 권력의 독점은 엘리트적 동심구조를 만들어낸다. 지식 엘리트는 자원이 풍부한 경제 엘리트 및 정치 엘리트와 쉽게 동화되고 연대성과 공공성이 결여된 이들은 쉽게 '내부자들'이 된다. 최순실 사태에서 안종범과 김종과 같은 정권의 핵심 멤버들은 교수 출신이지만 국가 권력을 사유화시킨 핵심적인 역할을 했다. 지식 엘리트의 머리에는 민주주의와 시민은 없고 출세와 성공만이 있으며 이것은 한국 교육시스템이 입시 위주의 출세지향적인 교육과 연관이 있다. 대학이 배출하는 한국의 지식 엘리트들은 어떻게 서로 신뢰하는지, 연대하는지, 그리고 민주적으로 문제를 푸는지 배우지 못했다. 그저 좋은 대학 들어가서 좋은 직장 잡고 돈 잘 벌어야 된다는, 다른 사람들을 이겨야만 된다는 생각에 사로잡혀, 각자도생이라고 부르는 교육풍토를 내면화했다. 이 점이 우리가 아무리 국가와 재벌을 민주화하더라도 교육의 민주화 없이 실질적인 민주화를 이루기 힘든 이유이다. 뒤르케임이 말하는 연대 곧 심층적 신뢰 없이 사회가 이루어질 수 없고 이는 민주주의 사회에선 더욱 그러하다.

한국 대학의 불평등을 증가시키는 메카니즘은 자명한 듯 보이지만 모두에게 그렇지는 않은 것 같다. 한국 대학은 '단일한 기회구조'를 특징으로 하며 이는 단일한 가치와 목표를 청소년들에게 주입시키고 한쪽 방향으로만 몰아간다. 따라서 대학이 불평등을 감소시키려면 다원적 기회구조를 창출해야 하며 이는 학위가 지위재로서의 성격을 줄여주는 방식이 되어야 한다. 곧 피라미드식 대학 체제로 인한 지위 권력의 독점은

6 『한겨레』, 2015.6.22.

대학 평준화에 의해 해체되어야 한다.

한국 대학이 불평등을 증가시키는 또 다른 중요한 이유는 공공성의 부족 곧 등록금 수입이 주를 이루어 대학이 운영되고 사학이 전체 대학의 80%로 압도적이라는 점 등과 관계된다. 교육을 시장의 논리에 맡겨 놓음으로서 한국 대학의 공공성은 애초부터 취약했다. 이는 기본적으로 대학교육은 가족의 경제적 능력에 의존하기 때문에 계급재생산은 대학교육의 재생산을 통해서 확대된다. 이슈가 되었던 반값 등록금 정책은 이런 불평등 증가를 완화시킬 수 있는 정책으로 재원이 확보하고 여러 보완점들을 마련한 다음 실행하는 것이 바람직하다.

대학은 사회적 지위의 부여뿐만 아니라 지식 생산과 혁신의 장소이기도 하다. 경제 성장의 가장 중요한 요소는 지식 생산을 통한 고부가가치 산업의 생산인데 이는 또한 대학의 주요 임무이기도 하다. 과학기술의 육성을 위해 국가와 기업은 대학에 투자하며 대학은 혁신적 지식을 만들어냄으로써 이에 부응한다. 대학이 생산한 지식은 전체 사회 구성원의 것이라는 점에서 공공재이지만 최근의 신자유주의적 흐름은 대학의 속성을 공공재에서 사유재로 변화시키고 있다.

대학이 중요한 기능을 수행함에 따라 막대한 재원이 필요하며 이는 대학을 국가와 기업에 종속하게 만드는 주요한 원인이기도 하다. 중앙대, 성균관대 등 재벌이 대학을 인수하고 경영함에 따라 시장 원리가 대학의 주요 운영원리로 자리 잡은 것은 대단히 위험하다. 결과적으로 대학구성원들은 신자유주의적 주체로 변모하는데 곧 학생들은 스펙의 족쇄에, 교수들은 논문의 족쇄에, 대학들은 랭킹의 족쇄에 얽매여 무한 경쟁의 이념 속에서 방향성을 잃었다.

대학은 지위 권력과 혁신의 장소이기도 하지만 현재를 성찰하고 유토피아를 기획하는 장소이기도 하다. 대학의 신자유주의는 대학과 국가, 대학과 자본의 관계에서 대학이 자율성을 상실하고 정치권력과 경제권력에 종속됨으로써 현재를 성찰하기는커녕 현재의 불평등을 가속화시키는 구조에 동참한다. 가령 정부가 주도하는 각종 사업들은 경제적 지원을 미끼로 대학을 특정 방향으로 이끌어가게 만드는데 이는 대학이 정부에 종속되는 중요한 이유이기도 하다. 다른 한편 대학의 기업화는 모든 학문적 활동을 경제적 이익으로 환원시켜 대학의 고유한 영역을 자본의 영역으로 바꿈으로써 사회 비판과 성찰의 기능을 상실하게 만든다.

한국 대학은 지식과 혁신의 생산자일 뿐만 아니라 사회를 민주화시킨 고귀한 전통을 가지고 있다. 한국 대학의 구성원들은 한국 사회의 커져가는 불평등을 타파하고 서로를 신뢰할 수 있는 건전한 사회를 만들어야 하는 역사적 과제에 직면해 있다. 우리에게 주어진 책임은 대학을 민주주의의 적으로부터 민주주의의 엔진으로 재구성하는 것이다.

신자유주의시대 대학과 '포스트' 신자유주의 대학정책

조상식

1. 영리목적 대학

대학이 시장화되는 방식은 두 가지 측면에서 설명될 수 있다. 하나는 기업이 대학교육에 요구하는 정도가 노골화되는 것이고, 다른 하나는 대학 스스로 영리를 추구하는 기업의 모델을 적극적으로 수용하는 것이다. 노동시장의 환경, 즉 자본주의 상황에 따라 기업이 대학에 개입하는 방식과 강도는 다르다. 대졸자 인력이 부족하여 산업예비군이 소수인 상황에서 기업은 대학이 배출하는 인력을 그대로 활용한다. 어느 대기업 경영자 출신 교수의 주문처럼 "대학은 기업의 요구와 상관없이 대학 고유의 교육활동에 전념하면 되는 것"이다. 반면 배출되는 대졸자에 비해 일자리가 부족한 '자본 우위'의 상황에서는 기업은 적극적으로 대학교육에 개입한다. 이른바 '신자유주의' 체제 이후 좋은 일자리가 부족하고 고등교육이 보편화된 최근의 상황이 이에 해당된다. 자본의 이해를 대변하는 반(反)대학관의 대표적인 사례는 20세기 미국에서 있었던 인문주의(humanism) 비판에서 찾을 수 있다.

반(反)지성주의적 대학비판론의 시작은 대학교육을 받은 적이 없는 자수성가형 기업인인 카네기(A. Carnegie)에서부터이다. 아래의 글은 그가 어느 대학의 졸업식장에서 행한 연설이다.

> 세상이 이렇게 엄혹한데 (전통 교육을 받은) 졸업생들이 야만스런 히브리인과 그리스인들을 귀감으로 받들며 제 몫을 해내겠다는 말입니까? …… 셰익스피어와 호머가 그들을 키워내는 토양이라도 된단 말입니까? …… 저는 지금 흐뭇합니다. 여기 모인 여러분은 죽은 언어를 배우는 헛수고 대신 속기와 타자 기능 습득에 온 시간을 쏟았고…… 이제 각자 생업을 확보하여 삶을 영위해갈 기능을 갖춰 세상에 나갈 준비가 다 되었으니 말입니다.[1]

카네기의 주장은, 대체로 인문사회 분야의 대학교육이 보여주는 "다른 행성에나 써먹을 교육"을 비판하고 "성공을 위해 꼭 필요한 지식을 직업훈련 학교에서 성심으로 배워 … 앞으로 산업현장에서 반장이 될 사람"이 되라는 주문이기도 하지만, 이공계 대학 졸업생에 대해서도 "성공을 위한 경력 관리에 힘쓰는 것"이 유일하게 쓸모 있는 교육이라는 주장을 하고 있다. 이러한 관점에서의 대학에 대한 비판은 계속 이어졌다. 버즈아이(C. Birdseye)는 대학교육을 기업원리와 결합하려는 생각에서 '대학표준(college standard)'과 '기업원리'의 차이점을 지적하였다.

1 F. Donoghue, *The Last Professors : The Corporate University and the Fate of the Humanities*, 2008. 인용은 차익종 역, 『최후의 교수들 – 영리형 대학 시대에 인문학하기』, 일월서각, 2014, 38쪽.

> 대학이 기업과 경쟁하려 했다면 오래 전에 위축되거나 파산했을 것이다. 대학이 이런 운명을 모면한 것은, 그나마 우리 기업인들이 예전부터 대학 교육을 존중해준 덕택에, …… 회계 절차도 필요 없이 무한정 꺼내 쓸 수 있는 공적 사적 지갑을 가지고 있기 때문이다.[2]

인용 글에는 대학을 기업에 굴복해야하는 체제라는 암시가 들어있다. 그래서 그는 고등교육 체제가 기업적 조직이 되어야 한다는 결론을 내렸다. 이러한 초기 반(反)대학적인 생각이 기업가 출신의 조야한 결론에 불과한 반면, 이제 대학을 기업의 작업장으로 재규정하면서 거의 모든 학문 분야에 영향을 지속적으로 끼친 경영의 선구자가 나타난다. 그가 바로 테일러(F. W. Taylor)이다. 그가 발표한 기념비적인 저서인 『과학적 관리법(*Principles of Scientific Management*)』(1911)은 미국의 노동관습을 바꾸었다. 이 경영기법은 바로 교육 자체에 대한 '경제적 연구'를 가능하게 했다. 그 결과 나온 대표적인 연구보고서는 쿠크(M. L. Cooke)의 『대학과 산업의 비효율성(*Academic and Industrial Inefficiency*)』(1910)이다. 이 보고서는 오늘날 이른바 영리목적 대학(Corporate University)이라는 모델의 시발을 알렸다. 이 보고서에서 핵심적인 제안은, 대학의 모든 강의 교재 및 강의안의 표준화와 모든 교육 콘텐츠의 대학으로의 귀속이다. 이는 21세기 오늘날 대학들이 실시하고 있는 각종 교육 방안과 비교했을 때, 그리 낯선 내용이 아니다. 흥미로운 사실은, 쿠크의 대학 경영의 효율화 전략에서 교수의 연구 기능이 전혀 언급되지 않고 있다는 점이다. 요컨대 경영의 합리화 방향에서 연구 기능은 표준화 내지 관리화가 어렵기 때문에 가르치고 배우는 과정을 생산성 극대화의 관점에서 조작하는 데에만 집중하고 있는 것이다.

---

2 위의 책, 39쪽에서 재인용.

영리목적 대학은 교수의 연구 기능을 약화시키면서 교수의 역할을 단순한 '정보 전달자'로 축소하였다.[3] 아울러 교수와 학생 사이의 전통적인 '교육적 관계'에서 인격적 속성은 사라져 버렸다. 이 둘을 연결 짓는 관계는 학점 교환을 통하는 것 이상은 아니며, 온 라인(on-line) 기반 교육 매체의 활용으로 대체되기에 이르렀다. 한편 대학원 교육에서 학생과 교수 사이에는 효율, 생산성, 수익성 등과 같은 기업식 문화가 더욱 심각하게 지배하게 되었다. 따라서 인기 있는 학과는 돈을 약속하거나 돈 자체를 지식으로 다루거나 혹은 프로젝트 기반 연구 기금을 확보할 수 있어야 한다. 이로써 대학의 기능은 정작 교육에 목적을 두기보다 취업준비와 외부 연구용역의 수행으로 규정된다. 영리 목적 대학에서는 직업훈련이 유일한 역할이 되고 기업세계의 관행과 가치를 스스로의 운영원리로 삼으면서 이를 학생 관리에도 적극 적용하고 있다.

이러한 대학경영의 합리화 방안 흐름에 대해 초기부터 비판하는 관점이 없지 않았다. 그 대표적인 경우는 바로 베블런(S. Veblen)의 『미국의 고등교육(*The Higher Learning in America*)』(1916)이다. 이 책의 부제인 '총체적 타락에 대한 연구'가 의미하듯이, 베블런은 당시 대학에 해악을 끼치는 요인을 기업식 이윤추구 행위와 조직 운영 기준이라고 비판하였다. 그러면서 "고등교육이란 통계로 표현될 수 없으며…… 그것의 진가를 누구나 알아보고 음미하는 일은 오직 장기적으로만 이뤄지는 것이 온당하다."라고 주장한다. 베블런은 이미 교육의 본질적인 측면을 정확히 이해하고 있었으며 오늘날에도 유효한 비판적 지적으로 들린다. 영리 목적 대학의 등장에 대한 당대의 또 다른 비판은 싱클레어(U. Sinclair)에 의해

---

3 도너휴는 영리목적 대학의 출현으로 인해 전문가로서 대학교수의 존재가 변질되었다고 지적한다. 전통적으로 교수는 교육, 연구, 봉사 기능을 완수하는 '사회위탁자(social-trustee professionals)'로 간주되었지만, 이제 교수는 사회적 이상과는 무관한 특수 지식을 다루는 '사업가형 전문가(expert professionals)'로 바뀌었다는 것이다(위의 책, 157쪽).

행해졌다. 그는 『프러시아식 획일교육 – 미국 교육 연구』(1923)에서 미국의 대학이 부자와 권력자의 지배 도구로 봉사하고 있다고 비판하였다. 대학인이 아닌 사업가 출신의 시각이라는 점에서 좀 더 객관적인 관점을 보여준다. 그에 따르면 대학을 지배하고 있는 논리는 금권정치이다. 대학운영의 지배구조도 그러하며 대학교육의 기본 원리도 그러하다는 것이다. 이 두 비판적 관점이 영리 목적 대학의 출현 초기의 사례라면, 최근 진보적인 학자들 사이에서 등장한 비판적 관점도 있다. 그 대표적인 인물은 아로노위츠(S. Aronowitz)와 밀러(J. H. Miller)이다. 이들에 따르면, 대학과 자본주의 사이의 관계는 철저히 '암세포식 전이'로 규정된다. 말하자면 기업식 논리가 대학 내로 마치 암세포처럼 침투해 가고 있다는 것이다. 아로노위츠에 따르면, 미국의 대학들이 1980년대 이후 기업의 이데올로기를 수용하기 시작했으며, 그 결과 대학은 관료화 되었다는 것이다. 밀러도 이와 유사한 관점을 피력한다.[4] 이 입장은 다음 절에서 다루어지는 내용과 동일선상에 있다.

2. 교육학은 트로이목마?

자본 및 기업이 대학을 지배하는 과정은 상징으로서 이데올로기를 매개로 해야만 한다. 만일 대학 내 특정 탐구 분야의 도움을 빌린다면 그 관철 과정은 쉬울 수 있다. 그 대표적인 전공분야가 바로 교육학이다. 물론 교육학의 하위 탐구 분야 모두가 그러한 '첨병' 역할을 하는 것은 아니다. 그 주된 임무는 대체로 교육공학(Educational Technology)이나 인

4 Aronowitz, S., *Will Teach for Food: Academic Labor in Crisis*, ed. C. Nelson. Minneapolis: Uni. of Minnesota Press, 1997; Miller, J. H., *Literary Study in the Transatlantic University. Profession. II*, 1996.

적자원개발(HRD: Human Resource Development)처럼 용어 자체가 풍기는 반(反)인문주의적이고 기술공학적인 분야가 떠맡았다. 아울러 각종 교수·학습 이론 및 모형을 개발하는 분야도 그로부터 자유롭지만은 않다. 펜실베니아 대학의 교육학자인 젬스키(R. Zemsky)는 기업과 시장의 성공에 굴복한 나머지 대학을 기업처럼 작동시키는 것이 결코 수치스럽지 않다고 주장한다. 그러면서 이제 대학은 '시장-스마트(market-smart)'하게 움직여야 한다고 역설한다.

기업식 논리를 대학교육에 이식시키는 데 결정적인 기여를 한 것은 분명 인적자원개발 분야이다. 1960년대 노벨 경제학상을 받은 경제학자인 슐츠(T. W. Schulz)의 인간자본론(human capital theory)은 이후 교육학에 적극 수용되었는데, 특히 국가경쟁력 강화라는 교육의 외재적 목적이 강한 고등교육 방면에서 인간자본론은 아무런 거부감 없이 수용되었다. 이에 교육학이 결정적인 역할을 한 것은 부정할 수 없다. 특히 근대화라는 담론이 지배했던 한국에서 이는 매력을 가질 수밖에 없었다. 경제주의적 의미를 가진 인간자본 개념을 다소 완화시켜 '인적자원' 용어를 사용하면서, 이 분야의 연구는 기업체에서 요구하는 노동력의 질을 향상시키는 방안을 대학교육에 적용하는 데 집중한다. 최근 활발히 논의되고 있는 수행공학(performance technology)은 바로 기업체에서 요구하는 인력의 역량 개발을 대학교육의 차원에서 실현하는 방안으로 착안된 개념이다. 이로써 전통적인 교육학과 경영학의 모호한 경계를 가로지르는 탐구 분야가 탄생한 것이다.

기업 이데올로기가 대학을 성공적으로 지배하는 데 인적자원개발 분야가 기여한 방식은 다양하다. 먼저 기업체에서의 인력 관리 시스템은 학생의 관리에도 철저히 적용된다. 최근 거의 모든 대학에 설치된 '학생경력개발원' 혹은 '취업지원센터'에서 운영하고 있는 각종 경력개발시스템(Career Development System)은, 얼핏 보기에 학생들의 취업을 지원하는 대학교육 프로그램이지만 실상은 그렇지 않다. 개발하고자 하는 학생 경력은 교육학적 의미에서 교육을 받는 학생들의 경험의 총체라기보다 계량화 가능하고 학습결과를 '행동적 방식으로' 평가할 수 있는 항목으로 정의되어 있다. 여기에 맞춰 학생에게 제공되는 대학교육의 방향은 기업체에서 요구되는 이른바 역량(competencies)을 추출, 선정, 평가하는 데 있다. 본래 역량은 분과학문적 교육으로 인한 일반능력의 저하와 직업세계에서의 부적응을 지양하고자 제안된 개념이었지만, 여기에서는 학습된 내용을 평가하는 데 초점을 맞추고 있는 것이다. 그 결과 측정할 수 없는 대학교육의 내용들은 암묵적으로 배제된다. 그러면서 가장 피해를 보게 되는 전공영역은 당연히 인문사회, 그 중에서 인문학이 될 수밖에 없다. 인적자원개발론자들은 평가될 수 없고 계량화될 수 없는 영역들을 "지식의 부호화와 알고리즘 기술이 적용되지 않는 분야"[5]라고 규정한다. 이러한 전제에서 대학교육에 가장 적합한 학습모델은 정보기술을 빌린 온라인 강좌가 될 수 있음을 쉽게 예상할 수 있다. 또한 교수의 강의를 관리하는 첨단 프로그램이 자주 추천된다. 특히 지식의 공적 성격이 강조되는 흐름을 타고 공개강의(open ware course)가 활성화되면서 강좌의 소유는 누구인가라는 근본적인 질문도 등장하고 있다. 이러한 흐름에서 가장 문제가 되는 것은 교육의 과정에서 학습자와 교수자 사이의 인격적 관계의 소멸이다.

자본의 이데올로기가 대학을 지배하는 데 교육학이 기여한 또 다른 증거는 바로 취업률에 대한 논의에서이다. 앞서 역사적 사례를 통해 보았듯이 인재상의 변화가 시대적으로 상대적이었다는 사실과 마찬가지

5 William F. Massy and R. Zemsky, "Using Information Technology to Enhance Academic Productivity," http://www.educause.edu/ir/library/html/nli0004.html,2. 최종검색일 : 2016.4.30.

로, 대학 졸업자의 취업에 대한 책임이 대학으로 전가된 것도 최근의 일이다. 사실상 각종 대학평가에서 취업률이 가장 중요하고 비중이 높은 평가 지표이기에 모든 대학들이 이를 신경 쓸 수밖에 없는 실정이다. 각종 대학평가도구를 개발할 때 취업률을 지표로 설정하는 과정에서 교육학자들이 중요한 기여를 한 것만은 분명하다. 특히 교육학 방면에서 교과서적으로 언급되는 투입-과정-산출-피드백 모형은 교육의 전체 과정을 공학적인 과정(engineering)으로 파악하는 안목을 제공하였다. 이 모형은 심리학적으로 행동주의적(behavioristic) 가정에 기초하고 있지만, 인간교육의 아포리아인 교육적 의도와 결과 사이의 일치 문제를 교육공학적으로 아주 손쉽게(!) 해결하고자 하면서 출현한다. 인간행동의 의도와 결과 사이의 불일치는 인간의 사회적 행동의 숙명적인 사실이기도 하다.[6] 이와 마찬가지로 교육적 의도와 그 결과 사이의 불일치는 오히려 자연의 원리에 버금가는 진리이다.

하지만 교육에 대한 공학적 접근은 이를 무리하게 일치시키는 데 골몰하였다. 그 해결방안이 바로 측정 가능한 행동만을 학습결과로 조작적으로 정의(operationally definition)하는 것이었던 셈이다. 체계적인 IT기반 프로그램으로 기획된 각종 학생경력개발 시스템도 이러한 가정에서 출발한다. 결국 교육의 과정을 환류모형으로 이해하면서 자연히 대학교육의 결과를 취업률로 측정하는 데에까지 온 것이다. 기업체에서 요구하는 노동역량 요인과 대학교육의 과정을 이어주면서 이를 평가할 수 있는 측정 가능한 결과들 중에 취업률 말고 분명한 것이 어디 있겠는가? 이로써 자본은 두 가지 전리품을 얻은 셈이다. 하나는 노동시장의 현황이나 산업구조의 재편의 결과에 상관없이 취업률을 대학교육의 책무로 만들었다. 또 다른 하나는 기업체에서 즉각적으로 사용할 수 있도록 실

---

6 R. K. Merton, *Social Theory and Social Structure*, Glencoe/Illinois : Free Press, 1957 참조.

시하는 인사교육에 드는 비용을 대학에 전가해 버렸다.

취업률을 대학이 책임지고 대학교육의 목표를, 기업관계자가 자주 쓰는 표현으로 실무능력이 뛰어난 인재 양성으로 설정한다면, 과연 기업체는 그렇게 길러진 인재를 어떻게 다루고 있을까? 그 실상을 살펴보자. 이미 보았듯이, 강의관리나 학생경력 개발의 영역에서 기업 논리의 이식은 간접적인 형식을 띠고 있지만, 기업이 대학의 교육과정을 직접 설계, 주문하는 극단적인 형식도 있다. 계약학과의 운영이 그것이다.[7] 계약학과의 교육과정에는 직무능력 향상을 위한 재교육형과 채용을 조건으로 특별한 교육과정을 요구하는 고용보장형 두 가지가 있는데, 여기서 관심의 대상은 후자이다. 2014년 현재 기준으로 채용 조건형 계약학과는 25개교 51개 학과에 설치되어 운영 중이다. 학생 수는 약 1,330명이다.[8] 계약학과는 대학에 고용보장을 대가로 교육과정을 전적으로 기업이 결정하는 유형이다. 하지만 졸업과 함께 채용은 보장되지만 그렇게 양성된 인력의 수명이 언제까지 지속될 지는 장담할 수 없다. 최근 노동시장에 배출된 인력이 직장에서 단기간만 활용되는 추세가 보편화되고 있다. 이렇게 기업체가 대학졸업자 인력을 다루는 방식은 동시대의 불행한 인간상을 형성하는 데 결정적인 요인이 되고 있다. 이에 미국의 사회학자인 세네트(R. Sennett)의 비판적 해석은 들을 만하다. 그는 『인성의 침식(*The Erosion of Character*)』(2000)에서 이 시대의 인간상을 '유연한 인간(flexible man)'으로 명명한다.[9] 이 인간상은 기업의 작동방식에 굴복당한 채 하루하루 연명하면서 자신의 고유한 정체성을 포기해야만 하는 직업인을 의미한다. 오늘날 대부분의 기업체는 고용한 인력을 단기간

---

7 계약학과 혹은 채용 조건형 계약학과는 국가 및 지방자치단체 또는 기업체 등과 계약에 의해 정원 외로 개설, 운영할 수 있는 학위과정이다. 이 학위과정은 2003년 산학협력 촉진을 위해 개정된 「산업교육진흥 및 산학협력촉진에 관한 법률」 제8조에 의해 탄생 근거를 마련하였다.

8 http://www.mdtoday.co.kr/mdtoday/print.html?no=249920. 최종검색일 : 2016.4.30.

9 R. Sennett, *The Erosion of Character : The Personal Consequences of Work in the New Capitalism*, New

써먹고 내뱉고 있다. 따라서 노동의 주체는 기업 시스템에 편입되어 주체적으로 역량을 발휘하기보다 수동적으로 끌려 다닐 뿐이다. 그 결과 책 제목이 의미하듯이, 자아 정체성의 중요한 구성요소인 인성은 주체적으로 형성, 내면화, 표출되지 못하고 끊임없이 침식되기에 이른다. 이렇게 부유(浮遊)하는 인간상은 자본의 이데올로기가 승리하고 있는 증거이기도 하다.

3. 새로운 과제의 출현과 '포스트' 신자유주의 대학정책의 방향

한국 대학에서 신자유주의 이후의 대학정책의 방향을 설정하기 위해서는 우선적으로 고려해야 할 문제가 있고 새롭게 대두되는 과제에 대응해야 한다. 우선적으로 고려해야 할 상황은 우선 학령인구의 급격한 감소다. 이것은 한국 대학들의 '자연사적' 구조개편을 촉발하는 핵심 변인으로 고려되어야 한다. 이같은 요인은 정책적 인위적인 접근을 넘어설 정도의 강도로 교육현장에 영향을 미칠 것으로 추정된다. 그리고 이것은 지방대의 몰락을 촉진하고 수도권 대학의 반사이익 및 독점화를 가속화시킬 가능성이 크다. 따라서 인구구조의 사회진화적 측면을 고려한 정책적 대응이 요구될 수밖에 없다.

고려해야 할 또다른 환경은 고등교육의 '과잉화' 문제다. 한국 고등교육이 과잉상태에 있다는 판단은 일반적인 것이며 이는 '비정상적' 고등교육 현상으로 규정하는 것이 옳다. 물론 학령인구의 감소로 인한 자연스러운 해소의 가능성도 있지만, 고등교육 기능의 정상화 정책이 요구

York: W. W. Nortan & Company, 2000, p.47.

되는 시점이라고 할 수 있다.

K. 슈와브(Schwab)가 말하는 이른바 '제4차 산업혁명'의 도전은 '포스트' 신자유주의 대학정책의 중요한 변수로 등장할 것으로 본다. 즉 초(超)연결사회의 등장과 새로운 기업이윤 창출방식이 대두함으로써 대학의 직업교육화가 가속화할 가능성이 높아진다는 것이다. 이로 인해 대학의 전공쏠림 현상도 더 심화될 것이 전망된다. 미래 사회의 성격에 따라 새로운 인재유형이 설정되고 이에 따른 불평등이 심화되면서 대학은 전통적인 교양적 지식인이나 기술자가 아니라 단기 유형의 직업인을 양성하는 기관으로 전락할 가능성이 있다는 것이다. 플랫폼 형식의 기업이윤 창출이 이루어짐으로써 부의 불평등이 심화되고 다수는 편리한 서비스에 만족하고 이윤은 소수에 집중되는 형국이 초래될 수 있다. 대학정책도 이 새로운 상황에 어떻게 대응할 것인가가 중요한 과제 중의 하나다.

한국 대학의 경우 재편되는 고등교육 지형에서 지방-수도권의 격차가 주요한 문제로 등장하고 있다. 학령인구의 감소와 일자리 부족 등의 요인 때문에 수도권 집중은 더 가속화될 것이다. 정부로서는 지방균형발전이 중요한 정책과제일수밖에 없는데, 대학개혁의 운명도 이 정책에 종속될 가능성이 높다. 가령 그동안 논의되어온 '국립대통합네트워크'안의 정책적 성패도 결국 지방균형발전 과제에 의존할 것이다.

고등교육 정책 수립을 위해서는 선결과제로서 노동시장 정책을 고려해야 한다. 대학은 직업세계로 진입하기 직전의 최종 교육기관이기 때문이다. 노동시장의 왜곡이 대학교육을 비롯, 중등 초등 유아교육에 이르기까지 차례로 영향을 미치게 된다. 사회 전체에서 직업교육 시스템의 개혁, 임금격차의 해소, 사회보험 제도 개선 등의 정책들이 대학정책과 연동되어 있는 것이다.

대학 내부로 보면 대학 유형을 다양화하고 대학담론의 획일성을 극복할 필요가 대두된다. 현재 한국 대학은 이론 및 학문 중심 대학과 직업지향 대학이 공존하고 있다. 또 단일 대학 내에서도 복잡한 유형들이 공존한다. 앞으로의 대학은 기능별로 특화될 것이 요구되며 전체적으로 대학이 특성에 따라 다양화될 필요가 있다. 아울러 현재의 혼잡한 대학의 존재형태와 함께 대학 담론 또한 혼란스럽다. 무엇보다 현재의 대학 담론에서 과도한 '인문주의'를 지적하고자 한다. 인문주의는 근대 대학의 이상인데 이것이 탈근대시대인 지금에 이르기까지 지배하고 대학담론은 여기에 매몰되어 있다. 인문주의 교육이상의 보편화는 또 하나의 이데올로기에 불과하다. 대학담론이 여기에 매몰된 결과 직업교육 및 기능적인 교육에 대한 담론의 약화가 초래되고 있다.

마지막으로 대학의 자율성이 확대되는 추세를 지적코자 한다. 미래의 흐름은 권력 및 정치력의 분권화가 대세를 이룰 것으로 보인다. 이에 따라 대학 자율성의 확대와 자율통제의 강화가 동시에 요구된다. 또한 건전사학과 비리사학을 차별화할 요구도 커질 것이다. 현재 사학재단의 개방이사에 대한 기준을 강화하는 방향으로 사립학교법을 개정할 필요가 있다. 또 중앙정부의 재정지원 방향은 획일적인 정책을 매개로 한 경쟁적 지원형태를 지양하고 통합형 '교부금' 성격의 재정지원으로 전환할 필요가 있다. 교부금의 배정에서는 대학 규모별 분배와 정책평가를 통한 분배 등 재정지원 방식의 이원화가 바람직하다.

2

악화된 대학서열화, 극복방안은 무엇인가

국립대학통합네트워크의 갱신을 위한 제언[1]

수도이전 프로젝트와 결합하자

김종엽

1. 수도이전 프로젝트와 국립대학통합안의 결합 모색

우리 사회의 학벌 구조는 위계적 사회 분화의 한 형태이다. 하지만 학벌 구조는 서울과 수도권을 중심으로 하는 중심/주변 분화에 의해서도 구조화되어 있다. 따라서 학벌 구조를 타파하기 위해서는 위계적 구조와 함께 중심/주변 분화를 약화시킬 전략이 필요하다. 이런 시도가 없었던 것은 아니며, 후자와 관련해서 검토해볼 만한 것은 참여정부가 추진한 지역균형발전 전략, 특히 그 기획의 중심에 있던 수도이전 계획이라

1 이 글은 『창작과비평』 2016년 가을호에 게재된 필자의 「지구적 자본주의에 도전하는 교육개혁의 길」 가운데 3절과 4절을 약간 수정한 것이다.

고 할 수 있다. 이 프로젝트는 우여곡절이 많았지만 공공기관의 지방이전 그리고 '행정수도' 세종시를 결과로 남겼다. 전자와 관련해서는 '국립대학통합네트워크안'(이하 국립대학통합안)이 있다. 이 논의는 참여정부와 연계된 것은 아니었지만 참여정부 시기에 제기되었다. 강준만(康俊晩)의 『서울대의 나라』(개마고원, 1996)가 출간된 이후 학벌주의와 대학서열체제에 대한 비판이 활성화되었고, 진보적인 학자들은 서울대 해체와 대학평준화를 주장했으며, 장회익(張會翼) 교수를 비롯한 서울대 교수 20인은 '서울대 학부과정 개방안'을 내놓기도 했는데, 국립대학통합안은 이런 분위기 속에서 가다듬어진 것이다. 이 안은 비록 제도적 결과를 만들지는 못했지만 진보정당들은 물론 18대 대선을 앞두고 통합민주당이 교육개혁 방안으로 진지하게 검토하기도 했으며, 여전히 우리 사회 진보개혁진영이 대학서열주의에 도전하며 내놓은 안 가운데 가장 구체성이 높은 것으로 남아 있다.[2]

이 글에서 논의하고 싶은 것은 서로 다른 맥락에서 제기되고 별도로 추진되었던 참여정부의 수도이전 프로젝트와 국립대학통합안의 결합이다. 필자가 보기에 두 프로젝트가 결합된다면 그것은 중위 세계도시 서울이 야기한 병리현상을 극복할 실마리가 될 수 있다. 서울과 수도권의 권력을 약화시키기 위해서는 단지 그것이 가진 정치경제적 권력을 약화시키는 것 이상의 기획, 이데올로기적이고 문화적인 기획이 필요하다. 서울과 수도권의 힘 자체가 정치경제적 중심성뿐 아니라 대중도 암암리에 동의하는 어떤 이데올로기에 뒷받침되고 있기 때문이다. 우리 사회에서 대중의 복종태세를 쉽게 이끌어내는 가장 강력한 이데올로기 가운데 하나가 업적주의(meritocracy)이며, 그것의 중심에는 대학서열체제가 있다. 매년 겨울 수십만의 수험생이 한날한시에 몇 년간의 노력을

2 자세한 것은 정진상, 『국립대 통합네트워크』(책세상, 2004) 참조.

모두 털어넣으며 대학수학능력시험을 치르는데, 바로 그 형식 자체가 업적주의 이데올로기를 강화하는 거대한 '세리머니'라 해도 과언이 아니다.

지난 수십 년간 국민적 정체성 안에 아로새겨진 업적주의의 위력은 조금도 약해지지 않고 오히려 더 강해졌다. 업적주의를 뒷받침하는 서울 중심의 대학서열체제가 더 완고하고 강팍해져서, 'SKY서성한중경외시건동홍국숭세단……' 같은 지독한 서열 매기기가 거리낌없이 공론장을 누비는 상황이다. 그렇게 된 이유는 대학입시 경쟁이 과도해지면서 한국의 젊은이들 대부분이 희생을 치렀다고 느끼고 있고, 더 나아가 그 희생을 정밀하게 차등적으로 보상받아야 한다는 심리에 빠져 있으며, 그런 보상체계를 교란하는 모든 것에 대해 원한(resentiment) 감정을 느끼기 때문이다. 그런데 바로 이런 심리가 세칭 명문대학 출신들로 구성되는 중심부의 엘리트 집단에 대한 사회적 정당성을 높여주는 것이다. 따라서 중심/주변 분화를 약화시키려는 전략은 중심의 정당성의 중요한 토대가 되는 대학서열체제에 도전하는 기획을 포함해야 한다.

참여정부의 수도이전 기획과 국립대학통합안을 결합해야 한다고 보는 또다른 이유는 두 기획이 현재 애초의 의도를 실현할 길을 잃고 표류하고 있기 때문이다. 참여정부가 시도한 새로운 수도 건설은 당시 야당인 새누리당의 반대 그리고 헌법재판소의 기이한 판결로 인해 행정수도로 격하되었고, 이명박정부는 그마저 '특별경제도시'로 전환하려 했다. 하지만 당시 박근혜의원의 대선전략 때문에 행정도시안이 유지되어 9부2처2청이 내려가 현재 상태에 이르렀다. 이런 세종시가 어떤 위상과 발전방향을 가지고 있는지, 그것이 한국사회 전체에서 어떤 사회경제적 그리고 공간적 위상을 갖는지 매우 불투명한 상태에 있다.

2. 세종시 중심의 국립대통합을 통한 이심원적 구조

세종시가 어떤 발전경로를 취할 수 있는지 짐작하기 위해 최근 논란이 된 두 부류의 사실을 살펴보자. 하나는 오는 11월 조기 개통을 앞둔 수서발 KTX와 서울·세종 고속도로 건설계획의 발표다. 서울과 세종시 간의 교통연계를 강화하려는 이런 시도 밑에는 수도의 부분 이전으로 인해 업무·거주·가족생활이 불편하게 조합된 상황에 있는 공무원들이 있다. 하지만 만일 이런 방향으로 발전이 강화된다면, 세종시는 서울 수도권 도시회랑에 흡수되어 수도권 확장에만 기여하게 될 것이다.

다른 하나는 개헌을 통해 수도를 세종시로 완전 이전하자는 경기도지사 남경필의 발언[3]과 세종시에 국회 분원을 설치하자는 이해찬의 국회법 개정안 발의[4]다. 이들의 발언은 세종시가 정치적인 동기 때문에 계속해서 더 많은 정부기관과 공공기관을 유치하며 성장할 수 있다는 것을 말해준다.[5]

이 두가지 사실을 조합해보면 세종시는 서울의 하위 파트너가 될 수도 있고 정치적·행정적 수준에서 서울에 비견할 권력을 가진 중심지로 성장할 잠재력을 가지고 있기도 하지만, 어느 쪽이든 공간적으로는 수도권 회랑에 편입된 형태가 될 공산이 커 보인다. 서울의 중심성을 약화시키기 위해서 시작된 프로젝트가 이런저런 경로를 거쳐 서울과 수도권의 확장으로 귀결될 처지에 놓인 것이다.

국립대학통합안의 경우도 제안될 때와는 상황이 많이 달라져서 그것이 가진 의미가 많이 열어져 있다. 법학이나 약학 전문대학원 설치를 비

3 「남경필 "청와대국회도 세종시로 옮기자"」, 『한겨레』, 2016.6.15.

4 「이해찬 "세종시에 국회분원" 국회법 개정안 발의」, 『한겨레』, 2016.6.21.

5 세종시의 유지발전은 현재 한국정치에서 가장 중요한 분파인 이른바 '친노'와 '친박' 모두의 정파적 이익과 접맥되어 있으며, 대선에 출마하려는 정치인은 누구나 충청권에서의 득표를 염두에 두고 세종시 발전을 공약할 수 있는 상황인 셈이다.

롯해 여러 가지 변화가 있었지만 그중에서도 가장 핵심적인 것은 서울대 법인화다. 국립대학통합안은 서울대폐지론과 대학평준화론으로부터 영감을 얻었으며, 그렇기 때문에 서울대를 국립대학네트워크 안으로 몰아넣고 서울대 학부생 모집을 폐지할 것을 주장했다. 그런데 그 서울대가 2011년 법인화되어 국립대 범주에서 빠져나가버린 것이다. 서울대를 여전히 국립대학통합네트워크 안에 집어넣을 수 있다고 주장하는 이들도 있지만, 서울대가 국립대학일 때도 하지 못한 일을 법인화된 다음에 하기란 난망한 일이다. 국립대학통합안도 자신의 구상을 재점검해야 하는 상황에 처한 것이다.

이렇게 애초의 의도에서 벗어나 표류하거나 달라진 상황 앞에서 길을 찾지 못하고 있는 두 프로젝트를 조합하면 그것이 처한 제약을 벗어날뿐더러 어떤 면에서는 긍정적 계기로 전환할 수 있다. 이 점을 밝히기 위해 국립대학통합안이 처한 제약을 다시 검토해보자. 국립대학통합안이 처음 발표되었을 때 그것이 폭넓은 반향을 가졌던 이유는 대학서열체제의 정점에 서 있는 서울대의 권력을 약화시킬 수 있는 합리적 방안을 제시했기 때문이다. 하지만 바로 그렇기 때문에 국립대학통합안은 서울대 폐지안으로 인식되었고 그만큼 강한 사회적 저항에 부딪쳤다.[6] 이제 서울대 법인화는 그런 저항의 토대를 더 강화했을 뿐 아니라 도리어 다른 국립대가 법인화 압박을 받는 형국이 되었다.

하지만 발상을 전환하면, 이런 상황은 제약이 아니라 기회가 될 수도 있다. 즉, 서울대가 국립대학통합네트워크로부터 멀찌감치 달아난 상황을 '기꺼워'하며, 서울대를 '뺀' 국립대학통합네트워크를 구상하는 것이다. 즉 서울대 법인화를 『국립대학체제의 사멸을 고지하는 조종(弔鐘)이

---

6 국립대학통합안의 실행 가능성과 관련된 여러가지 문제점에 대해서는 졸고, 「학벌사회와 대학서열을 극복하는 제도의 구상 – 정진상, 『국립대 통합네트워크』」, 『경제와사회』 2005년 여름호, 347~57쪽 참조.

라기보다 새로운 국공립 네트워크 체제로 이끄는 카펫」[7]으로 삼는 것이다. 사실 서울대를 빼버리면 국립대학통합네트워크는 큰 제도적 장애나 정치적 장애 없이 순탄하게 구성될 수 있다.

하지만 현재 상황에서는 그렇게 해서 형성된 통합네트워크가 어느 정도나 대학서열체제를 완화하고 서울과 수도권의 중심성을 약화시킬 수 있을지 의문이다. 국립대학통합안이 제출된 이후 수도권 대학에 비해 지방대학의 지위는 더 낮아졌고, 세칭 서울 소재 명문대학에 비해 거점 국립대의 지위는 더 떨어졌다. 국립대학통합네트워크가 실현된다 해도 그것이 가진 사회적 매력은 약해진 것이다. 그러므로 국립대학통합네트워크를 지금껏 구상된 것보다 훨씬 통합력이 높은 수준으로 발전시키고 그럼으로써 더 질적으로 우수한 교육기관이 될 길을 찾을 필요가 있다. 세종시는 그것을 위한 좋은 토대가 될 수 있다.

국립대학통합네트워크의 통합도가 진짜 높아져서 교수와 학생 들이 서로 자유롭게 교직되고 그럼으로써 훨씬 더 수준 높은 교육과 연구가 이루어지는 방향으로 나아가기 위해서는 공간적 응집력이 필요하다. 세종시는 그것을 위한 좋은 입지조건을 가지고 있다. 이 점은 국립대학의 전국적 배치를 살펴보면 분명해진다. 중앙정부는 1996년 대학설립준칙주의로 대학 설립을 방치할 때도 수도권 인구집중을 막기 위해서 수도권에서의 대학 설립이나 정원 증가는 억제했으며, 같은 선상에서 수도권에서의 국립대학 증설은 극히 제한적이었다. 그 결과 세종시보다 북쪽, 특히 수도권에 있는 국립대학은 그 수가 얼마 되지 않는다. 법인화된 서울대와 인천대를 제외하면 서울과학기술대과 한경대, 한국예술종합학교와 한국체육대 그리고 교육대학 2개교 정도다. 그러므로 세종시를 중심으로 수도권 바깥의 약 40개 국립대학들 간의 통합네트워크를

7 졸고, 「'국립대 통합네트워크'에서 서울대를 빼버리자」, 창비주간논평, 2012.7.4.

만들 경우,[8] 세종시는 서울 및 수도권 바깥의 국민들과 긴밀하게 연결된 교육적 중심을 형성할 수 있다.

세종시는 인근에 큰 규모의 대학들을 품은 세 개의 도시에 둘러싸여 있다. 동쪽으로는 충북대가 소재한 청주시가 있고, 서쪽으로는 공주대의 공주시, 남쪽으로는 충남대와 카이스트가 있는 대전광역시가 있다. 세종시는 이 세 도시를 연결하는 허브가 될 만한 위치에 있다. 그리고 청주시는 춘천, 원주, 강릉 소재 대학을 연결하고, 공주시는 전주와 광주 그리고 목포 소재 대학을 조직하고, 대전광역시는 충남지역과 경상남북도의 대학을 연계하는 세 개의 2차 허브가 될 수 있다. 강원도 방면의 네트워크를 위해서는 동서철도망을 보충해야겠지만, 세종시가 중심이 되는 네트워크의 공간적 마찰계수는 그리 높지 않으며 그렇기 때문에 실제적인 인적 교류가 활성화될 수 있는 것이다.

세종시에 국립대학통합네트워크 본부를 설치하고 이곳을 중심으로 네트워크를 구성해나가는 것은 세종시 자체의 발전방향과 관련해서도 중요한 의미를 갖는다. 이로 인해 세종시가 서울과 수도권이 아니라 비수도권과 연계성을 높이는 방향으로 발전할 수 있기 때문이다. 예컨대 새로운 철도와 고속도로의 건설도 지금과는 다른 공간적 편익을 중심에 놓고 구상하게 될 것이다. 이런 발전방향이야말로 세종시가 애초의 설립의도에 가까운 기능을 하며, 한국사회에서 의미있는 공간적 지위를 가지는 길이라 할 수 있다.

이런 프로젝트가 의도하는 바는 서울을 핵으로 하는 중심/주변 분화가 야기하는 많은 병리현상을 비수도권을 대변하는 또다른 중심을 형성함으로써 완화하는 것이다. 이런 의도에 대해 또다른 중심의 형성에 지

8 과학기술원 5개교는 법적으로는 '특별법법인'이 운영하는 대학이다. 하지만 이들이 국립대학통합네트워크 안에 들어오는 데 큰 무리가 있을 것이라고 생각되진 않는다.

나지 않는다고 비판할 수 있다. 하지만 하나의 중심이 모든 사회적 자원을 빨아들이는 동심원적 사회보다 이심(二心)에 의해 그려지는 타원의 사회가 훨씬 더 역동적일 것이다. 실제로 고등교육의 발전 측면에서 볼 때, 이런 정도의 공간적 응집력 그리고 행정수도에 의해 뒷받침되는 사회적 권력을 가진 국립대학통합네트워크여야 서울 소재 '명문'대학이 긴장할 만한 교육과 연구 역량을 형성할 수 있다. 그럴 경우 우리는 서울대를 폐지하거나 서울 소재 명문대학을 약화시키는 것이 아니라 그들이 서열체제에 안주할 수 없게 할 수 있을 텐데, 그것은 결코 서울과 수도권의 약화가 아니라 여러 수준에서 건강을 회복하는 과정이 될 것이다.[9] 그리고 이는 고등교육의 질적 향상뿐 아니라 대학입시를 향한 경쟁 또한 크게 완화하는 효과를 가질 것이다.

3. 한반도 공간전략 구상과 관련한 의미

정진상이 국립대학통합네트워크를 제안하면서 매우 세세한 제도적 모형을 제시했던 데 비해 이 글은 그렇지 못하다. 하지만 사회개혁 프로그램의 경우, 있을 수 있는 모든 가능성에 대응하는 준비가 성공을 보증하는 것은 아니다. 오히려 프로그램의 의도치 않은 결과를 염두에 두는 개방성 그리고 개별 행위자들의 자기조직적 활동을 고무하는 방안이 더 중요하다. 국립대학통합네트워크가 발전되면, 그것이 네트워크를 넘어서는 통합성을 가질 수도 있을 것이다. 예컨대 여러 국립대학에 설치된

9 우리 사회에는 걸핏하면 세계 수준의 대학을 키워야 한다는 이야기가 횡행한다. 그러면서 장남만 대학 보내고 동생은 공장에 보내던 60년대풍의 투자 또는 올림픽 선수촌 모델을 따르는 교육투자를 반복하고 있다. 하지만 세계 수준의 대학은 평판과 역량에서 자신을 위협하는 이웃 대학과 경쟁하는 중에 도달할 수 있는 것이지, 그저 마음속에 하버드대를 경쟁상대로 품고 있다고 이루어지는 것이 아니다.

동일 학과나 대학원이 통합되거나 상이한 학과가 융합될 수도 있을 것이다. 하나의 분과학문이 학생들에게 충분한 교육프로그램을 제공하고 대학원생과의 연구를 진행하려면 일정한 규모가 필요하기 때문에 그런 작업이 필요할 수 있다. 그럴 경우 어떤 식의 통합이나 융합이 바람직할지는 학문별 상황, 네트워크에 속한 국립대학 각각의 사정, 물리적 자산의 분포와 학생들의 선호 분포, 그리고 교수들의 의욕과 씨너지 효과 등 매우 복잡하고 까다로운 요소들을 고려해야 결정할 수 있을 것이다. 이런 것들을 미리 제도적으로 구상하는 일은 거의 불가능하다. 오히려 긴 진화의 과정을 설정하는 것이 필요하다. 그리고 이런 국립대네트워크에 사립대학을 어떻게 접맥하고 연계할지, 그럴 경우 사립대학의 지배구조를 좀 더 공영적인 형태로 이끌 방안이 무엇인지 구상하는 일도 대학들의 자기조직 역량에 맡길 필요가 있다.

물론 그럴 때도 정책 수준에서는 큰 방향을 설정하고 그것을 위한 보상체계를 만들어나가는 일은 필요하다. 그리고 필요하다면 자원을 배분하고 관리하며 조정하고 지원하는 조직이 세워져야 한다. 이를 위해서는 (가칭) '국가고등연구·교육위원회' 같은 것을 생각해볼 수 있다.[10]

그러나 여기서 논의된 것들의 실현 가능성은 그것이 공론장에서 얼마나 설득력 있게 받아들여지는지, 주요 정당과 그 정당 대통령후보의 공약과 접맥될 수 있는지, 그리고 대중이 어떤 정치적 선택을 하는지에 달린 문제이다. 국립대학통합네트워크, 그것도 세종시를 핵으로 하는

10 이미 '국가교육위원회'(민교협)나 '국가고등교육위원회'(사교육없는세상) 구성을 주장하는 이들이 있다. 이런 주장 밑에는 현재의 교육부가 관료적 자기이익을 탐닉하고 있다는 판단이 깔려 있다. 필자도 여기에 동의하며 교육부로부터 고등교육정책의 구상 기능을 박탈해 대통령 직속의 위원회로 넘기고 실행 기능만 남기는 것이 바람직해 보인다. 하지만 이미 초중등교육이 교육청의 관할로 이행되었고 교육자치제가 자리를 잡아가는 상황에서 '국가교육위원회'까지 필요할지는 의문이다. 그런 점에서 '국가고등교육위원회'가 더 나아 보이지만, 고등교육기관에서는 교육 못지않게 연구가 중요하다. 이런 점을 고려하여 '국가고등연구교육위원회'를 설치하는 것을 생각해볼 수 있다.

네트워크의 형성은 대학들의 자발적 조직화에 맡겨서는 이루어질 수 없기 때문이다. 대학들의 자기조직화 역량은 일단 그것을 향한 정치적·법적 경로가 열린 다음에나 발휘될 수 있는 성질의 것이다.[11]

아마도 일각에서는 지금까지의 논의 전반에 대해 더 중요한 '당면' 문제, 그러니까 출산력 저하로 인한 학령인구 급감이라는 위기상황에 대처하기 위한 대학구조조정 문제를 비껴가고 있다고 비판할 수 있다. 그러나 남아도는 대학정원이 16만명이니 정원 1천 명짜리 대학 100개가 문을 닫을 일이라는 식으로 조장된 위기는 전형적인 '가짜 사건'(pseudo event)이다. 학령인구의 감소가 그렇게 심각한 문제였다면 그들이 대학 입학연령에 이르기 전에 이미 유치원과 초중등학교가 초토화되었어야 마땅하다. 하지만 그런 일은 일어나지 않았다. 오히려 정부가 막대한 재정을 투입해서 교사를 더 채용하지 않았는데도 초중등학교에서 교사 대 학생비율이 빠르게 개선되었다. 예컨대 2000년대 초 우리나라 초등학교의 교사 대 학생 비율은 약 1대 28이었는데, 2015년에는 1대 15가 됨으로써 경제협력개발기구(OECD) 평균 수준이 되었다. 이런 일이 대학에서도 가능하며 그럴 때만 교수 당 학생수가 28명이 넘는 한국 대학의 교육도 개선될 것이다.[12] 그런 방향으로 나아가는 데 필요한 것은 정부의 재정투입 의지이며 그것을 결정하는 것은 사회성원의 정치적 선택이다.

제약을 새로운 경로의 디딤돌로 삼으려는 태도를 견지한다면, 여기서 논의된 공간전략은 더 확장된 의미를 획득할 수도 있다. 지금까지 논의

---

11 이것을 잘 보여주는 예가 참여정부 시기에 있었던 충남대와 충북대의 통합 논의였다. 세종시에 마련된 대학부지를 함께 활용할 길을 찾는 동시에 훨씬 우수한 대학으로 올라서기 위해 이루어졌던 이 통합논의는 문턱을 넘지 못했다. 복잡한 법적 제도적 문제를 책임있게 해결하기 위해서는 범정부 차원의 의지가 필요했지만, 교육부가 수동적으로 관여하는 정도에 그쳤고, 이로 인해 통합논의를 주도하던 교수들이 소극적인 내부 성원을 설득하기도 어려웠다.

12 졸고, 「폐기돼야 마땅한 대학구조개혁법」, 『한겨레』, 2016.7.20.

는 중위 세계도시 서울을 핵으로 하는 중심/주변 분화가 국민국가의 퇴락을 가져오는 것을 막고, 그럼으로써 지구자본주의가 야기하는 엄청난 불평등이 우리 사회에 깊이 관철되는 것을 저지하기 위함이기도 하다. 같은 선상에서 우리가 해결해야 할 중심 문제는 자본주의 세계체제의 지정학적 분열구도와 접맥된 분단 문제이다. 국민국가가 국민적일 것을 요구하는 투쟁은 우리의 경우 분단극복의 노력으로 이어질 수밖에 없다. 그것의 제도적 구현 형태는 우선은 국가연합의 수립 같은 것이라고 할 수 있을 것이다.[13] 그럴 때 우리는 어떤 한반도 공간전략을 가질 수 있을까? 아마도 평양시와 세종시가 남북연합의 이원적인 정치적 중심지가 되는 대신 서울은 정치적 부담을 덜고 경제적 문화적 세계도시 역할을 하는 모델에서부터, 서울이 수도가 되고 평양시와 세종시는 각각 의회가 자리잡고 총리가 통치하는 남북한 각각의 행정수도가 되는 것에 이르기까지 다양한 구상이 가능할 것이다. 어느 쪽에 가까운 경로에 접근해갈지는 남북연합의 행로가 어떨지에 달려 있을 것이다. 어느 방향으로의 진화가 일어나든 그것을 위해서는 이미 남한사회가 이심성을 통해 이룩된 타원형의 역동성을 갖추고 있어야 한다. 그렇지 못할 경우 설령 남북한이 평화로운 통합을 향해 나갈 때조차 더 큰 규모의 중심/주변 분화가 서울을 중심으로 일어나는 것으로 귀결되고 그로 인해 공간적 사회경제적 불균형이 한반도 전체로 확산되고 말 수도 있다. 그러므로 세종시를 중심으로 한 국립대학통합네트워크를 만들어나가는 작업은 단순한 교육개혁을 넘어서는 사회적 비전을 품고 있다고 할 수 있다.

13 백낙청, 「'포용정책 2.0'을 향하여」, 『창작과비평』 2010년 봄호 참조.

입시제도 개혁문제와 국립대통합네트워크안

진보진영 개혁방안에 대한 비판과 제언

안선회

1. 서론 – 주체별 대학문제 인식

이 발표의 목적은 대학문제 전반 특히 서열화와 입시정책 및 대학체제 개편문제에 대한 진보진영의 개혁방안들을 비판적으로 검토하고 좀 더 합당한 대학정책 방향을 모색하고자 하는 것이다. 대학문제 해결은 대학정책문제를 올바르게 분석하는 것에서 출발해야 한다. 또 대학정책문제를 올바르게 다루려면 교수의 관점만으로는 한계가 있다. 인간의 존엄성과 사회적 약자 우선 배려라는 인간 존중의 가치를 반영하여 대학정책을 이해하기 위해서라도 반드시 '국가 사회 전체, 국민 다수의 입장'에서 다루어야 한다. 가령 '민주화를 위한 전국교수협의회'(이하 민교협)

의 대학정책 논의는 주로 교수의 입장에 서 있기 때문에 한계가 있다.

대학정책에 관계되는 주된 주체는 대학교수 외에도 정부, 기업, 학생, 학부모가 있다. 대학정책문제가 정치적이라는 전제하에서 각 주체별로 이에 대한 인식내용과 그 근거를 정리해보면 〈표1〉과 같다.

〈표1〉 주체별 대학정책문제 인식

주체	대학정책문제 인식	근거
대학·교수	대학구조조정, 대학평가와 대학재정지원사업, 정부 통제, 대학총장선출제, 지방대학의 위기, 비정규직 대학교원문제, 대학서열화, 대학 등록금문제, 학령인구 감소, 중도탈락 증가, 사학비리, 대학재정문제	학단협 연합심포지엄 주제, 한국대학교육연구소 등
기업	대학교육의 사회적 적합성 부족(재교육비용 지출), 교육경쟁력 부족(특히 창의적 문제해결능력 부족), 인력 수요의 미스매치, 연구력 부족, 산학협력 미흡, 지나친 대학진학률	대한상공회의소 등 산업계
정부 (교육부)	대학경쟁력 미비(세계적 수준의 우수대학 부족), 재원구조 취약, 산업·사회와의 연계 부족, 산학협력 미흡, 연구역량 미흡, 학사관리와 교수학습관리 미흡, 취창업 지원역량 부족, 신산업동력 창출 미흡, 대학 재정지원의 효율성 문제	교육부 고등교육종합발전방안 등 대학정책 자료
대학생	대학등록금, 졸업 후 취업문제, 대입제도문제, 대학교육의 낮은 경쟁력과 낮은 성과, 진로취업지원, 인력 수요의 미스매치, 대학생 사교육 증가	언론 자료 종합
일반국민 (학부모)	대입문제(불공정성, 복잡성, 불투명성, 타당성 부족 등), 대졸자 실업률 증가(취업률 미흡), 대학 교육력 부족, 대학 교육성과 미흡, 대학재정의 투명성 부족 등	한국교육개발원 설문조사 및 언론 등

한국대학의 현실에 대해서도 주체들의 입지에 따라서 다른 평가 및 인식을 가지고 있다는 점을 고려해야 한다. 가령 대학교육 일반에 대해 국민들을 대상으로 한 여론 조사는 대학의 인재양성 목적실현, 대학교수들의 능력과 자질에 대한 평가, 대학교수의 학생교육에 대한 평가 등 중요한 질문에서 모두 부정적인 의견이 더 높았다.[1]

각 주체별로 대학정책 문제에 대한 인식은 다를 수 있고, 대학교육의 직접 담당자인 대학교수와, 학부모 혹은 일반 국민의 인식은 서로 다르기 마련이다. 특히 진보적인 교수들의 단체인 민교협의 정책문제 인식과는 더욱 다를 수 있다. 그렇다면 그 이유는 무엇이고 어떤 관점에서 보는 것이 더 합당한가를 묻지 않을 수 없다. 필자는 대학정책문제는 교수집단과 같은 이해당사자들보다 '국가 사회 전체, 국민 다수의 입장'에서 다루는 것이 올바르다고 본다. 즉 일반국민, 학생·학부모들의 관점에서 문제에 접근해야 하는 것이다. 이런 관점에서 필자는 민교협 및 진보진영 교수들의 대입제도에 대한 시각을 검토하면서 입시폐지 등 평준화 정책방안을 다시 점검하고자 한다. 그리고 진보진영에서 제기한 국공립 통합네트워크 및 국립교양대학안을 분석하고 문제가 무엇인지 짚어보고자 한다.

1 2015년 한국교육개발원의 조사에 따르면 '대학이 사회가 필요로 하는 인재를 양성하고 있는지'에 대해서는 전반적으로 그렇다(매우 그렇다+그렇다) 8.6%, 보통이다 31.7%, 그렇지 못하다(그렇지 못하다+전혀 그렇지 못하다) 59.7%로 그렇지 못하다는 의견이 다수를 차지하였다. '대학 교수들의 능력과 자질에 대한 신뢰 정도'에 대해 '신뢰한다(매우 신뢰한다+신뢰한다)' 12.1%, '보통이다' 41.6%, '신뢰하지 못한다(신뢰하지 못한다+전혀 신뢰하지 못한다)' 46.4%로 그렇지 못하다는 의견이 높은 것으로 나타났다. '대학 교수의 학생들의 교육에 대한 평가'에서도 '잘하고 있다(매우 잘하고 있다+잘하고 있다)' 15.5%, '보통이다' 50.2%, '잘 못하고 있다(못하고 있다+전혀 못하고 있다)' 34.3%로, 잘못하고 있다는 응답비율이 잘하고 있다는 응답비율에 비해 두 배 이상이었다.

2. 현행 입시제도의 불평등구조 재생산 문제

민교협과 진보진영의 교수들이 대학 입시경쟁과 사교육, 그리고 대학서열화의 원인으로 비판한 것은 수능중심의 대입제도였다. 그리고 그 정책대안은 수능 반영비중을 줄이고 학생부반영비중을 늘린 내신중심대입제도로 입학사정관제와 학생부종합전형이었다. 입학사정관제와 학생부종합전형은 이명박정부와 우파진영에서도 적극 지지한 대입제도였다. 바야흐로 진정한 좌우파의 연합 또는 합작 정책이 탄생한 것이다.

하지만 오늘날 그 결과는 어떠한가? 2016년 8월 국회 교문위 소속 송기석 의원은 한국리서치에 의뢰하여 조사한 초·중·고 학생과 대학생 자녀를 가진 학부모 804명 대상의 여론조사 결과를 발표했다.(그림1) 응답자의 79.6%는 '학생부종합전형은 학생과 학부모가 합격, 불합격 기준과 이유를 정확히 알 수 없는 전형'이라고 지적했다. 또한 77.6%는 '학생부종합전형은 상류계층에 더 유리한 전형'이라고 응답했다. 이는 학부모 10명 중 8명이 학생부종합전형을 불공정하고 상류계층에 유리한 전형으로 생각한다는 의미다. 응답자의 75.4%는 부모와 학교, 담임, 입학사정관에 따라 결과가 달라지는 불공정한 전형이라는 지적에 동의했다. 아마도 최근에 드러난 일부 고등학교의 학생부조작사건과 이화여대 입시부정 의혹이 보도된 지금은 학생부종합전형과 특기자전형에 대한 부정적인 정서는 가히 분노 수준일 것이다. 김대중정부와 노무현정부에서 수능중심 대입제도를 비판하고 특기자전형과 학생부종합전형을 대안으로 내세운 진보진영의 대안이 심각한 문제를 야기하고 있는 것이다.

입학사정관에 의한 정성평가가 핵심인 점은 학생부종합전형이나 특

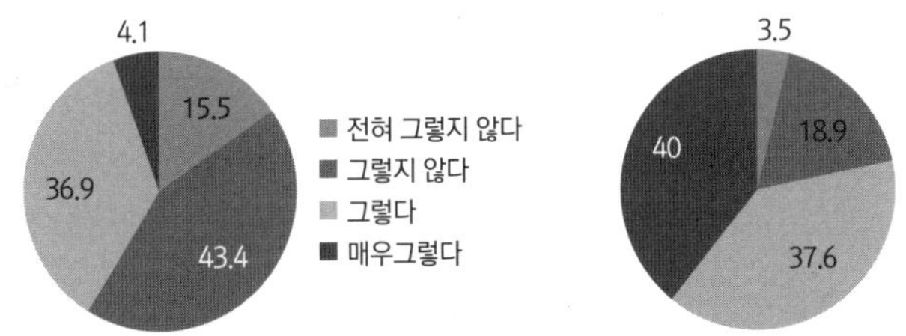

'학생의 노력과 능력에 근거한 공정한 전형이다'라는 질문에 답한 비율(좌측)	'상류계층에게 더 유리한 전형이다'라는 질문에 답한 비율(우측)

〈그림 1〉 학생부종합전형에 대한 학부모 여론조사 결과(송기석, 2016)

기자전형이 모두 동일하다. 이러한 현행 대입제도에서는 대가를 주고받은 증거만 드러나지 않는다면 어떤 비리와 부정도 합법으로 둔갑시킬 수 있다. 모든 것이 대학의 자율성이라는 명분으로 합법이 된다. 이화여대 정유라사태는 이미 김대중정부 시기 이해찬 전 장관이 '하나만 잘 해도 대학 간다'는 주장에서 잉태되고 있었던 셈이다.

그 결과 서울의 주요 사립대학은 9~10분위의 최상류층이 과반수를 차지하고 있다. 이런 현실은 국가장학금 신청자들의 소득분위 자료로 쉽게 파악이 가능하다. 한국장학재단에는 각 대학의 학생들이 국가장학금을 신청하면 소득분위별로 구분이 된다. 대학생들의 소득분위는 주요 대학의 2015년 국가장학금 신청현황 중 소득분위별 분포를 확인하면 간단하게 확인된다.

한국장학재단이 송기석의원실에 제출한 국정감사자료인 '2015년 국가장학금 신청현황'에 따르면, 서울의 주요 사립대학 중 E대학교는 2015년의 기초생활수급자부터 8분위까지의 국가장학금 신청자가 전체 재학생(대학알리미에 공개된 2016년 재학생 총수)의 31.1%, Y대학교는 33.8%, S대학교는 34.5%, H대학교는 37.9%, 또 다른 H대학교는 45.0%에 불과하였다. 전체 재학생 중 기초생활수급자부터 8분위까지의 국가장학금 신청자가 이 정도밖에 안 된다면, 아래 표에서 확인할 수 있듯이, 서울의 주요 사립대학의 경우 재적학생의 절반 이상이 9·10분위 학생들이라고 추정할 수 있다. 일부 대학은 3분의 2를 넘고 있다.

〈표2〉 서울 주요 대학 소득분위 분포

학교명	Y대학교	E대학교	H대학교	S대학교	H대학교
기초	433	99	184	93	132
1분위	962	875	972	1,007	838
2분위	728	644	751	804	796
3분위	502	449	519	590	483
4분위	410	368	396	376	378
5분위	330	317	330	386	347
6분위	370	279	345	410	378
7분위	432	364	456	536	473
8분위	563	501	509	629	641
9분위	745	630	657	767	873
10분위	1,942	1,650	1,643	1,586	3,126
신청자 합계	7,417	6,176	6,762	7,184	8,465
재학생	13,980	12,512	11,759	14,010	9,926
재학생 중 1~8분위 학생 비율	33.8%	31.1%	37.9%	34.5%	45.0%
재학생 중 9~10분위 학생 추정비율	66.2%	68.9%	62.1%	65.5%	55.0%

※ 대학별 소득분위는 한국장학재단의 2015년 통계.
※ 재학생수는 대학알리미에 2016년 공시된 재학생 수.
※ 학생 중 9-10분위 학생 추정비율은 한국장학재단의 2015년 통계에 근거한 필자의 분석결과 추정치

이는 매우 충격적인 사실이다. 서울 주요 사립대학은 가히 상류층 학생들이 장악하고 있다고 해도 과언이 아니다. 이것은 민주공화국 대한

민국 대학의 정상적인 모습이 아니다. 이러한 현실이 학생부종합전형 확대로 인한 것일 가능성에 대해서 교육진보진영의 성찰이 필요하다. 우리나라의 현행 대입제도가 이미 불평등 재생산을 넘어 불평등 확대 기제로 전락하고 있는 현실을 외면해서는 안 된다.

입학사정관제가 본질인 학생부종합전형이나 특기자전형으로 가장 큰 혜택을 받는 집단은 누구일까? 물론 상류층집단, 소수 권력층집단이다. 그렇다면 교육자집단 특히 교수집단은 어떨까? 주요 대학에서 몇 년 사이 교직원 자녀 입학비율 증가 여부를 파악하면 금방 확인할 수 있다. 그 비율이 증가하고 있을 것으로 추정되지만 대학들은 그런 자료를 절대 공개하지 않을 것이다. 정유라 사태로 국민의 분노가 비등한 가운데서도 교육계가 입시제도 자체의 문제에 대해서는 조용할 정도다. 구조적 문제가 아니라 특정인과 특정대학만의 일시적인 일탈 문제로 생각하고 싶은 것인가?

명백한 부정입학도 정상적이고 합법적인 전형으로 둔갑할 수 있는 이런 대입제도를 언제까지고 방관하고 있을 수는 없다. 현재 정부 여당과 특정인 및 특정대학에 초점을 두고 있는 학부모와 국민들의 분노가 언제인가는 교육집단 전체를 향한 분노가 될 수도 있다. 언론의 댓글에서는 이미 그런 조짐이 보이고 있다. 학생부종합전형이나 특기자전형은 교육자와 대학의 절대권력이 행사되는 전형이라는 비난이 공감을 얻어가고 있다. 더 이상 이런 반응이 확대되도록 방관할 수는 없지 않은가?

3. 입시폐지 및 대학 평준화 방안 분석

민교협과 진보진영이 현재의 사교육 및 입시지옥을 해소할 근본방안으로 내놓은 안 가운데는 현행 수능 형태의 대학입시를 폐지하고 내신을 포함한 대학입학자격고사로 전환 및 국공립대학의 경우 자격고사만으로 입학할 수 있는 1년반 혹은 2년과정의 '전국국립교양대학' 설립 안이 있다. 이 전국단위의 교양대학은 국공립대학 네트워크 안과 결합되어 있다. 즉 전국의 국공립대학을 통합하여 학생을 공동선발하여 추첨 배정하되, 각 지역에서 통합적인 교양대학을 마친 학생들이 대학성적을 토대로 논술 및 면접 등으로 국공립대에 진학한다는 것이다. 현재 나와 있는 구체적 방안을 보면 국공립대 진학은 '(교양대학) 성적 20%, 바칼로레아식 논술 30%, 적성 및 꿈 40%, 인성 10%'로 평가하여 전공대학을 배정한다는 것이다. 일종의 '대학학생부종합전형' 또는 '대학입학사정관제'라고 할 수 있다. 국공립대학에서 시작하지만 장기적으로 사립명문대 등 다른 대학들도 이 제도로 들어오게 되면 입시는 완전 폐지된다는 것이 이들의 주장이다.[2]

과연 이것이 가능하고 바람직한가? 이제껏 대입제도에 관한 연구를 적지 않게 해왔다고 자부하는 필자가 판단하기에는 참으로 안타까울 지경이다. 실현되기 어려운 환상에 가깝기 때문이다. 설혹 정부차원에서 강행한다 해도 원하는 결과가 나오지 않을 것이다. 마치 이주호 전 장관의 '대입3단계 자율화 방안'과 이명박 전 대통령의 '입학사정관제 100% 달성'의 아류를 보는 듯한 느낌도 든다. 다음과 같은 이유에서다.

첫째, 정책문제의 원인 분석이 잘못되었으며, 그에 따라 정책대안의

2 진보진영의 대학체제개편안은 민교협 편, 『입시 사교육 없는 대학체제 – 대학개혁의 방향과 쟁점』(한울, 2015)에 종합되어 있다. 전국교양대학안과 관련된 논의는 특히 심광현, 정경훈, 이도흠의 글 참조.

방향도 틀렸다. 수능이 만악의 근원도 아니며 입학사정관에 의한 정성평가가 핵심인 학생부종합전형이나 특기자전형이 만병통치약도 아니다. 아니 거꾸로 가장 우파적이며 신자유주의적인 정책방안이다. 진보진영이 교육에서만큼은 거꾸로 돌진, 우향우 돌격을 감행하고 있다. 진보진영의 이념적 지향성과 명백하게 충돌하는 방안이다. 새누리당이 속으로 환영할지도 모른다. 앞에서 밝힌 것처럼 학생부종합전형이나 특기자전형 확대의 결과 서울 주요 사립대학을 상류층 학생들이 장악하고 있지 않은가? 결과적으로 현재 상태보다 대학에 나타나는 계층간 불평등은 더욱 확대될 것이다. 지금도 서울 주요 사립대학을 상류층 학생들이 장악하고 있는데 교양대학 시기까지 확대되면 그런 경향이 더욱 심해질 것은 불 보듯 뻔하다.

둘째, 이 방안으로는 결코 사교육이나 입시비리가 없어지지 않는다. 중·고등학교 단계에서부터 '(교양대학) 성적 20%, 바칼로레아식 논술 30%, 적성 및 꿈 40%, 인성 10%' 입시를 대비하기 위한 중·장기 사교육프로젝트가 고비용으로 전면 확대될 것이기 때문이다. 사교육기간도 고교를 넘어서 교양대학 시기까지 더 길어지고 비용은 더 증가할 것이다. 전형요소가 많아지기에 사교육 대비요소도 증가할 것이다. 바칼로레아식 논술과 적성 및 꿈 그리고 인성 평가를 대비한 특별프로그램이 개발 운영될 것이다. 또한 교양대학에서 상위대학으로의 진학을 위한 평가방식에서 공정성과 신뢰성이 문제가 될 것이다. 또 다른 블랙박스입시가 재현될 가능성이 크다. 입학사정관제가 본질인 학생부종합전형이나 특기자전형과 같이, 일종의 '대학학생부종합전형' 역시 온갖 대입 부정과 비리에 휘둘릴 것이 예상된다. 이 제도에서 제2, 제3의 정유라 사태가 발생하지 않을 것이라고 누가 자신하겠는가?

셋째, 국립교양대학안은 현행 학제의 전면 개편을 동반하는데, 실현

가능성이 거의 전무하고 추진하더라도 형식적이 되고 말 것이다. 현재 초·중등 12년(6-3-3) 학제를 '5-5' 학제로 바꾸자는 건데, 현실적으로 어렵다. 초·중등교원들과 교대·사대 학생들의 격렬한 반대에 부딪칠 것이다. 우리 사회의 집단이기주의는 결코 만만한 것이 아니다. 전교조조차 찬성할 것이라고 기대하기 어렵다. 또 일반적인 국제 기준에도 들어맞지 않는다.

넷째, 이 방안은 철저하게 대학교수의 구미에 맞는 정책으로서 다수 이해당사자들의 합의를 끌어내기 어렵다. 달리 말하면, 초·중등교육의 파이를 좀 줄이고 고등교육의 파이를 더 늘리자는 주장을 고상하게 표현한 것이다. 초·중등교육은 12년에서 10년으로 줄이고, 대학교육은 4년에서 5년으로 늘리고 지원자는 자격고사만 보게 하고 모두 다 받아들이자는 주장이다. 이 방안은 의도한 것이든 그렇지 않든 대입전형에서의 대학교수의 권력을 강화시키는 것으로 고등학생에 대한 교사의 지도력(권력)을 약화시킬 것이다. 현재 고등학교 교사들의 교사로서의 권위는 대학입학을 좌우하는 내신성적 평가 권한과 학생부 기록 권한이 부여되기 때문이다. 고교 교사가 아니라 대학교수가 그 권한을 가지게 되면 대학뿐 아니라 고교교육에서도 어떤 부작용이 나타날지 상상이 되지 않는가?

마지막으로 '입시폐지 및 대학 평준화' 방안에서 교육력 및 교육의 책무성 신장에 대한 방안을 찾기 어렵다는 점을 지적하고자 한다. 충분히 대학교육이 잘 이루어질 것이라는 주장만 있지 구체적으로 어떻게 대학의 교육력과 교육책무성을 높일 것인지는 알 수 없다. 즉 대학교육의 부실 문제에 대한 해법이 되기 어렵다는 것이다.

4. '대학통합네트워크' 방안에 대한 분석

'국립교양대학' 안과 결합되어 있는 '대학통합네트워크' 방안에 대해서는 정경훈이 비교적 구체적인 방안을 제시하고 있다. 우선 전자에 대해서는 입지폐지 및 대학평준화 문제와 관련해서 앞에서 다룬 바 있다. 교양교육을 혁신하자는 주장 자체는 필자 역시 동의하지만, 그것이 국립교양대학 설립을 통해서 이루어지리라고는 생각하지 않는다. 차라리 기존 대학에 대한 재정지원사업을 통해 교양교육 혁신을 모색하는 것이 더 현실적이다. 예를 들면, ACE사업을 개편하여 50% 이상의 평가지표를 교양교육 혁신에 집중하는 것도 검토할 필요가 있다. 기본적으로 기존대학을 '교양대학'과 전공대학(?)으로 분리시킨다는 발상 자체가 실현되기 어려울 것이다. 현재 4년제 대학 중 어느 대학이 2년교양대학과 3년대학전공(전공대학?)으로 분리하려고 할 것인가? 필자가 보기에 전국교양대학안은 일반화 내지 제도화하기는 어렵고, 결국 교양대학에 취업하지 못한 박사학위자들을 대거 채용함으로써 대학강사 문제를 해결하는 하나의 방편처럼 보이기까지 한다. 이는 본말이 전도된 것이다.

이처럼 국립교양대학 설립 주장은 일반화되기 힘들고, 결국은 일부 지역에서의 시범적인 설치와 운영으로 그칠 가능성이 높다고 판단된다. 따라서 국립교양대학 정책을 진보진영 교육정책대안의 중심축으로 삼아 추진하는 것은 신중할 필요가 있다고 본다. 대학통합네트워크 방안은 타당성과 실현 가능성이 이보다 높다고 보지만 여전히 많은 해결해야 할 과제를 안고 있다. 몇가지 지적하고자 한다.

첫째, 대학통합네트워크라고하기에는 통합 수준이 미흡하여 보완이 필요하다고 본다. 대학통합네트워크 방안이 추구하는 공동학위, 강의개방, 학점교류, 교수교류만 가지고는 대학 서열화의 근본적인 혁신이 어려울 것이다. 아니 사실상 불가능하다고 여겨진다. 예를 들면, 현재 공립 고등학교체제의 경우 전학도 가능하고, 인근 학교의 강의도 들을 수 있으며, 교사 전보조치도 이루어지고 있어 본질적으로는 유사하지만, 그 사이에도 서열이 존재하고 벽이 존재한다.

둘째, 사립대를 배제하는 국립대학통합네트워크는 비교적 실현이 용이한 반면 정책의 효과는 미미하다. 이에 비해 대학통합네트워크는 사립대학을 포함하고 있지만 실현 가능성이 부족하고 추진이 더 어렵다. 사립대학을 포함한 대학통합네트워크에서는 공동학위제가 현실적으로 불가능할 것이다. 결국 대학통합네트워크 내의 대학 서열은 여전히 존재하게 될 것이다. 무엇보다 이 네트워크 밖의 비참여 독립형 사립대학의 서열화에 대해서는 아무런 해결방안이 안된다. 정경훈이 제시한 대학개혁 2단계에서는 비참여 독립형 사립대학의 교양대학 입시와 1년 반 또는 2년 뒤에 대학전공 선택을 위한 또 한 번의 입시경쟁을 치러야 한다. 입시경쟁이 심화되면서 자연히 대학서열화와 학벌은 더 공고해질 수 있다. 사교육도 더 심해진다.

셋째, 대학통합네트워크가 대학의 안정을 강화시켜 대학 간의 경쟁과 교수진의 혁신 노력을 저해할 가능성도 고려해야 한다. 오히려 경직된 대학운영체제만 확대하여 대학경쟁력을 저하시키는 결과를 가져올 가능성은 없는지 검토가 필요하다. 이런 우려를 불식시키기 위해서는 '대학통합네트워크' 방안에 대학의 교육력 혁신, 교육경쟁력 확보 방안이 포함되어야 한다. 이와 관련하여 대학교육의 사회적 적합성 확보방안(산학맞춤교육)이 아직 미흡한 수준이다. 산업수요 맞춤형 교육을 비난만 할 것이 아니라, 학생의 관점에서 산업수요대비 교육을 통한 취업 증대와 지역산업발전에 기여할 수 있는 대학교육 혁신 방안이 함께 추진되어야 한다. 이런 방안이 보완되지 않는다면 사회변화에서 밀려난 전공

교수진들의 자구책이라는 비난이 나올 수도 있다.

이상의 문제점들을 더 보완한다는 것을 전제로 대학통합네트워크 구성을 위한 모색은 앞으로도 계속될 필요가 있다.

5. 대학 관리주체 및 재정지원체제 혁신 등 추가 제언

현행 고등교육법 제5조(지도·감독) 제1항은 "학교는 교육부장관의 지도(指導)·감독을 받는다"고 규정하고 있다. 고등교육법에 의하면, 대학의 관리감독주체는 명백하게 교육부이다. 진보진영은 고등교육 혁신을 위한 재원 확충을 위해 고등교육재정교부금법 제정을 요구하고 있다.

이와 연계하여 차제에 국가교육위원회 방안과 함께 대학의 관리감독주체를 교육부에서 시·도지사로 변경하는 방안도 검토할 필요가 있다. 현행 지방교육재정교부금과 같이 보통교부금과 특별교부금을 구분하여 보통교부금은 시·도지사를 통한 지방대학 지원에 사용하고, 특별교부금은 대학과 관련한 국가시책사업에 사용하는 방안이다.

대입제도 문제나 대학서열화 문제를 단칼에 해결하는 방법은 없다. 정책문제 분석과 근본적인 문제 해결을 위한 정책대안 탐색은 계속해야겠지만, 대학문제를 개선하기 위한 점진적인 대책도 함께 추진해야 한다. 그 과정에서 지금까지 나타났던 진보진영 정책의 성공과 실패를 통한 학습이 반영되어야 한다. 이를 통해 기존의 고정관념을 탈피하고 올바른 방향을 찾는 정책개선이 이루어지기를 기대한다.

전교조나 민교협 등 진보진영의 교원들은 교원의 교육력 신장, 교육책무성 제고를 위한 정책방안 제시에 소홀한 경향이 있다. 현재 대학 교원, 교직원 문제는 초중등 교원·교직원 문제와는 차원을 달리 한다. 대학 내 교직원 간 불평등, 갑-을 관계 등이 심각한 수준에 있다. 대학교수 간 연봉 수준의 차이도 문제다. 대학교수들은 높은 대학등록금 문제는 지적하면서도 높은 수준의 교직원 연봉수준에 대해서는 문제의식이 빈약한 경향이 있다. 대학교수들은 정년트랙 교수(정교수, 부교수, 조교수)와 비정년트랙 교수(교육전담교수, 연구교수 등), 그리고 비전임교수(초빙교수, 겸임교수, 강사 등)의 교수계급구조와 대학교수 세계에서 자행되는 '갑질' 문제에 대해서도 문제의식이 별로 없다. 대학 교원정책을 포함하여 정의로운 능력사회 구축을 위한 대학교육의 교육력 신장, 교육책무성 제고 방안이 마련되어야 한다.

더 나아가 학벌과 서열화 등 대학 간 불평등문제만이 아니라 대학입학전형과 대학을 매개로 한 불평등재생산 문제에 대해서도 그 심각성을 인식하고 해결을 위한 노력을 경주해야 할 것이다. 또한 대학 미진학 청년과 중장년 구직자들을 위한 다양한 형태의 충분한 평생직업교육과 형평성을 높이기 위한 인재고용·등용정책이 모색되어야 할 것이다.

대학서열화 극복의 정책방향과 그 실현가능성

계층 역진적 고등교육체제 개편을 위하여

장수명

한국의 고등교육은 유례없는 급속성장을 거듭해왔다. 자연히 질적 내용이 엄격하게 관리되지 못하여 부실할 수밖에 없었다. 현재 우리는 부실한 급속팽창의 참혹한 결과에 직면하고 있다. '한계'대학들, 즉 학령인구 감소에 따른 정원 미충원과 편입학에 따른 학생 수 감소로 경영위기를 겪고 있는 대학들이 우리 사회 고등교육의 문제를 극명하게 드러낸다. 또하나의 당혹스런 결과는 고등교육기회의 확장에 따라 오히려 더 공고화되는 대학서열과 입시경쟁이다. 외형적으로 보기에 우리의 고등교육체제는 다양한 주체들이 대학을 세울 수 있고 누구라도 대학에 가고 졸업도 할 수 있는, 그야말로 '꿈의 고등교육체제'이다. 그러나 자신이 진정으로 가고 싶은 대학에 가서 갖고 싶은 졸업장을 가지는 사람은 소수에 지나지 않는다. 더구나 대부분의 경우 대학을 졸업하고 자격증을 얻었다해도 사회로부터 신뢰를 얻지 못한다. 결국 이 '꿈의 고등교육체제'는 거의 누구도 만족하지 못하는 '악몽의 고등교육체제'로 드러난다.

대학입시체제는 고등학교 단계의 계열구분과 거의 상관이 없는 매우 개방적이고 유연한 체제이다. 고등학교 단계에서 직업계열을 졸업하든 인문계열을 졸업하든 해당 대학이 입학만 허락하면 4년제 대학이나 전문대학에 진학할 수 있다. 그 기준과 자격은 수능성적과 학생부를 토대로 한 대학의 자체 결정에 따른다. 대학의 재원을 학생들의 등록금에 거의 전적으로 의존하여 운영되고 또 입학정원을 쉽게 충원할 수 없는 한계 대학들에게는 학생들이 그 대학의 교육과정을 이수할 잠재적 혹은 현실화된 역량을 갖추고 있는지를 따지는 것은 한가로운 일이다. 학생이 돈을 낼 의지가 있고 그런 능력이 있다면 입학을 허용하기 마련이다. 학생의 등록금은 교직원의 보수, 연구와 교육, 학교건물의 유지 개선 및 신축 자금의 유일한 재원이기 때문이다.

대학서열이 높은 대학들은 지원자가 몰리니 입학 자격을 엄격하게 따지게 되고, 마찬가지로 입학자격을 엄격히 따질수록 대학의 서열과 명성은 높아진다. 그런데 이 상위그룹의 대학들도 학생이 자신들의 교육과정을 이수할 역량을 가졌는지 여부는 중요하지 않다. 모든 학생이 가고 싶어 하고 학부모가 보내고 싶어 하는 세칭 일류대학의 수업과 프로그램을 다른 대학의 많은 학생들에게 개방하는 실험을 해볼 수 있다. 그 일류대학의 서열보다 다소 떨어지는 많은 대학의 학생들, 그리고 그보다 더 많이 떨어지는 대학의 학생 가운데 학습의지와 잠재력을 지닌 학생들은 그 일류대학의 교과과정을 무리 없이 잘 해낼 것이다. 이것이 다름아닌 대학통합네트워크를 구축하자는 주장의 논리적 기반이 되기도 한다. 물론 실패하는 학생들도 많을 것이고 그로 인한 혼란과 비용을 이유로 이를 반대하는 주장도 근거가 있다. 그렇지만 서열화를 그대로 두는 경우의 심각한 폐해와 견주어서 이 문제를 개방적이고 유연하게 볼 필요가 있다.

대학서열은 주로 4년제 대학을 대상으로 하는 것이기 때문에 그 이면에는 마치 그림자처럼 전문대학들이 존재한다. 전문대학은 고등교육단계에서의 직업교육의 주축이며 저소득층이 많이 가고 인지역량을 측정하는 성적으로 하위 그룹이 집중되어 있다. 이 전문대학의 서열은 정책입학자들이나 전문가 일반 사람들의 관심 밖이다.

4년제 대학이든 전문대학이든 성적에 따라서 입학이 결정되고 난 이후에는 서열과 무관하게 대학 교육의 품질을 제대로 확인할 수 있는 방안은 사실상 없다. 학생들이 어떤 가르침을 받았고 어떻게 공부하고 학습했으며 어떤 숙련과 역량을 갖고 있는지는 잘 알 수 없다. 대학교육협의회와 전문대학교육협의회가 시행하는 대학인증제도가 있기는 하지만 두 기관 다 국가의 지원을 받는 총장들의 모임에 지나지 않고, 그 결과를 신뢰하는 사람도 거의 없어 보인다.

고등교육의 급속한 팽창은 대학서열을 더욱 강화하는 기능을 하였다. 이 급속하게 팽창하게 만든 정책들은 졸업정원제와 대학설립준칙주의이다. 1980년대 졸업정원제는 졸업자격을 엄격하게 한다는 명분으로 정원을 확대한 정책이었고, 1995년 5·31교육개혁의 대학설립준칙주의는 대학의 설립을 자유화하고 동시에 대학의 정원을 자율화하는 정책이었다. 급속한 산업화가 진행되면서 고등교육에 대한 수요가 높았다. 70~80년대의 개발독재 기간에 대학의 졸업장은 소수에게 주어졌고 이들은 성장과정에서 가장 큰 혜택을 받았다. 따라서 대학의 확장은 불가피한 면이 있었다. 문제는 여기에 대처하는 방식이다.

서열화를 악화시킨 원인 가운데 중요한 것은 고등학교부터 시작되어 산업대학에서 종결하던 직업교육체제에 대한 충분한 지원이 없었고 변화하는 산업과 직업세계에 대응하여 지속적으로 혁신하지 않았다는 점이다. 직업교육체제는 한동안 학업성적이 낮거나 소득이 낮은 계층에게 고등교육의 대안적 기회를 제공하는 유효한 대안의 역할을 했다. 그러나 직업계열 고등학교의 역할과 기능은 전통 제조업 중심, 중공업 수출상품 중심으로, 산업화단계 이후 급격히 확장된 비지니스 및 사회 서비스 영역을 포괄하지 못하고 기술 및 산업변화를 수용하지 못하면서 낡은 산업화 모델을 유지하고 있었다. 그럼에도 산업화 성공신화는 다양한 이해관계자들로 하여금 직업계열에서 낡은 모델을 혁신하기를 주저하게 만들었다. 특히 민주화과정에서 조직화된 산업 노동조합들은 이같은 직업계열 경로가 갖는 의미를 인식하고 이 체제의 혁신을 적극적으로 요구했다고 보여지지 않는다.

그 결과 저소득층에게조차 고등교육, 특히 4년제 대학은 유일한 지향이자 대안이 되었고, 소수만이 허용되는 높은 서열의 대학, 그 가운데서도 입학정원을 제한하여 공급을 통제하는 소수 영역이 가장 선호하고 열망하는 대학과 전공이 되었다. 의약학과 법학, 그리고 초등학교 교사를 양성하는 교육대학들이 그것이다. 나머지는 시장의 영역이다. 시장의 수요가 많으면 졸업장의 가치는 높아져서 양피지가 되고 시장의 수요가 적으면 졸업장은 그야말로 가치 없는 종이쪽지가 된다.

정부는 직업계열 고등학교 모형의 쇠퇴에 대응하여 전문계열, 특성화, 마이스터고, 산학일체형 도제학교, 산업정보학교 등을 실험해 보았지만, 체제 전체의 혁신에 이르지 못했다. 또한 정부는 전문대학이 수행하는 공공적 역할을 정책과정에 충분히 고려하지 않았고, 프로젝트 지원금으로 그야말로 빈곤한 수준의 투자를 하고 있을 뿐이다.

정부는 대학과 전문대의 통합을 허용하고 산업대와 전문대에 '대학' 혹은 '대학교'라는 이름을 쓸 수 있도록 함으로써 직업교육 자체가 경시되는 사회적 경향을 용인하고 대신 명목만 부여하였다. 수요에 따른 공급이라는 원칙도 고려하지 않았고, 그 과정에서 대학교육의 특성과 질의 관리도 도외시하였다. 결국 개별 학교의 판단에 맡겨 둔 셈이며 이에 따라 개인들의 진로선택도 큰 위험부담을 안게 되었다. 고등교육의 무원칙한 확대와 직업계열 교육훈련을 위한 대안들의 부실은 대학 서열을 더 중요하게 만들었고 개인들은 모두 높은 서열 지위를 갖는 대학을 지향하는 단일 경쟁체제가 형성되었다. 그렇다면 고등교육 내의 대학 서열화 문제를 푸는 열쇠는 무엇인가? 무엇보다 낡은 산업화 모델의 직업교육을 개혁하고 특히 전문대학에서 양질의 교육을 할 수 있는 체제를 형성하여 고등교육에 대한 유효한 대안적 경로를 구축하는 것에서 단초를 찾아야 한다.

또한 대학서열 문제의 핵심에 지역불균형이 놓여 있다. 대한민국 공화국의 중심은 서울과 수도권이다. 중공업 산업화의 공장들은 지역에 있었지만, 대기업의 본부는 서울에 있다. 서비스업의 확대가 진행되면서 인구집중 특히 청년층 인구와 좋은 일자리의 집중은 더 심해졌다. 균형발전을 위한 체계적인 노력과 가시적 성과가 거의 전무한 가운데 수도권 규제와 전국적인 고등교육의 확장은 수도권 대학의 선별기능을 강화했다. 고등교육의 품질을 보증하는 방식이 없는 현재 입학과정에서 학생들은 서열 상위의 서울 소재 대학진학을 통하여 자신의 능력에 대한 신호를 보내고자 한다. 서열이 강화되는 이유도 고등교육의 부실한 성장과 관련이 있다.

그렇다면 균형발전의 단초는 어디에서 찾을 수 있는가? 지역별로 균형발전을 이룬 고등교육의 부문들을 눈여겨 볼 필요가 있다. 가령 전국의 의약대학은 대학서열에서 상당한 정도로 벗어나 있다. 입학생의 역량으로 보면 그렇다. 의학전문대학원이 성공하지 못하는 이유도 초기 선발효과가 극히 중요하기 때문이다. 의약대학의 서열 수준은 과하지 않다. 이는 전국의 법학전문대학원이 서열화 과정을 겪고 있는 것과 대조를 이룬다. 전국의 초등학교 교사를 양성하는 교육대학 또한 서열이 심하지 않으며, 전국적으로 균형적이다. 이외에 과학기술대학교 군(KAIST, GIST, DGIST, 울산과학기술대학교 등)도 이와 유사하며 전문대학 단계에서는 고용노동부가 운영하는 폴리텍이 있다. 또한 특성화된 상당수 사실상 국립이나 사립으로 분류되는 일부 특성화 대학들(가령 포항공대)도 있다.

이들 특성화된 대학들의 공통점은 국가가 계획적이고 주도적인 역할을 했다는 점이다. 국가가 노동시장의 수요에 맞추어 일정한 공급조정을 한 결과다. 즉 조정경제의 영역에 있다. 무엇보다 대학과 학생에 대한 공공투자가 상당한 수준에 이른다. 이런 사례야말로 균형발전의 단초를 찾아볼 수 있는 영역이며 대학혁신의 방향을 암시해주고 있다. 정보비대칭, 투자와 그 회수의 복잡한 관계, 교육과 연구의 품질을 기계적으로 측정할 수 없는 측면, 그리고 시장의 수요-공급의 복잡함, 무엇보다도 대학의 역할이 교육의 공적 담론과 민주주의의 다양성을 포괄하는 것을 고려할 때 정부주도의 계획적 고등교육 발전계획이 가장 중요하다. 정부의 역할이 없이는 고등교육이 균등하게 발전하고 상호 협력하고 경쟁할 수 있는 조건을 갖추게 하지는 못할 것이다. 시장원리 중심으로 발전한 고등교육의 사례로 미국을 드는 경우가 많은데, 꼭 그렇지 않다. 미국 고등교육은 주립대학체제와 커뮤니티 칼리지(Community College) 체제가 중심역할을 하기 때문이다. 한 가지 문제점은 연구중심 주립대학들의 높은 등록금이 고등교육의 기회의 불평등을 야기하고 있다는 점이다. 다만 국가가 주도하는 경우 대학의 자율성을 어떻게, 그리

〈표 1〉 교육단계별 공공부담과 민간부담 비율

국가	고등교육	
	정부부담	민간부담
Australia	44.9	55.1
Austria	95.3	4.7
Belgium	89.9	10.1
Canada	54.9	45.1
Chile	34.6	65.4
Czech Republic	79.3	20.7
Denmark	-	-
Estonia	78.2	21.8
Finland	96.2	3.8
France	79.8	20.2
Germany	85.9	14.1
Greece	-	-
Hungary	54.4	45.6
Iceland	90.6	9.4
Ireland	81.8	18.2
Israel	52.4	47.6
Italy	66.0	34.0
Japan	34.3	65.7
Korea	29.3	70.7
Luxembourg	94.8	5.2
Mexico	69.7	30.3
Netherlands	70.5	29.5
NewZealand	52.4	47.6
Norway	96.1	3.9
Poland	77.6	22.4
Portugal	54.3	45.7
Slovak Republic	73.8	26.2
Slovenia	86.1	13.9
Spain	73.1	26.9
Sweden	89.3	10.7
Switzerland	-	-
Turkey	80.4	19.6
United Kingdom	56.9	43.1
United States	37.8	62.2
OECD average	69.7	30.3

자료 : OECD(Education at a Glance, 2015)

고 어떤 수준에서 고려해야 하는지가 중요해진다.

매우 심각함에도 불구하고 대학서열화 문제에 가려져서 잘 드러나지 않는 것이 고등교육재원의 부담에 대한 계층 간 갈등이다. 전문대학의 경우 99%가 사립으로 그 재정을 가난한 학생들이 담당하고 있다. 4년제 대학도 그보다는 덜하지만 기본적으로는 마찬가지이다. 지방 사립대학의 경우 졸업을 해도 노동시장에서의 경제적 지위가 매우 열악하다. 한국의 고등교육체제 자체가 역진적인 고등교육체제인 셈이다. 〈표1〉은 우리나라 고등교육이 세계적으로 드물게 현상적으로도 사적 부담에 의존하는 기형적 시스템이라는 것을 보여준다.

국립대학 중심의 양질의 균형적인 체제가 대학 서열화를 완화하는 조치가 될 것이다. 학부모 부담을 줄이는 것, 공적 재정을 확대하는 것, 특히 직업교육에 대한 국가 책임을 강화함으로써 계층적 역진성을 극복하는 것이 그 혁신방향의 기본이 되어야 한다.

국립대학통합네트워크는 국가적 차원의 계획을 통해 대학원 중심으로 하는 것이 적절할 수 있다. 대학원의 역량을 강화하기 위해서 일정 수의 교수 및 학생이 보장되는 임계질량 이상의 대학원으로 통합하고, 학문분야별 융합분야별 대학원을 통해 네트워크화할 필요가 있다. 즉 국립대 대학원은 1 지역 1 대학원 체제를 갖추는 것이다. 네트워크를 통해 대학원 교수의 공동자원화, 학생들의 자유로운 이동과 연구협력이 가능하게 하되 대학원 졸업장과 학위는 연계 통일함으로써 질을 담보할 수 있도록 해야 한다. 대학원 중심의 혁신전략은 지역의 교육 연구역량을 강화하게 되고 이를 통해 지역의 대학부문을 강화한다. 예를 들어 지역 균형발전의 중심으로서 세종시 주변부터 시작하여 영호남 및 수도권 지역으로 확장하고 각 영역별로 장기적으로 진행하면 될 것이다. 대학원의 교수채용과 활용의 경우에도 연구역량을 검증한 후 대학원 상호

간에 다른 지역 네트워크 대학원의 졸업생을 우대하는 것도 고려될 수 있다.

대학 구조조정은 대학 교육과 연구의 질을 높이고 국공립 중심의 대학체제를 만들어가면서 계층 역진적 구조의 완화를 목표로 삼아야 할 것이다. 무엇보다 중요한 것은 구조조정 과정에서 교수들의 연구 및 교육역량이 유실되지 않고 강화되는 정책방향을 잡아야 한다는 것이다. 지금은 대학 개혁을 위한 사회적 요구가 폭증하며 근본적인 개혁이 요청되는 시대이다. 촛불 시민혁명 과정에서 열린 정치적 사회적 공간이 고등교육개혁에도 역사적 계기가 될 것이라 기대해 본다.

3

대학재정 문제와 등록금

고등교육재정의 분담구조와 배분정책

쟁점과 방향

나민주

1. 머리말

고등교육에서 자원이 확보·배분되는 일련의 단계는 국가사회적 수준, 정부수준, 개별기관수준, 그리고 기관내의 부서나 학과수준 등으로 구분할 수 있다. 각 수준별로 제기될 수 있는 핵심적인 질문은 다음과 같다 : 국가사회적 수준에서 대학교육재정을 공적, 사적 영역 간에 어느 정도 분담해야 하는가? 정부 수준에서 대학에 재정을 지원하는 가장 적합한 방법은 무엇인가? 대학 수준에서 교육과 연구를 위한 가용재원을 어떻게 학과 단위로 배분할 것인가?

고등교육을 이수하거나 실시하기 위해서는 막대한 자원(재정)이 필요하다. 고등교육재정의 부담주체는 학생, 학부모뿐만 아니라 정부, 재단,

기업, 사회 등으로 다양하다. 고등교육발전을 위해서는 대학의 노력이 가장 중요하나, 정부차원의 적절한 재정지원이 없이는 고등교육의 성장과 발전을 기대하기 어려우므로 선진각국 정부는 고등교육에서 가장 중요한 재정지원자 역할을 담당하고 있고, 고등교육 재정확보를 위한 다양한 정책적 노력을 기울이고 있다.

고등교육에 대한 공공재정지원은 교육기회의 확대, 교육 불평등의 해소, 사회적 통합, 경제발전을 위한 고등교육의 역할 등에 근거하고 있고, 고등교육의 외부효과와 고등교육재화의 개념을 통해 이론적으로 뒷받침되고 있다. 우리나라의 경우 고등교육 여건이 열악하고, 학생부담수준이 지나치게 높은 것이 현실이다. 이 글에서는 국가의 고등교육재정을 중심으로 분담구조와 배분정책의 두 측면에서 쟁점과 개선방향에 관해 논의하기로 한다.

2. 고등교육재정 분담구조 및 배분정책의 쟁점

1) 분담구조의 불균형

우리나라는 고등교육재정 분담구조 측면에서 과도한 민간의존과 공적 저투자의 불균형 상태에 있다. 고등교육재정 민간부담 비중은 OECD평균이 30.3%인 데 비해 우리나라는 70.7%로 민간의존도가 지나치게 높다(그림1 참조). 이러한 과도한 민간의존도는 고등교육에 대한 공적 저투자에 기인한다. GDP 대비 정부부담 고등교육비 비중은 OECD평균이 1.2%이나 우리나라는 0.8%이다. 지난 10년간 비중이 늘기는 했으나 아직 OECD 평균에는 크게 미달이다.(그림2 참조).

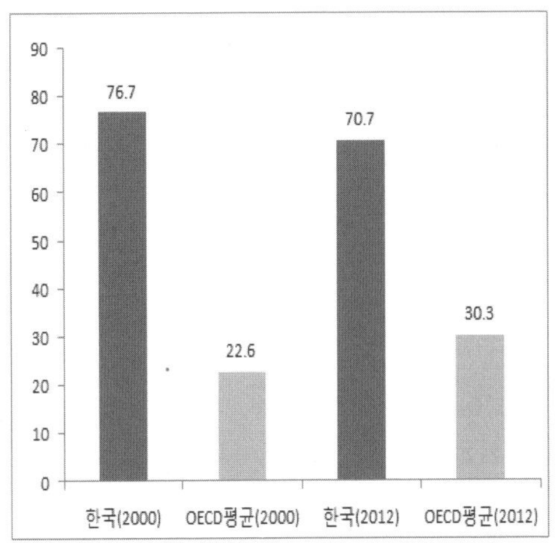

〈그림1〉 고등교육재정 중 민간부담 비율

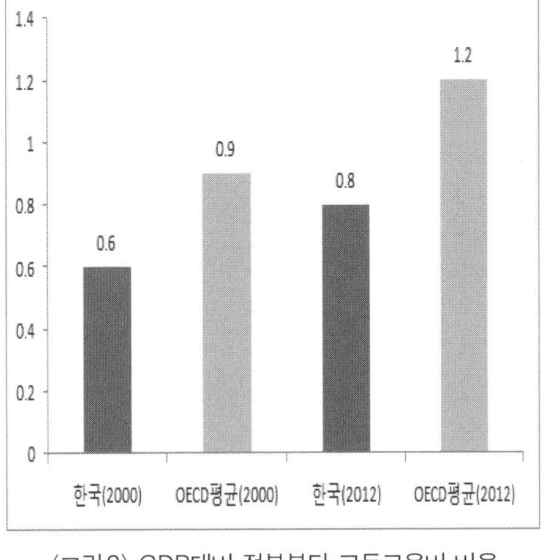

〈그림2〉 GDP대비 정부부담 고등교육비 비율

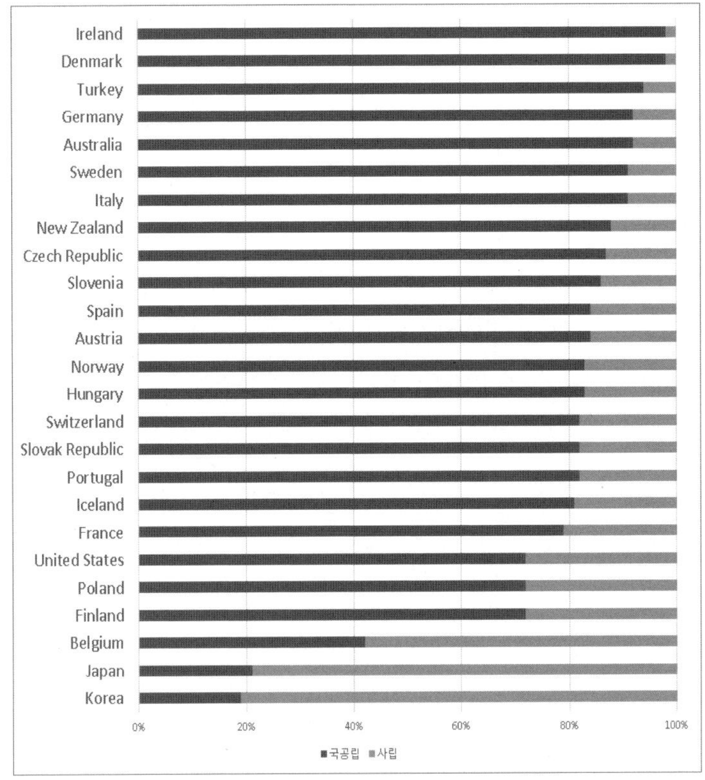

〈그림3〉 국립대 학생 비중 국제비교(OECD, 2015)

해방 이후 한국 고등교육은 국가 경제와 정부재정 여건상 사학 의존이 높을 수밖에 없었는데 최근까지도 고등교육에서 설립별 분담비중에는 큰 변화가 없다. 2015년 OECD 교육지표에 의하면, OECD 국가의 국립대 비중은 평균적으로 69%이고, 미국 72%, 독일 92%의 재학생 분포를 보이나, 한국은 국립대 19%, 사립대 81%로 정반대 현상을 보이고 있어서 세계적으로 국립대 비중이 가장 낮은 국가다(그림3 참조). 고등교육에서 국공립대가 차지하는 비중은 점차 감소해왔다. 대학 수 및 학생수 기준으로 국공립대 비중은 1975년 각각 20.8%, 27.2%에서 2011년 16.4%, 21.4%로 낮아졌다. 동 기간 대학진학률은 25.8%에서 71.0%로 높아져 그동안 고등교육의 양적 성장이 국공립대의 확대보다는 사학에 의존해왔음을 알 수 있다.

2) 재정규모의 영세성

우리나라 고등교육은 보편화 단계에 접어든 지 이미 오래되어 세계 최고 수준의 고등교육진학률을 보이고 있으나, 고등교육재정규모는 주요 선진국에 비해 아직 영세성을 면하지 못하고 있다. 학생1인당 교육비를 OECD평균과 비교하면, 초등은 89.7%, 전기 중등교육 72.8%, 후기중등교육 97.7%인 반면, 고등교육은 65.7%에 불과하다(표1 참조).

재정규모의 영세성은 고등교육의 질적 수준 및 국제경쟁력 제고의 걸림돌로 작용하고 있다. 예컨대 교육·연구 인프라 측면에서 보면, 대학교원 1인당 학생수는 OECD평균의 2.0배에 이른다. 대학교원 1인당 학생수는 한국이 31.9명이고, OECD평균은 15.6명, 미국 16.2명, 영국 17.9명, 일본 16.4명이다.[1] OECD 국가와 주요 국가를 대상으로 1인당

1 하연섭 외, 「고등교육 재정지원사업 현황 분석 및 추진계획 수립 연구」, 한국대학교육협의회, 2013.

〈표1〉 교육단계별 학생1인당 교육비 비교(2012)

(단위: PPP달러, %)

구분	초등	전기중등	후기중등	고등
OECD 평균(A)	8,247	9,627	9,876	15,028
한국(B)	7,395	7,008	9,651	9,866
비율(B/A)	89.7	72.8	97.7	65.7

GDP 대비 공교육비 비율(정부재원)

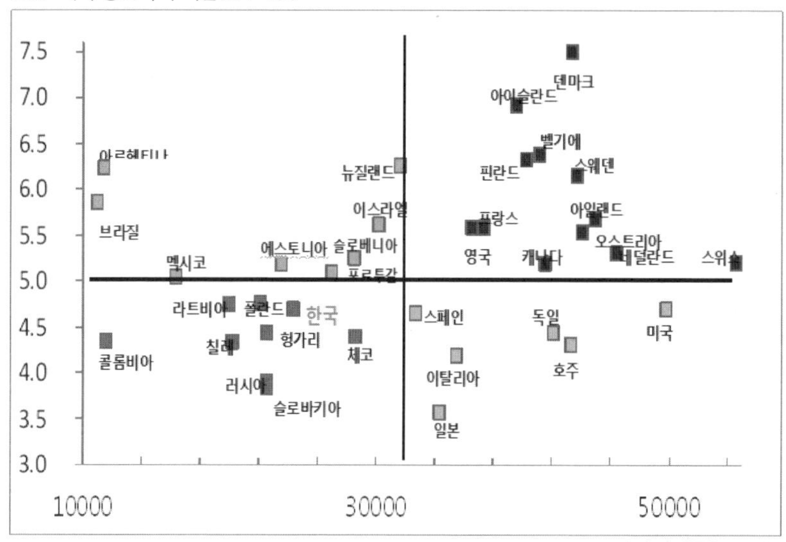

1인당 GDP(PPP$)

〈그림4〉 GDP 대비 공교육비와 1인당 GDP 비교

GDP와 GDP 대비 공교육비 비율 수준을 비교하면 한국은 2012년 기준으로 1인당 GDP는 24,329달러, GDP 대비 공교육비 비율은 4.7%로서 우리나라의 국가경제규모 대비 투자수준이 체코, 헝가리, 러시아 등 동유럽국가 수준에 머물러 있다(그림4 참조).[2]

2 반상진, 「대학재정 확대를 위한 법적·제도적 방안 – 국·공립대학재정 확대 방안을 중심으로」, 고등교육 전문가 토론회, 한국대학교육협의회, 2016.

대학에 대한 R&D재정투자 역시 영세한 수준이다. 우리나라 연구개발비는 꾸준히 증가하고 있으나, 절대규모 면에서 선진국과 격차가 크고, 대학에 투자되는 비중과 연구단계별로 기초연구 투자 비중이 낮다. 우리나라 기초연구비 지출비중은 전체의 18.1%에 불과하고, 박사급연구원의 66.1%가 소속되어 있고 전체 기초연구의 40%를 수행하는 기초연구의 핵심기관인 대학에 대한 투자비중은 11.1%에 그친다.[3]

3) 재원 확보 및 배분의 불안정성 및 유동성

중앙정부 교육예산 가운데 고등교육예산의 비중은 1980년대 9%대에서 1995년에 10%대로 증가하였고, 2000년부터 12% 내외를 유지하다가 2010년에는 13.2%, 2013년에는 15.4%, 2016년에는 17.6%로 높아졌다. 2012년 이후에는 고등교육부문이 교육분야에서 가장 높은 증가율을 보이고 있다(표2 참조). 그러나 세부 내역을 보면, 국가장학금 증가가 대부분을 차지하고, 2015년에는 국립대 기성회비 통합징수에 따른 학생 등록금 국고납입액(약 1.3조 원 추정, 기획재정부, 2015)의 영향이 크다. 고등교육 전체 예산 가운데 국가장학금 지원이 차지하는 비율은 2010년 7.1%에서 2016년 42.2%로 급증하였다.

무엇보다도 대학이 국가사회적 환경의 변화에 대응하여 적극적인 대응전략과 목표를 설정하고 투자계획을 마련하기 위해서는 정부의 재정지원규모를 중장기적으로 예측할 수 있어야 한다. 그러나 우리나라 고등교육재정은 법적 근거가 미흡하다. 국공립대에 대한 재정지원마저 주로 전년도 예산과 현안정책 등에 의해 결정되어 왔다. 이에 따라 단기적 정책목표에 의해서 재정배분방식이 급격하게 변화하고 정부주도적인

---

3 하연섭 외, 앞의 논문.

〈표 2〉 교육분야 재정투자 현황(2010-2016)

(단위: 억원, %)

구 분	2010(A)	2011	2012	2013	2014	2015	2016(B)	B/A
전체	382,557 (0.0)	412,360 (7.8)	454,911 (10.3)	497,712 (9.4)	506,996 (1.9)	529,187 (4.4)	531,859 (0.5)	139.0
유아 및 초 · 중등	325,467 (-1.3)	354,847 (9.0)	38,5549 (8.7)	412,363 (6.9)	411,452 (-0.2)	414,568 (0.8)	430,588 (3.9)	132.3
고등교육	50,440 (8.7)	49,769 (-1.3)	62,208 (25.0)	76,807 (23.5)	88,705 (15.5)	107,449 (21.1)	93,593 (-12.9)	185.6
평생 · 직업교육	5,378 (5.4)	6,490 (20.7)	5,948 (-8.7)	7,333 (23.3)	5,716 (-22.0)	6,150 (7.6)	6,577 (6.9)	122.3
교육일반	1,272 (-1.8)	1,254 (-1.4)	1,206 (-2.0)	1,209 (0.2)	1,123 (-6.8)	1,020 (-9.3)	1,101 (7.9)	85.6
고등교육 (a)	50,440	49,769	62,208	76,807	88,705	107,449**	93,593	1.86
국가장학금 (b)	3,566*	5,218*	19,240	27,750	36,753	38,456	39,446	11.06
국장 비중 (b/a)	7.1	10.5	30.9	36.1	41.4	35.8	42.2	-

주: ( )안은 전년 대비 증감률. * 2010년, 2011년은 대학생장학금 지원. ** 2015년도의 경우 고등교육예산에 국립대 기성회비 통합 징수분 약 1.3조원 포함

출처: 기획재정부, 나라살림 예산개요(각년도)

경향이 계속되고 있다. 또한 교육부 이외 부처들에서도 고등교육재정지원이 확대되어 왔으나, 부처 간 협업체제의 미비로 사업 간 연계 및 조정이 미흡하고 상당수 사업들이 중복투자의 위험성을 안고 있다.

4) 배분 구조의 급격한 변화

지난 몇 년간 우리나라 고등교육 재정지원에서 커다란 지각 변동이 있었다. 교육부예산 중 국공립대 경상운영비 비중, 중앙정부 대학재정지원사업비의 설립별 비중, 대학생 1인당 지원금액 등에서 불과 몇 년 사이에 기존 구조(비중)가 역전되는 현상이 나타나고 있다. 예컨대 교육부예산 가운데 국공립대 경상운영비 비중은 2011년 44.1%에서 2014년에는 31.1%로 크게 감소하였다. 중앙정부 대학재정지원사업(4년제 및 전문대, 국공립대경상운영비 제외)에서 국공립대 지원이 차지하는 비중은 2011년 65.8%에서 2014년 49.0%로 크게 감소하였고 사립대 비중이 절반을 넘어섰다. 설립별 학생1인당 지원금액(4년제 및 전문대, 국공립경상비 제외)도 국공립대가 2011년 1,942천 원에서 2014년 2,124천 원으로, 사립대가 1,067천 원에서 2,149천 원으로 증가하면서 역전되었다(그림5 참조).

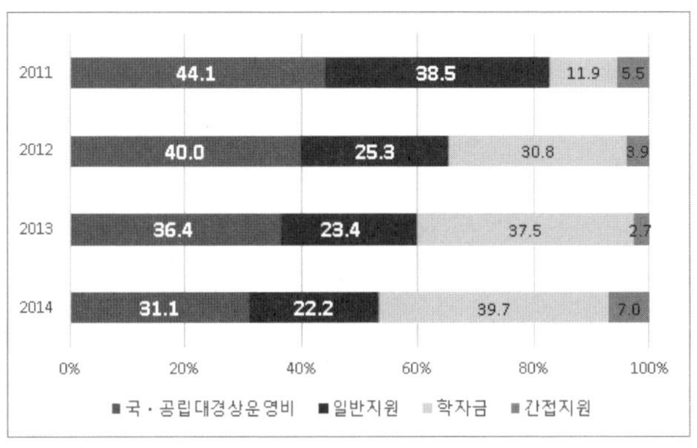

〈교육부예산 사업유형별 비중〉

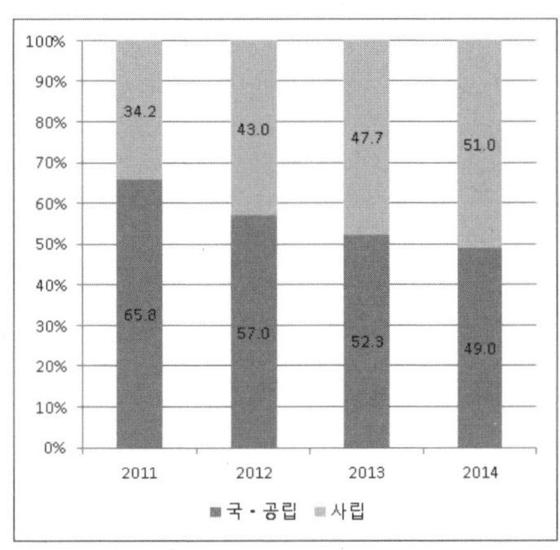

〈설립별 비중: 국공립대경상운영비 제외〉

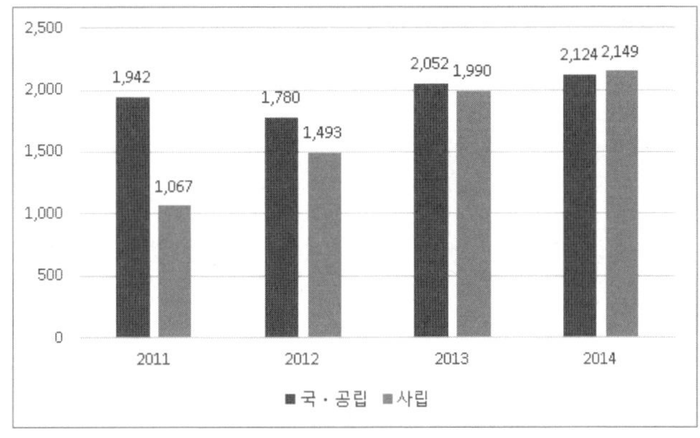

〈설립별 1인당 금액: 국공립대경상운영비 제외〉

* 주: 4년제 및 전문대 포함(단위: %, 천 원). 한국교육개발원의 고등교육 재정지원 정보시스템 자료를 재구성함

〈그림 5〉 교육부예산, 정부대학재정지원사업의 유형별, 설립별 지원 비중(2011~2014)

3. 고등교육재정 분담구조 및 배분정책의 방향

1) 적극적 공공재정 투자정책으로 전환

우리 고등교육은 양적, 질적으로 크게 성장하여 왔으나, 재정적 측면에서 공공투자가 미약한 가운데 과도한 사학의존도, 과중한 민간부담 구조로 운영되어 왔다. 국민의 교육수요를 만족시키고 고등교육의 질적 경쟁력을 높이기 위해서는 고등교육 보편화에 상응하는 적극적인 공공재정 투자확대 정책으로 전환해야 한다. 그동안 만성적 정부재정 저투자 상황에서 대학운영의 효율성을 강조하는 민간부담형 고등교육 재정분담구조를 지극히 당연시해 왔으나, 앞으로는 적정 공공투자 위에서 경쟁력 제고를 추구하는 방향으로 선회가 필요하다.

2) 정부 재정투자계획의 실효성 제고

고등교육법 개정에 따라 고등교육 재정확충을 위해 2010년 제정된 '고등교육 재정투자 10개년 기본계획' 및 '고등교육재정 지원계획'의 실효성을 확보하는 것이 시급하다. '고등교육 재정투자 10개년 기본계획'은 고등교육재정 수요와 확보에 관한 정부 차원의 중장기 종합계획이다. 이는 고등교육법을 근거로 하였고, 2년마다 지원계획을 국회에 보고되도록 되어 있으며, 교육부 이외 범부처 차원에서 고등교육재정 확충을 위해 공동 노력하는 것을 명문화했다는 의의가 있다. 그러나 그 내용은 상당 부분 '투자' 측면의 계획에 치우쳐 있으므로 '재원 확보' 계획을 보완할 필요가 있다. 아울러 관련 부처·기관간 협의를 통해 연도별 확충규모, 주요사업, 재원확보계획을 구체화해야 할 것이다.

기본계획이 수립된 이후 새로운 정책변수들이 등장함에 따라 동 계획을 수정·보완해야 할 필요성이 높아지고 있다. 특히 국가장학금과 대학 등록금 인상 억제라는 새로운 정책변수가 등장하여 고등교육재정의 총량규모를 압박하고, 국립대 기성회비가 폐지되고 등록금이 통합 징수되어 국고로 납입되는 새로운 상황에 직면하였다. 이러한 상황 변화를 반영하여 10개년 기본계획을 새롭게 수정·보완할 필요가 있다. 당초 10개년 계획에 제시된 대로 "2020년까지 OECD 국가 평균 수준의 고등교육 예산 확보를 목표"로 GDP 대비 비율과 더불어 학생1인당 교육투자비, 학생1인당 공재정 투입액 등을 동시에 목표로 설정함으로써 고등교육에 대한 공공재정투자 확충과 고등교육재정규모 확대를 동시에 달성할 수 있도록 해야 할 것이다.

3) 재정 확보 및 배분의 안정성 확보

고등교육재정 지원방안과 확충목표를 달성하기 위해서는 재원확보 방안을 법령 제·개정을 통해 내재화해야 한다. 법령이 미비한 경우 정부의 정책의지가 강할 때는 예산편성과정에서 그 계획이 반영될 수 있으나 의지가 약해지거나 외적 변수가 발생할 때에는 오히려 재정규모가 감소할 수도 있다. 고등교육재정 투자계획을 실현하기 위해서는 교육부 차원의 각종 정책뿐만 아니라, 기획재정부가 주관하는 국가재정운용계획과 중기재정계획에 이러한 기본계획의 목표와 내용이 명확히 반영되어야 한다. 나아가 고등교육에 대한 정부 재정투자를 확대하기 위해서는 고등교육재정교부금법이나 대학재정지원법으로 법제화할 필요가 있다. 또 고등교육 재정지원의 범위와 대상, 기본적인 지원준거와 절차 등을 내용으로 하는 법률제정도 필요하다. 현재 고등교육법에 선언적 조항이 있고, 등록금 규제 조항의 일부로 정부의 고등교육재정확대가 명시되어 있으나 체계화가 부족하기 때문에 재정지원의 범위와 대상, 기본적인 지원준거와 절차 등을 내용으로 하는 법률을 제정할 필요가 있다.

4) 설립별 재정투자계획의 수립 및 시행

국공립은 국공립대로 사립은 사립대로 설립별로 재정투자계획을 수립 및 시행해야 한다. 국·공립대의 경우 중장기 재정투자계획을 수립하고 재정확충계획을 분명히 제시할 필요가 있다. 기성회비 폐지, 반값 등록금 정책, 대학구조개혁 등 새로운 환경 변화를 반영하여 국립대재정회계 관련법령에 국립대에 대한 교부금, 혹은 국고보조금 지급범위, 지급방식과 규모 등을 명시하고 정부의 재정적 책임을 분명히 규정해야 할 것이다. 2015년 3월 제정된 "국립대학의 회계 설치 및 재정 운영에 관한 법률" 제4조에서는 국가가 국립대 재정을 안정적으로 총액으로 지원하고, 매년 지원금 총액을 확대하도록 노력해야 한다고 명시하고 있으므로 시행령 등을 통해 구체적인 지원방안을 마련해야 한다.

사립대에 대한 정부 재정지원도 확대되어야 한다. 반값등록금 정책으로 인한 강력한 등록금 억제, 설립구분 없이 진행중인 구조개혁은 사립대의 성격, 정부와의 관계에도 근본적인 변화를 가져왔다. 이러한 정책들은 사립대의 공적 성격을 한층 더 강화하는 것이므로 국공립대학에 준하는 정부 재정지원방안을 모색해야 할 것이다. 일본이나 영국의 사례를 참조하여 공영형 사립대학 도입 등 적극적인 사립대학 조성제도를 모색할 시점이다.

5) 재정 배분 및 운영의 효율성 제고

고등교육재정의 확충과 효율적 관리를 위해서는 국가 수준의 고등교육재정 연계 및 통합 시스템 구축이 중요하다. 우선 국가 고등교육 재정투자의 효과성과 효율성을 높이기 위해서는 정부-대학-사회간 협력체제를 구축할 필요가 있다. 무엇보다 정부와 대학 간 중간기구를 활용하면 고등교육재정의 안정성과 대학의 자율성을 도모할 수 있다. 가령 OECD 국가들은 대개 고등교육재정 배분기구를 따로 두고 있다. 즉 단년단위 예산편성의 한계를 보완하기 위해서는 중장기적 총량규모는 국회와 정부가 결정하고, 세부적인 지원방식은 중간기구가 교육부가 협의하여 결정하고, 재정지원 실무는 중간기구가 담당하도록 하여 고등교육재정지원에 관한 역할분담 시스템을 구축할 필요가 있다.[4] 대학평가인증제와 대학재정지원사업을 연계하면 중장기 지원이 가능할 것이다. 우리나라에서도 고등교육평가원 설립이 추진된 바 있으나, 정부기관보다는 '고등교육재정위원회' 같은 별도 기구를 설립하는 방안이 바람직하다.

고등교육재정 지원내용(사업) 측면에서도 연계와 통합이 필요하다. 첫째, 고령화 사회에서 대학수준 평생교육의 중요성이 점증하고 있기 때문에 중등이후(post-secondary) 단계 고등·직업·평생교육의 지원·연계 시스템을 정비할 필요가 있다. 현재 교육부뿐만 아니라, 미래창조과학부, 국방부, 행정자치부, 고용노동부, 산업통상자원부 등에서도 직업 및 평생교육을 위한 사업을 확대하여 부처별로 별도의 교육기관을 설립·운영하고 있다. 사업간 중복을 피하고 산재된 교육기관들을 정비하여

4 참고로 영국의 경우, 향후 10년간 대학교육에 대한 정부투자계획이 발표되고 재정지원기구(HEFC)를 통해서 최소 3년 정도 정부재정 지원방식(재정지원 포뮬러)이 예고되고 있어서 대학별로 정부지원금을 예상할 수 있다.

체계적인 교육·훈련시스템을 갖출 필요가 있다. 전문대학은 물론 전국에 산재한 비고등교육기관(폴리테크닉, 직업훈련원 등)에서도 직업훈련이 이루어지고 있고, 일반대학에서도 국가직무능력표준(NCS)을 기반으로 하는 지역 산업인력 양성이 확대될 것으로 예상되므로 국가적 차원에서 이를 통합적으로 관리해야 할 것이다. 또 직업교육·훈련에 대한 국고지원을 확대하되, 재정지원 효율성 제고를 위해서는 기관단위보다는 학생단위 재정지원방식을 확대하여 교육 프로그램 이수지원에 대해서는 바우처 방식을 적용하고, 기관단위지원은 실제 취업자수 혹은 취업여부와 연계하는 성과중심형 재정지원방식의 확대도 검토할 만하다.[5]

둘째, 학생장학금제도에 대한 전반적인 재정비도 필요한 시점이다. 일본의 경우 대학장학금이 전체 고등교육재정에서 차지하는 비중은 2004년 5.6%, 2010년 6.9%, 2016년 5.6%로 증감하였다. 반면 한국의 경우 국가장학금의 비중은 2010년 7.1%에서 2014년 41.4%로 급격하게 증가하였고, 2015년에는 35.8%를 차지하고 있다. 고등교육예산에서 학생장학금이 차지하는 비중이나, 지급형태에서 매우 기형적인 상태라 할 수 있다. 지원대상도 석박사과정, 그리고 모든 학생으로 확대하고, 무상지원과 소득연계상환 간의 균형을 도모할 필요가 있다.

---

5 중등이후단계 직업교육 및 훈련은 공공부담으로 이루어지는 것이 선진국의 일반적인 경향이다. 미국의 2년제 지역사회대학(Community college)의 경우, 대부분 공립으로 운영되고 4년제 대학편입과정, 직업기술교육훈련, 이민자 교육, 지역사회 문화 프로그램 등의 개설·운영을 통하여 4년제 대학과는 다른 평생교육기관의 역할을 담당하고 있다(공립 비율 84%). 영국의 성인계속교육을 담당하는 계속교육기관(Further education institution)에 대해서는 고등교육기관(Higher education institution)과는 별도의 재정지원방식을 채택하고 있고, 계속교육에 대해서는 국고지원을 전제로 졸업률, 취업률 등을 기준으로 하는 성과주의 재정지원이 이루어지고 있다.

6) 재정운영의 책무성 강화

재정운영에 대한 책무성을 확보하기 위해서는 대학평가인증제와 재정지원을 적절히 연계해야 한다. 수식형 재정배분에서 대학평가 결과를 가산치 혹은 가중치를 활용할 수 있다. 사업비 지원방식에서도 일부 대학만 선별하는 경우에 지원자격으로 대학평가결과를 활용할 수 있다. 그러나 재정운용의 안정성, 자율성, 효율성을 보장하기 위해서는, 매년 평가를 통해서 성과를 점검하고 지원대상과 지원규모를 결정하는 것보다는 주기적인 대학평가(4년 내외)와 연계하여 재정지원의 예측가능성과 안정성을 높여서 대학이 장기적인 투자전략을 수립할 수 있도록 지원할 필요가 있다.

지금까지 한국의 대학평가는 주로 영역별, 지표별로 대학을 비교하고, 그 점수를 종합하여 순위를 내는 총합적 방법을 사용하였다. 그러나 더 중요한 것은 각 대학이 주어진 여건에서 효율적인 운영을 통해서 성과를 극대화하고 있는지를 평가하는 것이다. 대학평가에 의해서, 특히 교육활동에 사용하는 경비에 대한 차등지원이 이루어지는 것은 대학교육의 질적 차이를 가져오고 결국 교육평등을 저해할 수 있으므로 신중한 접근이 필요하다. 오히려 대학행정가(담당자), 교수 등이 평가결과에 대해 직접 책임질 수 있는 제도를 개발할 필요가 있다(예, 인센티브 차등지급, 우수기관에 대한 자율권 확대 등). 또 성과와 재정배분을 더 직접적으로 연계하기 위해서는 대학재정지원시 정책목표집단(예, 저소득층, 장애자, 특정분야 인력 등) 등록생수를 기준으로 재정을 지원하는 방식도 가능하다. 또한 복잡한 회계구조를 가진 대학재정을 간소화하고 정비할 필요도 있다.

7) 고등교육 재원의 다양화

고등교육재정 확충을 위해서는 정부 및 대학 차원에서 재원 다양화 노력도 중요하다. 고등교육 재원 다양화 방안으로는 기부금 유치, 산학협력 활성화, 수익용 기본재산 활용도 제고, 수익사업 확대, 학교기업 활성화 등 다양한 방안이 제시되어 왔고, 상당 부분이 정부의 재정 투자 및 지원 계획에도 반영되고 있다. 재원 확충 측면에서 일차적으로 고려할 수 있는 방안은 다음과 같다.

첫째, 학생등록금과 국고지원금 이외에 고등교육의 가장 중요한 수요자이자 최종적 수혜자인 산업계(기업)의 분담을 확대해야 한다.[6] 기업이 원하는 교육을 위해서는 그에 상응하는 재정확보가 필요하고, 기업의 재정부담을 적정수준으로 제고해야 한다. 고등교육의 경쟁력 강화, 질적 개선, 실용성 확대 등의 발전에 의해서 가장 1차적인 수혜자는 바로 기업이기 때문이다. 고등교육정책 차원에서도 고등교육의 재원확충주체로서 기업이 적극적인 역할을 할 수 있는 제도적 장치를 마련할 필요가 있다. 단기적으로는 국가장학금 등 학비지원을 통해 등록금 부담경감이 이루어지고 있으므로 기존 직원자녀 학자금 부담분을 지정기탁금 등으로 대학에 직접 기여하도록 하는 것도 한 방법이다.[7]

둘째, 고용보험기금을 활용하는 방안을 적극 모색할 필요가 있다. 고용보험기금은 고용보험법을 근거로 1995년부터 운용되고 있는 기금으로 고용노동부가 주무부처이다. 2014년 현재 11조 3천억 원 규모로 운

6 고등교육부문에서 기업의 참여와 영향력이 점차 강화되고 있다. 계약학과 등을 통해 특정학과의 맞춤형 교육과정을 통해서 기업이 원하는 인재를 양성할 뿐만 아니라, 대학운영 전반에서 취업중심의 기업만족교육이 강화되고 있다. 대학평가에서도 산업체관점에 기반한 평가가 별도로 이루어지고 있다.

7 변기용 외, 「글로벌 대학경쟁력 제고 전략과 지속가능한 재정 투자 방안」, 국가교육과학기술자문회의, 2012.

용되고 있고, 경상사업비는 약 7조 원 규모이고, 기금의 주요사업은 고용안정·직업능력개발사업(고용안정지원금 및 훈련비 등의 지원을 통한 근로자의 고용안정 및 직업능력 향상 도모)과 실업급여사업(실업급여 지급 등을 통한 근로자의 생계안정 도모)이다. 고용보험기금은 사업자가 국가에 고용보험료를 납부함으로써 국가의 실직자 지원, 실업 예방 및 고용 안정, 직업능력개발 강화를 도모하기 위해 설치·운용되는 것으로 근년에는 실업자의 직업훈련교육과 재직자의 직업훈련 등 직업능력개발에 적극 활용되고 있다. 국가직무능력표준(NCS)을 기반으로 하는 고급 기술 및 직무역량 직업능력개발 교육훈련을 강화하고, 지역사회의 기업체와 연계·협력을 확대하여 근로자 학자금 대부, 고용촉진훈련, 기능인력 양성, 실업대책훈련 등을 통해 고용보험기금을 고등교육재정 다양화 및 확충 방안으로 활용하는 방법을 모색할 필요가 있다.

8) 정부의 책임 범위 명확화

고등교육단계에서 정부의 역할과 책임범위를 분명히 설정할 필요가 있다. 학령인구 감소, 국가장학금 대폭 확대, 이에 따른 고등교육의 인구 및 재정 규모와 구조의 급격한 변화 속에서 중장기적 관점에서 한국 고등교육의 미래를 결정지을 핵심 아젠다에 대한 국회와 국가 차원의 논의가 필요한 시점이다. 대학재정지원정책의 기본방향을 설정하기 위해서는 먼저 고등교육 이수율 및 진학률, 그리고 고등교육 인구규모의 적정 수준, 고등교육에서 국·공립대와 사립대의 분담 비율, 고등교육단계에서 직업교육 비중 등에 관한 정책목표에 대한 사회적 합의가 필요하다.

고등교육에서 정부의 일차적인 책무는 지역별, 분야별로 학문의 다양성이 보존되고 교육기회가 골고루 제공되도록 하는 것이다. 각 대학이 가용자원과 시장상황을 고려하여 효율 중심의 특성화를 도모하게 되면, 시장주체가 선호하는 분야가 중복될 수 있다(예컨대 BINT, 인공지능). 이 분야를 정부가 집중지원하면 그 상황은 더욱 고착된다. 특성화 전략은 자칫 가장 중요한 대학교육의 다양성을 해칠 수도 있다는 점을 고려해야 한다.

지난 10여년간 그리고 특히 최근에는 인력양성과 산학협력, 취업 및 창업에 직결되는 학사과정교육을 지원하기 위한 정부 재정지원사업이 대폭 확대되어 왔다. 대학내 재정배분이나 운영도 그러한 분야에 초점을 두고 있으므로 이제 정부는 균형자로서 고등교육에서 취약해지고 있는 분야[8]를 중심으로 재정지원사업 대상을 새롭게 정비할 때가 되었다. 앞으로 대학재정지원사업 설계시 학사과정, 인력양성과 산학협력에 초점을 둔 중복적 사업편성에서 벗어나 대학원과정, 교육과 연구의 연계 등을 위한 재정지원을 확대할 필요가 있다. 고등교육에 대한 공공투자의 목표와 규모를 설정하고 대학에 대한 적절한 재정지원방식을 설계하는 것은 대학교육의 질적 수준을 높이기 위한 정부의 핵심적 역할이다.

4. 맺음말

우리나라 고등교육은 최근 10여년간 커다란 변화와 혁신을 경험하고 있다. 2000년 들어서면서 정부의 대학재정지원사업의 규모와 종류가 크게 늘어났고, 2010년대부터는 반값등록금 정책의 시행, 정부주도

8 정부에서 지원을 확대하고 있는 인문학, 기초과학 분야가 그 예라 할 수 있다. 이 점에서 최근의 대규모 재정지원사업, 대학구조개혁 등에서 시행되는 대학평가를 감안할 때, 교육중심 강소대학의 육성과 함께 세계적 명문대학, 글로벌 리더십을 갖춘 대학이 늘어나도록 하고, '전통적' 대학(universitas)의 붕괴 혹은 소멸을 예방하기 위한 지원도 확대할 필요가 있다.

의 구조개혁 추진, 국립대 기성회계 폐지 등으로 고등교육의 재정구조가 급격하게 변화되고 있다. 더 나아가 고등교육의 사명과 역할, 고등교육의 내용과 방법에도 근본적인 변화가 나타나고 있다.

이러한 고등교육의 환경과 체질 변화 속에서 이제는 우리가 원하는 고등교육의 모습은 어떠한지, 고등교육을 어떻게 발전시킬 것인지, 그러한 발전을 위해서는 고등교육 재정지원정책이 어떤 방향으로 변화되어야 하는지에 관해서 좀더 근본적인 성찰이 필요하고, 장기적인 구상과 세밀한 설계도를 마련해야 할 시점이다. 고등교육 재정지원정책 측면에서는 효율중심의 축소지향적 사고나 성장일변도의 다다익선적 관점에서 벗어나 '적정' 수준의 정책목표를 설정하는, 새로운 전략이 절실하다.

교육재정과 한국 대학 재정지원의 불평등구조

박정원

1. 교육에 있어서 효율성과 형평성

교육재정의 규모와 분배방식을 결정하기 위해서는 가치판단(value judgement)이 필요하다. 이 문제는 주로 효율성(efficiency)을 중시할 것인가 아니면 형평성(equity)을 중시할 것인가와 관련된 것이다. 효율성과 형평성은 말하자면 국가가 보유한 빵을 어떻게 효율적으로 국민들 사이에 공평하게 분배할 것인가의 문제라고 할 수 있다.

효율성을 말할 때는 두가지 개념이 있다. 첫째는 분배의 효율성(allocative efficiency)이다. 이것은 한정된 자원이 각 대안들 사이에 분배될 때, 사회적 후생(복지)을 극대화시킬 수 있는 방식으로 배분된 경우를 말한다. 둘째는 x 효율성(x-efficiency)이라고 불리는 것이다. 이 개념은 인력과

잉이나 관리비의 낭비로 인한 비효율을 말하는 것으로서, 투입물 배분의 변화 없이 산출량 증가가 가능한 경우를 말한다. 한 경제단위가 생산가능성곡선(production possibility frontier) 상의 한 점이 아닌 생산가능곡선(Production Possibility Curve : PPC) 내에서 생산하고 있을 때 x 효율성을 갖게 되고, 이에 비해 생산가능곡선 상에서 생산을 계속하고 있지만 사회적 최적점(socially optimal point)은 아닌 지점에서 조업 중인 경제단위도 일단 분배의 효율성을 달성하고 있는 것이다. 두 종류의 효율성은 경쟁적 환경에서 더욱 촉진되며, 사적독점업자이거나 공적독점업자이거나에 관계없이 교육서비스의 생산은 독점사업자가 해서는 안 된다는 점을 확인시켜주고 있다.

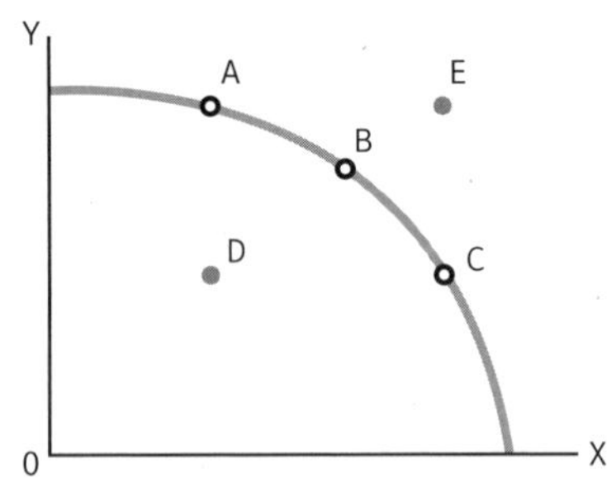

〈그림 1〉 생산가능곡선(Production Possibility Curve)

생산가능곡선이란 모든 생산요소를 가장 효율적으로 투입했을 때 최대로 생산 가능한 X재화와 Y재화의 조합을 나타내는 곡선을 의미한다. 일반적으로 생산가능곡선은 우하향하고, 원점에 대하여 오목한 형태를 취하고 있다. 생산가능곡선이 우하향하는 것은 생산요소의 양이 주어진 상태에서 X재 생산량을 증가시키기 위해서는 Y재 생산량을 감소시켜야 하기 때문이다. 즉, 우하향의 생산가능곡선은 자원의 희소성을 반영하는 것이다. 또한 생산가능곡선이 원점에 대하여 오목한 것은 X재 생산량이 증가할수록 점점 더 Y재 생산에 적합한 요소들도 X재 생산에 투입해야 하기 때문이다.

생산가능곡선 내부의 점(D)은 생산이 비효율적으로 이루어지는 점(능력보다 덜 생산하는)으로 노동의 일부가 실업상태에 있거나, 자본이 일부 유휴상태에 있는 점이다. 또한 생산가능곡선 바깥쪽에 있는 점(E)은 현재의 기술수준과 주어진 생산요소로는 생산이 불가능한 지점에 위치한다. 반면, 생산가능곡선 상의 A, B, C점 모두는 생산이 효율적으로 이루어지고 있는 점이다(세 점의 차이점은 X재와 Y재 중 어느 재화를 더 생산하느냐의 차이이다). 즉, 생산가능곡선 내부의 점은 생산이 비효율적으로 이루어지는 점을, 생산가능곡선 외부의 점은 현재의 기술수준으로서는 도달이 불가능한 점을 의미한다.

효율성에 관한 정의가 광범위하게 받아들여지고 있는데 비해 형평성은 그렇지 못하기 때문에 산출물이 공평(fair)한가 아닌가에 대해 논란이 있을 경우, 가치판단이 개입되게 된다. 두 말할 필요도 없이, 개인의 효용의 합이 극대화될 때 형평성이 달성된다고 하는 공리주의자들의 관점에서 이 문제를 접근하고자 한다. 그것은 각 개인의 효용이 동일한 비중을 갖도록 하는 것이다(Arrow, 1971).

각 개인의 효용 U가 능력(A) 및 교육(E)에 의해 다음과 같이 정의된다고 가정하자.

$$U = A^{\alpha} E^{1-\alpha} \quad ①$$

이처럼 코브 더글러스(Cobb-Douglas) 효용함수를 가정하는 것은 일반적 특성들을 확보하기 위한 것이다. 즉, 두 가지 독립변수(arguments) 모두에 의해 효용이 증가하지만, 능력과 교육 양자의 한계수익은 체감하므로 오목하다(concave). 이렇게 함으로써, 공리주의적 형평성 관점에 따라 교육예산의 공정한 분배를 규정하게 되는데, 이는 교육투자에 따른 효용변화율이 모든 개인 간에 일정불변이도록 하는 것이다.

교육자원이 서로 다른 능력을 보유한 개인들 사이에 공평하게 배분될 수 있게 정부의 교육정책이 결정되어야 한다. 따라서 교육예산 E를 능력 A에 대해 미분한 제1차 도함수의 값이 양(+)의 값을 가질 수도 있고 음(-)의 값을 가질 수도 있지만, 결과에 관계없이 교육예산은 능력에 따라 변화하게 마련이다. 만일 양의 값을 갖는다면 그 교육정책은 투입물 역진적(input-regressive)이라고 하는데, 이는 선천적 능력이 큰 사람에게 더 많은 자원이 배분되는 것을 의미한다. 반대로 음의 값을 갖는다면, 그러한 교육정책은 투입물 누진적(input progressive)이라 한다.

누진성과 역진성으로 설명되는 형평성의 개념이 투입물들의 분배에 대해 적용된 것처럼, 교육체계의 산출물에도 그대로 적용되어야 한다. 개인의 효용 U가 자신들의 능력 A에 대해 정의 방향으로 변화하는 산출물은 산출물 역진적(output-regressive)이라고 한다. U가 A에 대해 부의 방향으로 변하는 산출물은 산출물 누진적(out-progressive)이라고 한다. 방정식 ①을 다시 쓰면,

$U = A^{\alpha}[E(A)]^{1-\alpha}$ ②를 얻을 수 있고,

이를 다시 A에 대해 미분하면,

$\frac{\partial U}{\partial A} = \alpha[E(A)/A]^{1-\alpha} + (1-\alpha)[A/E(A)]^{\alpha}\partial E/\partial A$ ③이 된다.

식 ③에서, 만일 방정식의 우변이 (-)의 값을 갖는다면 $\partial E/\partial A$는 음

의 값이 되어야 한다. 다른 말로, 역진적 산출물 배분을 달성하기 위해서는 투입물이 누진적이 되도록 해야 하고 이는 상대적으로 능력이 큰 학생보다는 능력이 작은 학생에게로 더 많은 교육자원이 배분되도록 해야 함을 의미한다.

이것은 기존의 자원배분 방식과 아주 다른 결과이다. 가장 우수한 학생들을 위한 교육에 보다 많은 예산이 지출되어 명백하게 불평등한 산출물을 생산해 왔던 것이 기존의 교육부문 자원배분 방식이었다. 효율성만을 문제로 한다면 그러한 방식이 합리적일 수 있다. 왜냐하면, 모든 개인들이 동일한 교육을 받는 경우, 능력 있는 사람의 교육에 투입된 한 계단위에서 얻어지는 생산성이 상대적으로 높을 것이기 때문이다. 이는 자유 시장경제에 의존해서는 평등한 산출물이 생산되지 않음을 암시하고 있다. 그 이유는 산출물의 형평성(각 개인의 효용)과 투입물의 형평성(각 개인이 교육서비스를 구매하기 위해 지불하는 소득)은 재분배정책이 없이는 동시에 달성될 수 없기 때문이다. 따라서 산출물의 형평성은 효율성 목표와 경쟁하지 않으면 안 된다. 만일 효율성과 형평성 양자 모두가 소망스러운 것이라면, 정부가 효율성-형평성의 트레이드오프 관계에서 국민경제가 사회적 최적점을 찾고 그 상태를 유지하도록 하는 역할을 수행하여야 한다.

이는 교육부문에 대한 정부의 완전한 통제 하에서만 형평성과 효율성이 균형을 이룬다는 것을 의미하는 것은 물론 아니다. 정부의 약간의 개입이 교육의 형평성을 보장하기 위해 필요하다고 하더라도, 이 개입의 최적정도가 어디까지인가 하는 점은 여전히 논쟁의 대상이다. 나아가서 정부의 재정지원이 형평성을 보장하기 위해 필요한 조치라고 하더라도, 이것이 정부가 직접 교육서비스를 공급해야 한다는 것을 의미하는 것도 아니다.

2. 한국의 대학재정 배분 정책

소위 명문대학에 진학하면 일반대학에 다니는 것에 비해 어떤 이익이 있을까? 〈표1〉에서 확인이 된다. 교육부는 국고보조금을 서울대·고려대·연세대 등 3개 대학에 집중지원하고 있다. 2013년 기준으로 정부재정지원을 받는 대학은 전문대와 기능대 등을 포함하여 모두 442개이다. 이 가운데 3개 대학 재학생수는 56,043명으로 이는 우리나라 전체 대학생의 2.44%에 해당한다. 여기에 교육부 지원액의 10%가 집중되고 있다. 즉, 3개 대학이 국고지원액의 10%인 1조5천억원 정도를 쓰고, 나머지는 439개 대학에 분배되는 셈이다. 10억원 미만 지원 대학도 60개에 달했는데, 한 푼도 지원받지 못하는 대학도 27개나 됐다. 또 민영화된 서울대는 학생1인당 42,815,000원을 지원받았지만, 국립대인 부경대는 8,774,000에 불과했다.

국비지원금 독식으로 3개 대학 재학생들은 남들보다 우월한 교육여건에서 공부를 하고 있다. 소위 'SKY' 대학 입학으로 이들은 명문대 학생이라는 자부심만 갖게 되는 것이 아니라 국고로부터 현찰을 지원받고 있는 셈이다. 한마디로 투입물 역진적 배분이 계속되고 있다.

〈표1〉 2013년 서울대·고려대·연세대 국비지원액(단위: 천 원)

학교명	학생 수	지원 총액	국립대경상운영비 제외 지원 총액
서울대학교	16,712 (0.73%)	715,523,284 (6.8%)	345,785,284 (4.5%)
연세대학교	19,226 (0.83%)	175,558,548 (1.7%)	175,558,548 (2.3%)
고려대학교	20,105 (0.87%)	155,113,252 (1.5%)	155,113,252 (2.0%)
'SKY' 대학 합계	56,043 (2.44%)	1,046,195,084 (10%)	676,457,084 (8.7%)
442개 대학 전체	2,292,858 (100%)	10,507,432,485 (100%)	7,739,911,913 (100%)

자료: 정진후 의원실, 「2013년 대학별 고등교육재정 지원 분석」(2014).

'SKY' 대학에 입학한 학생들이 국내 다른 대학 입학생들과 타고난 자질이 동일하다고 해도, 이런 집중지원을 받으면 졸업 시점에서 훨씬 높은 경쟁력을 가지게 될 것이다. 그것이 교육의 본질이다. 만약 수능점수의 차이가 능력의 차이를 반영한 것이라면, 여기에 더해지는 대학재학시의 국비지원 독식은 이들이 노동시장에서 독점적 지위를 누리는데 부족함이 없게 만들 것이다. 금상첨화(錦上添花) 효과라고 할 수 있다. 교육예산도 국민의 혈세이기에 형평성과 함께 효율성 문제가 제기될 수 있다. 효율성 기준으로만 자원을 배분하는 방법은 간단하다. '하나를 가르치면 열을 아는'사람을 골라 가르치면 가장 작은 자원투입으로 가장 큰 성과를 거둘 수 있다. 정책입안자들은 이런 유혹에 쉽게 빠지게 된다. 그래서 선택과 집중 방식이 도입되지만, 그러나 그로인한 사회적 불평등은 더욱 커지게 된다.

국비의 집중지원으로 우월한 여건에서 교육을 받은 이들 3개 대학출신들의 사회적 진출은 〈표2〉를 통해 알 수 있다. 우선 관계에 진출한 이들 3개 대학출신 현황을 보자. 인사혁신처가 올해 10월 국회에 제출한 '고위공무원단 출신학교 순위비율 현황' 자료에 따르면, 현재 고위공무원단 총 1,411명 중 'SKY' 출신은 780명(55.2%)으로 1-3급 공무원의 절반 이상이 3개 대학 출신이다.

다음 법조계는 어떠한가? 지난 2010년부터 2014년까지 5년간 모두 660명의 신규법관이 임용되었는데, 이 가운데 서울대 출신이 340명, 고려대 135명, 연세대 52명으로 'SKY' 출신이 79.8%(527명)를 차지했다.

검사임용에 있어서도 마찬가지다. 2012~2014년에 임용된 검사 총 348명 가운데 'SKY' 출신자가 239명으로 68.7%를 차지했다. 또 같은 기간 로스쿨 출신 검사 임용자들은 서울대 51명, 연세대 24명, 고려대 17명으로 이들 상위 3개 대학이 로스쿨 출신 검사 전체의 77.3%(92명)

〈표2〉 'SKY' 대학 졸업자의 한국사회 지배 상황

지배 항목	서울대 · 고려대 · 연세대 출신 비중
3급 이상 고위 공무원 1,411명(2016)	780명 (55.2%)
2010-2014년간 신규 임용된 법관 660명	527명 (79.8%)
2012~2014년에 신규 임용된 검사 348명 (로스쿨 출신자 119명)	239명 (68.7%) (92명; 77.3%)
2007-2012 외무고시 합격자 203명	165명 (81.3%)
제19대 국회의원 300명	128명 (43.0%)
500대 기업 CEO 586명	296명 (50.5%)
25개 신문·방송·통신사의 편집·보도국장 및 정치·경제·사회부장 104명	78명 (74.9%)

*자료: 인사혁신처,「고위공무원단 출신학교 순위비율 현황」, 대학교육연구소,「통계로 본 학벌사회」.

에 달했다.

외교관들 역시 이들의 독무대다. 2007~2012년 외무고시 합격자 203명 가운데 서울대 93명, 연세대 43명, 고려대 29명으로 총 81.3%가 'SKY' 출신이었다.

정계도 이들이 지배하고 있다. 19대 국회의원 300명 가운데, 서울대 78명, 고려대 26명, 연세대 24명으로 'SKY' 출신의 점유율은 43%에 이른다.

재계 역시 이들 3개 대학출신이 장악하고 있다. 2014년 현재 500대 기업 CEO 586명 중 서울대 154명, 고려대 88명, 연세대 54명으로 'SKY' 출신이 50.5%인 296명으로 집계되었다.

언론계도 마찬가지다. 2014년 25개 신문·방송·통신사의 편집·보도국장 및 정치·경제·사회부장 104명 가운데 78명이 'SKY' 출신으로서 75%에 달한다. 서울대 출신은 38명으로 36.5%이며, 고려대가 28명으로 26.9%, 연세대가 12명으로 11.5% 차지하고 있었다.

이렇듯 이들 3개 대학출신 중심의 사회지배 구조가 확립되어 있어 고등교육 부문을 포함한 사회 각 분야에서의 건전한 경쟁과 활력을 찾아보기 어렵다. 전형적인 독점의 폐해이다. 건전한 국가의 모습이라기보다 3개 패밀리가 지배하는 영역을 보는듯하다. 그러니까 교육부의 자원배분 정책은 산출물 역진적 배분이고, 이로 인해 참담한 결과가 나타났다고 해석할 수 있다.

교육은 불평등한 세상을 교정하는 역할을 한다. 그러나 현실에서는 교육이 국민을 차별하고 불평등을 구조화하는 역할을 하고 있다. 많은 국민들이 교육을 통해 희망을 찾는 것이 아니라 교육에서 오히려 좌절감을 맛보고 있다. 부모의 재력으로 비싼 사교육을 받은 학생들이 특목고·자사고에 입학하고, 이들이 소위 엘리트대학에 대거 진학하고 있다. 교육부는 이들 대학에 국비지원을 집중하여 우월한 교육여건을 만들어 주고 있고, 특혜 속에서 교육을 받은 학생들은 졸업 후 최고의 일자리들을 독점하여 부와 권력의 대물림이 계속되고 있다.

돈이 지배하는 교육은 교육이 아니다. 교육이 세상을 아름답게 만드는 역할을 되찾도록 하는 일대 혁신이 필요하다. 부자들의 잔치마당으로서 공교육을 황폐화시키는 특목고와 자사고는 폐지되어야 하며 모든 국민들이 동일한 조건에서 교육을 받도록 해야 한다. 학교가 제공해 줄 수 없는 예체능교육 등 순수하게 자기개발을 위해 하는 사교육만 존재가치가 있다. 고교 무상교육을 즉각 시행해야 하며, 점차적으로 대학과정 비용 전체를 국가가 부담해야 한다.

특정대학에 국민의 세금을 몰아주는 일도 없애야 하며, 모든 대학생들이 국가로부터 평등한 대우를 받아야 한다. 저소득층이 주로 진학하는 전문대학의 교육비를 국가가 부담하고 재정상황에 따라 고등교육 전체를 국가가 책임지도록 전환해야 한다. 국립대 통합네트워크를 구성하여 신입생을 공동선발 하고 비리·부실사학은 과감하게 국공립화해야 한다.

누구나 법학대학원 등 전문대학원에서 공부할 수 있도록 등록금 부담을 없애 주어야 한다. 많은 유럽 국가들이 저소득층 대학생들에게 생활비를 지원하고 있듯이 사회적 약자에 대한 지원을 강화해야 한다. 이러한 과정을 통해서 무기력해진 고등교육 체계에 활기를 불어 넣고 교육의 불평등을 해소할 수 있을 것이다. 불평등을 구조화시키던 교육이 변하여 평등사회를 뒷받침하는 기초로 기능하게 될 것이다.

고등교육 공급 적정성과 대학 재정 문제

양채열

1. 서론 – 대학재정 문제의 개관 및 원인

대학 재정문제가 이슈화 되는 배경을 보자. 현재 대학 재정문제가 발생한 것은 인구감소, 대입 학령인구의 감소, 대학 입학자 수 감소와 그에 따르는 대학의 수입감소 때문이다. 추가적으로 과다한 대학설립과 대입 정원 확대에는 인구변화를 제대로 감안하지 못한 정책을 수립한 교육부의 책임은 물론 수익을 목적으로 대학을 설립한 사학설립자의 책임도 크다. 〈그림1〉에서 '대학 입학정원과 고교졸업자 수 추이'를 보면 출생률과 진학률을 감안한 학생수 예측에 근거하여 대학설립과 정원 조정을 하여야 했다. 그러나 1995년 '5·31 교육개혁 조치'에 의해 시행한 '대학설립 준칙주의' 때문에 대학이 과다 설립되었고, 따라서 대학입학 정원보다 고교 졸업자 숫자가 더 적은 '역전현상'이 발생하였다. 이는 교육부 관료의 대리인 문제(agency problem)와 사학 설립자의 자신과잉(hubris)에 따른 과다투자가 그 근본원인이라고 생각된다. 교육부 정책 실패에 대한 철저한 검토·분석·반성이 필요하며, 당시 의사결정에 관여한 관료 및 대학설립 주체들에 대한 책임추궁도 병행되어야 할 것이다. 원인·책임규명은 앞으로의 교육정책 의사결정의 지배구조를 확립한다는 점과, 구조조정에서 손실분담 등의 문제에 직접적인 관련성을 갖는 다는 점에서 매우 중요한 사항이다.

우리나라 대학 재정의 다른 특징은 과다한 등록금 의존도와 민간 부담률, 그리고 사학비리로 대표되는 대학 재정 집행의 불투투명성이 있는데 이는 사학 재단의 지배구조 문제와 회계감사/공개, 대학 규제/지원정책 등과 밀접한 관련이 있다. 이 글에서는 대학재정의 문제점 및 개선책과 관련한 주요 이슈와 실제로 가능한 개선방안 등을 다루고자 한다. 주요 이슈로 ① 고등 교육의 적정 공급 문제, ② 대학 등록금 수준, ③ 교육예산 배정의 문제, ④ 대학 구조조정 방안의 비교 (대학 입학 정원 감축 문제)에 대하여 순서대로 다룬다.

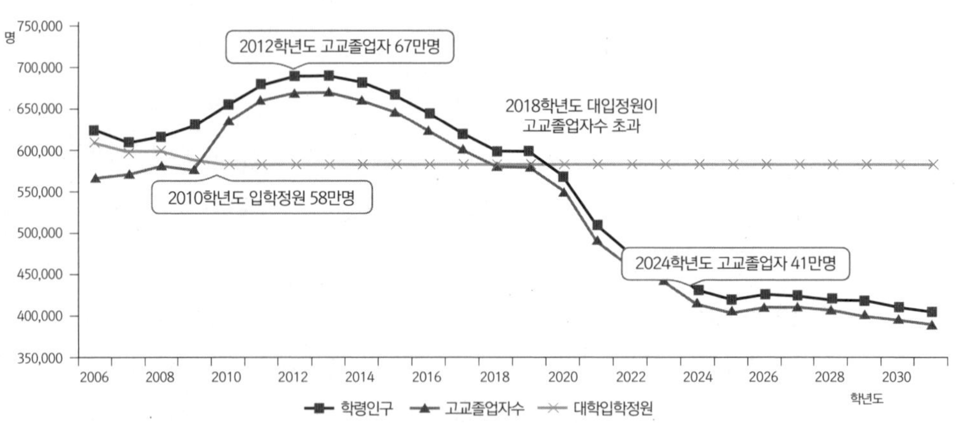

자료: 교육과학기술부,『한국대학신문』(2012.2.3)에서 재인용.

〈그림 1〉 대학 입학정원과 고교졸업자 수 추이

2. 본론 – 세부적 문제 분석 및 평가

1) 고등 교육의 적정 공급 문제

먼저 근본적으로 제기해야 할 질문은 "우리나라의 고등 교육이 적정하게 공급되고 있는가?", "고등교육의 높은 공급율은 바람직한가?" 하는 것이다. OECD(2016, Education at a Glance) 자료에 의하면 2015년 현재 우리나라 대학졸업자 비중은 69%로 세계 최고 수준이다. 즉, 25~34 연령대 인구 중 대졸자 비중이 2000년은 35%, 2011년은 65%, 2015년은 69%로 급증하고 있다. 이와 비교하여 2015년 OECD평균은 42.1%이며, 주요국가의 현황은 2위 일본 59.6%, 3위 캐나다 59.2%, 11위 미국 46.5%이다. 25~34 연령대 인구 중 대졸자비중은 우리나가 독보적으로 세계 최고 수준이다. 즉, 우리나라는 고등교육의 공급이 세계 최고수준이라는 것이다.

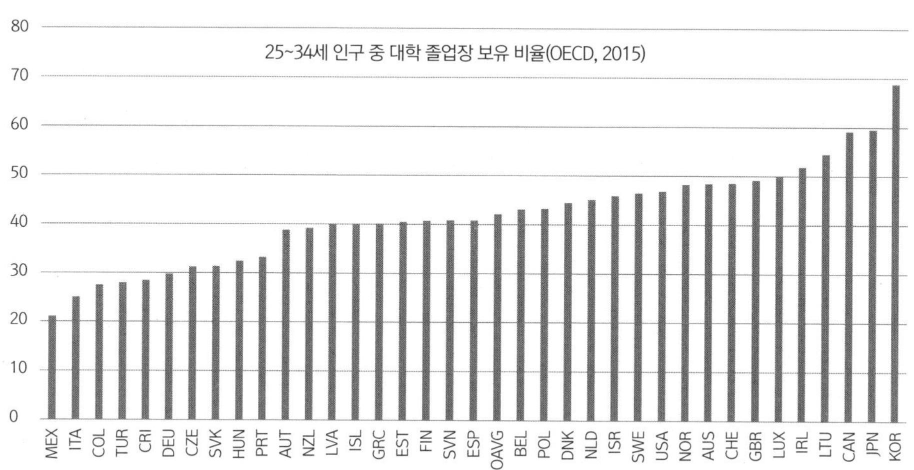

자료: OECD 2015년 https://data.oecd.org/eduatt/population-with-tertiary-education.htm

〈그림 2〉 25~34세 인구 중 대학 졸업장 보유 비율

과연 고등교육의 공급이 많은 것이 바람직한가? 이는 미래 사회에 대한 예측과 자원의 기회비용에 의존할 것이다. 미래사회가 기술발달 등으로 대졸이상의 능력이 필수가 되는 사회가 될 것인가? 즉, 고등학교 교육만으로는 미래 사회에 적응하기 어려울 것인가? 아니면 AI 등 기술발달이 오히려 고등교육은 일부의 사람만이 하면 되고 대부분의 사람은 특정 전문지식을 필요로 하지 않고 일반적 교양 수준의 기술과 인문교육만 필요로 하게 될 것인가? 관련된 문제로 우리나라의 사회 분위기 문제는 없는가? 즉 우리 모두가 "대학을 나와야만 제대로 완성된 인간이 된다"는 대학/학벌 이데올로기에 빠져있지는 않는가? 이러한 잘못된 인식에 근거한 대학지상주의 문화 때문에 더 많은 사회문제가 발생하고 있으며, 근본적인 해법을 강구하지 못하는 것은 아닌가?

이런 질문과 더불어 다음과 같은 문제제기에 귀기울일 필요가 있다.

> 한국사회는 20~30대들에게 '대학밖에는 길이 없다.'고 강요하고, '빚을 내서라도 대학에 가야 한다.'고 지시하기 때문에 모두가 대학에 가야 한다고 믿는다. '대학만이 살길'이라고 가르치는 학교, 부모, 주변 사람들. 대학에 따라 등급을 나누고, 사람을 평가하는 잣대라고는 대학밖에 모르는 이 사회가 청년들을 빈곤으로 몰아넣고 채무자로 만들고 있다. 대학을 갔다는 이유만으로 빚을 지게 하는 것이 문제다.[1]

이와 유사하게 최근에 높은 대학진학률에 따른 부작용을 우려하는 교육시민단체를 중심으로 벌어지고 있는 '고졸 만세'(고등학교만 졸업해도 만족하는 세상) 운동이 시사하는 바도 크다. 이 운동을 처음 구상한 김진욱 참여연대 공동 운영위원장은 "청년 부채, 저출산, 노인 완화, 반값

---

1 천주희, 『우리는 왜 공부할수록 가난해지는가』, 사이행성, 2016.

등록금 등 고등학교 졸업 후 모두 대학에 간다는 전제 하에 만들어지는 듯 하다. 하지만 다른 나라는 고졸만으로도 직업을 갖고 사는 데 문제없도록 교육 시스템이 짜여있다"고 지적했다. 또 김진우 좋은교사운동 대표는 "요즘 나오는 대선 교육공약을 보면 대입제도 개선, 대학 서열빈곤 등 각종 사회 문제들의 시작이 '대학은 나와야지'라는 인식 때문에 학력에 과잉투자 하기 때문"이라며 "직업시장 입직 시기를 고교 졸업 뒤로 당기면, 사교육 등 대입 경쟁 비용이 사라지고 젊은이들의 결혼이나 출산이 빨라지며, 노후자금을 자녀의 대학 뒷바라지에 쓰는 문화도 줄어든다. 유년기부터 청년, 장년, 노년, 전 세대에 이르는 사회적 고통이 줄어들 것"이라고 말했다.[2]

또 한가지 고려해야 할 것은 고등교육 공급자인 교수집단이 인위적으로 그러한 이데올로기를 조장하고 있는 것은 아닌가 하는 물음이다. 고등교육의 수요가 증대되는 것이 이들 집단의 이익에 기여할 것이기 때문이다.[3] 이해상충 상황에서 자기 이익을 무의식적으로 추구하게 되어있는 것이 인간의 본성이기 때문에, 교수집단은 대학교육의 중요성에 대하여 실제보다 더 높게 인식할 유인을 가지고 있다. 학력에 대한 과잉투자가 현재의 많은 사회악의 근본적인 원인의 하나이며, 따라서 고등학교 교육을 시민으로서의 자질이 완성되는 보통교육의 최종 학력이 되도록 교육 시스템을 개선하는 것이 필요할 수도 있을 것이다.

2 과잉학력의 문제에 대한 진단과 처방에 관한 『한겨레』 기사(2017.2.7) 참조.

3 한 행동경제학자는 인간은 이해상충의 상황에서 무의식적으로도 자기 이익을 증진하는 방향으로 인식과 행동을 취한다는 '의식의 존재구속성'을 여러 가지 실험과 사례를 통하여 보여준다.(Ariely, "Beware conflicts of interest", *Ted talk*, 2011)

2) 대학 교육의 경제적 효과성과 등록금 수준의 문제

고등교육의 적정 공급 문제는 또한 교육수요자 입장에서 "대학교육 편익의 증대가 비용을 초과하여 수요자의 소비자잉여가 있는가?" 하는 질문 즉, "대학교육이 교육수준 향상을 위한 비용의 지출을 정당화도록 임금 수준 향상을 가져오는가?" 하는 '비용-편익' 분석의 문제이다. 2016년 발간된 OECD 자료에 의하면 우리나라의 대학교육 프리미엄은 약 45%로 OECD 평균 48%에 비하여 높지는 않다.[4]

고등교육의 효과가 평균 이하이지만 그 비용은 높은 것이 우리나라 현실이다. 한국조세연구원 보고서에 의하면, 대학등록금은 OECD 회원국 중 미국에 이어 두 번째로 높으며, 대학교육에 소요되는 총비용은 GDP의 2.6%로 역시 미국(2.9%)에 이어 두 번째로 많다. 이에 비해 대학교육에 대한 정부지원은 GDP의 0.6% 수준으로 일본(0.5%), 영국(0.6%)과 함께 가장 낮은 수준이다.[5] 또한 노동시장에서 대학졸업자 수요에 비하여 과다 공급되고 있다고 판단한다.

반값 등록금 문제와 관련하여 등록금 수준의 문제를 경제적 측면에서 살펴보자. 고등교육을 공급하는 것은 대학인데, 수요를 무엇으로 보느냐 하는 관점의 차이에 따라 두 가지 접근법이 가능하다. 학생을 수요자/고객으로 보는 '학생=고객 모형'에서는 산출물은 교육서비스, 가격은 등록금이다. 기업을 수요자/고객으로 보는 '기업=고객 모형'에서는 산출물은 학생, 가격은 취업시 받는 임금이다. 반값 등록금 주장은 '학

4 대학교육프리미엄은 대학졸업자가 고등학교 졸업자에 비해 얼마나 더 높은 소득을 올리는지를 보여준다. 프리미엄이 높은 나라는 칠레 182%, 멕시코 105%, 낮은 나라는 오스트리아 5%, 노르웨이 13%, 덴마크 14%이며, 미국은 60%이다.(OECD, 2016, Education at a Glance 2016, Table A6.1. Relative earnings of full-time full-year workers, by educational attainment(2014))

5 안종석, 전병목, 김진영, 이영, 「정부의 대학교육비 지원현황과 문제점, 개선방향」, 한국조세연구원 연구보고서, 2012.

생=고객 모형' 관점에서 비용편익분석 기법을 활용하여 파악하면, 교육서비스의 가격(비용)이 높다는 것이다. 즉, 수요자인 학생이 구입하는 교육서비스의 가치(편익)가 지불하는 수업료(비용)보다 낮기 때문에, 낮은 가치에 상응하는 낮은 가격을 책정하라는 것이다. 그런데, 교육서비스의 가치(편익)인 기대임금은 '취업확률×임금'이다. 기대임금이 낮다는 것은 '기업=고객 모형' 관점에서 분석하면 수요자인 기업입장에서 졸업생의 가치가 낮아서 임금을 낮게 지불하든지, 아니면 거시 경제적으로 일자리가 적어서 취업확률이 낮다는 것을 의미할 것이다.

따라서 반값등록금 주장은 대학교육이 편익에 비하여 비용이 높다는 것을 의미하며 이는 결국 대학교육에 대한 투자의 수익률이 낮다는 것을 의미한다. 이러한 경제적 분석으로는 고등교육 수요의 자연적 감소가 예상된다. 그런데 1)에서 살펴본바, OECD 국가에서 우리나라 대학졸업자 비중은 69%로 세계 최고 수준으로 2015년 OECD평균 42.1%와 비교하면 OECD 평균보다 약 64%나 대학졸업자가 과다 공급되고 있다고 할 수 있다. 따라서 과다공급 상태에 있는 고등교육을 인위적인 조치로 비용을 낮추는 반값 등록금 주장은 경제적으로 비효율적인 주장으로 판단된다.[6] 단, 사회의 경제적 부가 불균등하게 분포되어있는 상황에서 저소득층에 대한 학비 지원은 기회균등 차원에서의 당위성은 있다고 할 것이다. 원론적으로 반값등록금을 통한 가격조정은 자원배분의 왜곡을 가져오므로, 필요 시 저소득층에 대한 소득이전 방식의 지원이 자원배분의 왜곡을 초래하지 않는 보다 효율적인 방식이다.

6 국가장학금제도는 수요자인 학생에게 고등교육의 비용을 낮추어서 이미 과잉공급 상태인 고등교육에 대해 인위적으로 수요를 증대한다는 점에서 효율적 자원배분과 기회비용을 고려할 때 재고할 필요가 있을 것이다.

3) 교육예산 배정의 문제 – 교육부 관료의 대리인 문제의 해악

대리인이론은 기업에서의 경영자 행동을 설명하는 강력한 이론이다. 주인-대리인 관계는 '주주-경영자', '환자-의사', '소송의뢰인-변호사', '국민-정치가 (대통령)' 등의 관계이다. 대리관계에서 (감시의 어려움에 따른 정보 비대칭 문제 때문에) 대리인의 행동을 다 관찰할 수 없으며, (외부효과 때문에) 대리인이 자기 의사결정의 전체비용을 부담하게 하기 어려울 경우에 대리인 문제(agency problem)가 발생한다. 대리인 이론은 주인(principal)이 대리인(agent)에게 주인의 이익을 증진할 행위를 해줄 것을 위임하는 계약관계에 있다는 것으로, 대리인이 자기 이익을 추구하고 심지어 제대로 견제/통제되지 않으면 주인의 이익을 해치면서까지 대리인 본인의 이익을 추구하기까지 한다.

기업경영에서 대리인 문제가 기업의 의사결정을 왜곡하듯이, 유사한 논리로 교육부문에서 교육부 관료의 대리인 문제가 교육정책/사업의 구조와 관리에 왜곡을 초래할 수 있다. 대표적인 사례가 대학의 자율권을 증진하고 효율성을 달성할 수 있는 일반적 예산지원 방식(general grant)을 축소하고 교육부 관료의 영향력이 증대되는 사업위주의 배정방식을 확대하는 방향으로 변화시키는 것이다. 즉, 교육정책 수립과 집행에 있어서, 담당 관료의 사적편익을 극대화하기 위하여, 관료의 선발권이 증대되고 퇴직 후 자리가 양산되는 방식을 채택하게 된다.[7]

또한 이러한 관료위주의 대학지원정책은 우리나라의 R&D정책에도 악영향을 미치고 있다. 한 연구자의 다음 지적은 그 악영향을 요약한다.

---

7 다음의 신문기사를 참조. 「비리사학-퇴직 교육관료 '악어와 악어새', 퇴직 후엔 총장·교수직 취업, 비리의 당사자로 변하기도」, 『한겨레』, 2011.9.13); '교피아 해부–대학구조개혁안은 교피아 살찌우는 자충수, 교육부, 대학평가 권한 '무소불위', 정원감축 미끼로 지원금 쥐락펴락, 대학들, 앞다퉈 교육부출신 모시기/교수들, 교육부 뺀 '합의기구' 절실'(『CNB뉴스』, 2014.7.11).

> 교육부가 대학에 제공하는 각종 지원과 이에 관한 절차인 평가도 지대추구행위를 초래하고 있다. 교육부가 시행하는 사업마다 학교에서 준비 작업단을 구성하고 주관기관에서는 복잡한 절차를 진행하여 선정한 후 연구작업을 실행하고 있지만 국제적인 수준의 성과물이 나오지 못하고 있는 것이 현실이다. 대학의 자원 중 상당부분이 실체적인 연구보다 지대를 추구하는 데 사용되고 있다는 증거이며 이 또한 대학의 자율성과 연관된 문제다.[8]

많은 재정지원을 하지만, 교육이나 R&D에 비효율성이 많다는 것이다.

관료의 재량권이 강화되는 방식의 재정지원은 대학의 자율성과 독립성에 더 큰 악영향을 초래한다. BK, NURI, PRIME, CORE, LINC 등 대학에 대한 각종 재정지원사업은 대학이 교육부 사업을 따내야 발전하는 사업수행기관이 되게 만든다. 모든 대학은 교육부 등이 시행하는 재정지원사업을 따는 데에 총력을 기울이게 되고, 이 사업의 수주여부에 초연하려고 하면 그 대학만 손해를 보게 되는 죄수의 딜레마에 빠진다. 이는 교육부 관료의 대리인 문제가 야기하는 전형적인 악영향으로, 관료의 교육정책 결정에 따른 국가적 손실과 관료의 사적 이익증진이 일어나는 사례라고 할 것이다.[9]

대학/학자의 독립성은 재정독립성(대학재정이 관료의 재량/자의성의 의존하지 않는다는 의미에서)이 그 기초 요건의 하나이다. 등록금 수준 규제와

---

8 현정택, 「한국의 경제적 지대와 지대추구행위 타파를 위한 제언」, 『한국경제포럼』 7권 4호, 2014, 23~46.

9 다음 『조선일보』 기사 참조. "교육부의 후안무치(『조선일보』, 2016.11.1). "교육부가 올해 대학에 나눠준 돈이 9조원이 넘는다. 학생이 줄어 돈줄 마른 대학들은 정부 예산을 받으려고 '쟁탈전'을 벌인다. 한 지방대 교수가 하소연했다. "연줄 없으면 대학 총장이 교육부 과장 만나기도 힘들어요." 그래서 대학마다 교육부 관료를 자기 학교에 모시느라 애를 쓴다. 아예 교육부 출신이 총장·부총장 되면 교육부로 가는 고속도로를 놓는 것이라고 한다. 증거 자료가 있다. 교육부 4급 이상 공무원 중 70%가 퇴직 후 대학으로 갔고, 교육 관료가 간 대학 중 92%는 구조조정 평가에서 낙제를 면했다. '교피아'는 대학과 교육부 간의 이런 갑을 관계를 먹고 산다. … 권력이 대학을 움직이려고 할 때 중간엔 늘 교육부 관료가 있었다."

'교수당 학생수' 규제 문제도 이와 관련되어 있다. 지속가능성을 고려한 몇 가지 제약조건하에 학생수, 등록금 수준, 교수수, 교수월급의 수학적(기계적)관계가 있는데, '등록금 동결'과 '교수당 학생수' 감소를 동시에 시행하면, 대학재정은 악화되고 필연적으로 대학의 정부에 대한 재정의존도가 높아지게 된다.[10] 그리고 대학의 정부에 대한 재정의존도가 높아질수록, 교육부 관료 입장에서는 대학을 보다 쉽게 통제할 수 있는 무기가 강화되는 셈이다. 즉, 재정의존도가 증대되면 얼마든지 간접적인 통제방식이 가능한 것이다. 강화이론에서 소거(extinction, 기 제공/향유하던 경제재를 제거함으로써 효용을 낮추어 어떤 행위를 억제하려고 통제하는 방식) 방식이 보다 세련된 간접통제방식이며, 권력자가 소거 방식을 활용하여 부하나 관할기관에 간접적인 보복을 할 수 있다.[11] 관료의 재량권에 의한 재정지원사업이 많아질수록 관료의 대학에 대한 통제력이 강화되며, 이는 대학 자율성의 후퇴를 의미한다.[12]

---

10 교수 한 명당 학생수를 낮추면 교육의 품질이 높아지지만 비용도 높아지는 '품질-비용'의 상충관계가 있다. 따라서 '품질-비용' 조합의 선택 문제는 사회의 경제력 수준과 가치관에 의존할 것이며 사회적 합의를 통하여 결정되어야 할 것이다.

11 권력자/상급자의 부당한 지시에 거부할 수 있는 시스템 확립이 중요하다. 그러나 현실은 권력자가 특혜/보복을 할 수 있는 역량이 강화되는 방식으로 진행되는 측면이 있다. 강화이론에서 상/벌이 명시적 방식이라면 소극적 강화/소거는 간접적 방식이다. 현실적으로 존재하는 강의 사례금, 사외이사, 용역, 공기업 엽관, 문화예술지원, 시민단체지원 등 국고보조금, 우수도서/교육부 지원사업 등이 이 범주에 해당하는 것으로 여기에서 미선정은 소거를 통한 행동통제방식이다.(양채열, 「학자의 Integrity와 사회 시스템 – Preventing Economists' Capture」, 경제학공동학술대회 한국경제학회 특별세션 발표자료, 2017.2.9)

12 대학 자율성의 후퇴와 관련한 다른 중요한 이슈는 교수에 대한 평가와 성과급제의 도입이다. 고도의 인지·정신작용이 필요한 영역에서는 과도한 보상이 성과를 낮추는 역작용을 발생시킨다고 한다. 인지적으로 쉬운 일에는 보상과 성과의 연결인 성과급제의 도입이 높은 성과를 가져오지만, 고도의 인식/지적능력이 요구되는 경우에는 보상을 높일수록 역작용이 커진다고 한다. 즉, 민감도가 높은 보상은 좁은 목표에 집중하게 함으로써 넓게 생각하고 창조적인 연구를 하여야 하는 대학에는 적절하지 않다.(Dan Pink, "The puzzle of motivation", *Ted Talk*, 2009; Dan Ariely, Uri Gneezy, George Loewenstein, and Nina Mazar, "Large Stakes and Big Mistakes", *Review of Economic Studies*, vol.76 no.2, 2009, pp.451~469) 또한 행동경제학에 의하면 친사회적 행동 등 고귀한 행동이 화폐적 보상과 연계되면, 상업적 거래로 변질되어 외재적 보상이 없으

4) 대학 구조조정 방안의 비교 – 대학 입학 정원 감축 문제

고교졸업자 수가 대학입학정원보다 적어지게 되면, 필연적으로 구조조정이 필요하다. 문제는 어떤 방식으로 이루어지느냐 하는 점이다. 인위적 방식의 사용 여부와, 비율조정 방식에 따라 세 가지 형태, 즉 ①인위적-일률적 조정, ②인위적-등급별 조정, ③인위적 조정 하지 않는 시장 자율조정을 생각해볼 수 있다.

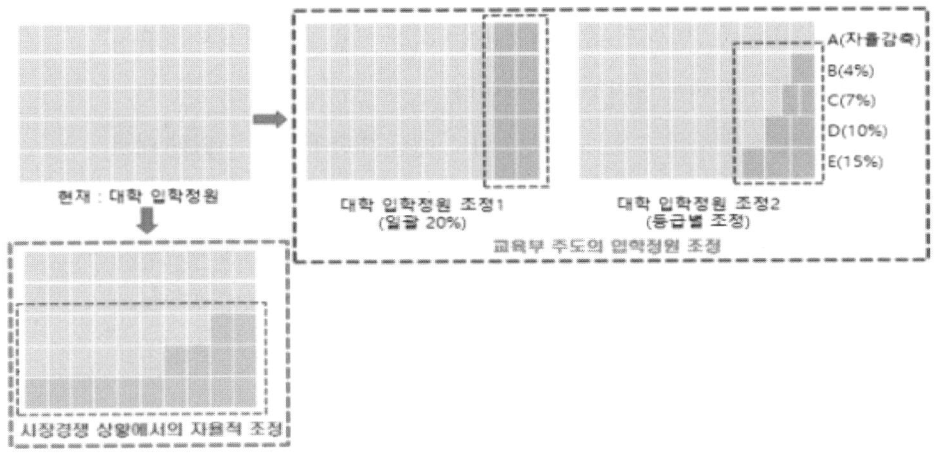

① 인위적-일률적 조정, ② 인위적-등급별 조정, ③ 인위적 조정 않는 시장 자율조정

〈그림3〉 대학 구조조정방안

① '인위적-일률적 조정' 방식은 모든 대학에 동일한 비율로 (예를 들면 20%) 입학정원을 감축하는 방안이다. 이는 대학의 성과나 매력도에 관계없이 일률적으로 감축한다는 점에서 효율성에 문제가 있으며, 하위대학일수록 이러한 방식을 채택하도록 영향력을 행사할 유인이 있다. ② '인위적-등급별 조정'방안은 대학의 성과나 매력도 등을 반영하여

면 하지 않게 되는 부작용인 구축(crowding out)효과를 초래한다.

교육부에서 평가하여 차등적인 정원감축을 하는 방식이다. 일률적 감축방안에 비하여 효율성은 개선되지만, 감축대상 대학은 감축률을 낮추기 위하여 교육부에 많은 영향력을 행사할 유인이 많다. ③ '인위적 조정 하지 않는 시장 자율조정' 방식은 효율적인 방식이 적용되며, 대학은 대학 교육수준을 증진하여 입학생이 지원하도록 하는 것 외에는 별다른 영향력을 미칠 대상이 없게 된다. 이상을 종합하면, ① '인위적-일률적 조정' 방식은 효율성에 문제가 있고 로비가 발생될 여지가 있고, ② '인위적-등급별 조정'방안은 효율성는 증진될 수 있지만, 로비가 많이 발생하게 되며, ③ '인위적 조정 하지 않는 시장 자율조정' 방식은 효율성이 달성되며, 로비가 불가능한 방식이다.

인위적 조정 시에 효율성은 물론 감축 대상 대학의 생존을 위한 대교육부 로비 가능성, 즉, 부패 가능성을 모두 고려하여야 할 것이다. '시장 자율조정' 방식'에서는 생존하지 못하는 대학의 경우에 현재 이해관계자(즉 학생, 직원, 교수, 재단)들의 피해/손실을 파악하여, 기존 학생은 피해가 없도록 이관 조치 등이 필요할 것이고, 다른 이해관계자도 최대한 피해/손실을 줄이도록 노력하여야 할 것이다. 과다 증원 및 대학설립에 대한 근본책임은 교육부에 있지만, 사업적으로 책임이 있는 재단은 공익재단의 최초 설립취지를 감안하여 처리해야 할 것이다.

3. 결론

인구수 감소와 그에 부합하지 못한 대학의 과다설립으로 인한 대학의 재정위기에 대하여 몇 가지 중요한 문제를 살펴보았다. 사회 전체 차원에서 우리나라의 고등교육이 과잉공급되고 있지 않은지 평가할 필요가 있다. 여기에는 사학 설립자의 자신과잉 문제와 교육부 관료의 대리인문제, 그리고 사회 전체적인 '대학 이데올로기'도 역할을 하였다고 평가한다. 대학의 자율성이 침해되어 백년대계가 되지 못하고 정권에 따라 바뀌는 교육/연구정책, 그리고 재정지원사업의 확보에 집중하여야 하는 대학의 재정현실은 단기적인 성과에 집착하게 만들면서 대학의 사회적 사명의 수행을 어렵게 만들고 있다. 교육부 관료의 대리인 문제와 대학의 재정현실과 대학의 사명을 종합적으로 검토해볼 때, 대학에서 학자가 장기적인 관점에서 사회적 사명을 수행할 수 있는 기반을 마련하려면, 정권에 휘둘리지 않는 교육위원회 방식의 도입을 심각하게 검토할 필요가 있을 것이다.

4

대학경쟁력,
어떻게 높일 것인가

한국 대학의 경쟁력을 어떻게 바라볼 것인가

김명환

1. 들어가며

진리탐구와 인격도야의 장이라는 전통적인 대학의 상을 받아들이는 사람은 점점 줄어들고 있다. 대학교육을 상품, 대학생을 고등교육이라는 상품의 소비자로 보지 않더라도 많은 이들이 순수한 '상아탑'의 이미지나 전통적인 대학관을 엘리트주의적이거나 시대착오적인 것으로 간주하기 십상이다. 따라서 연구와 교육이라는 대학 본연의 임무에 대해서도 이제는 계량화할 수 있는 대학 경쟁력이 가장 중요한 지표가 되고 있다.

우리 사회에서 대학 경쟁력 논의 중에는 국가 경쟁력이나 산업 경쟁력의 실질적 향상을 고민한다기보다는 대학의 민주주의, 자율성과 공공성을 중시하는 세력을 정치적으로 통제하거나 약화시키려는 매우 이데올로기적인 담론이 있다. 물론 이처럼 정치적이고 이데올로기적인 담론과는 달리 한국 대학에서 실제 이루어지는 연구와 교육의 한계와 문제점을 깊이 고민하는 입장도 있다. 이 입장에도 시각에 따라 다양한 갈래가 존재하며, 이데올로기적 언설과 진지한 고민이 칼로 두부 자르듯이 쉽게 구분되지 않는 경우도 많을 것이다. 우리의 분별력 있는 대처가 절실하다.

다른 한편으로 대학 경쟁력 논의는 두 방향에서 전개되는 듯하다. 첫째, (전문)대학에서 배출되는 인력이 기업과 사회가 필요로 하는 지식, 능력, 기술을 갖추지 못하고 있다는 소위 '미스매치'의 문제를 부각시키는 것이고, 둘째, 평화상 외에는 노벨상을 배출하지 못했다는 사실이 상징하는 세계적 연구 성과의 부족과 한국 고등교육기관의 국제적으로 낮은 위상을 문제삼는 것이다. 전자의 시각에서 교육부의 '프라임/코어 사업'이 정당화되고, 후자의 문제의식에서 소위 'WCU 사업'이 출현했다. 물론 이 두 가지 방향도 상호 관련이 있지만, 종종 별개의 맥락 속에서 때로 혼란스럽게 제기되는 듯하다.

2. 대학 경쟁력 평가는 왜 어려운가

대학 경쟁력이 낮거나 높다는 평가는 일정한 척도에 따른 평가의 결과일 것이다. 따라서 대학 경쟁력은 연구와 교육에 대한 평가의 척도, 평가체제라는 쟁점과 떼어놓을 수 없다. 국내 대학의 평가체제가 안고 있는 치명적인 문제는 양적 평가 위주이며 질적 평가는 사실상 부재하다는 사실이다. 물론 '국제적 기준'이 객관적으로 쉽게 제시될 수 있는 일부 학문은 국제적인 질적 평가 척도가 비교적 확고한 경우도 있을 것이다. 그러나 질적 기준의 설정 자체가 쉽지 않은 인문사회과학을 비롯해서 대부분의 학문 분야에서 양적 기준 위주로 평가가 이루어지고 있음은 부정하기 어렵다.

강조할 점은 이 심각한 문제를 비리사학 소유주, 교육관료나 정치권력 탓만으로 돌릴 수 없다는 사실이다. 오히려 직접적 책임은 자율적인 대학 운영 경험이 얕은 대학교수집단, 학문 공동체의 태만에 돌려야 마땅하다. 근대를 주체적으로 성취하기보다는 외부의 충격으로 받아들였으며, 이후 식민지 경험, 분단과 전쟁으로 인한 분단체제 속에서 자주적인 활동의 경험이 태부족한 지식인 집단, 교수사회의 순응적인 노예근성이 작금의 시장만능주의와 상승작용을 일으켜 대학 교수사회의 약점을 심화시키고 있다. 결국 학문의 자율성과 자주성에 근거한 질적 평가를 뒷받침할 학문 공동체의 탄탄한 문화가 결여되어 있는 것이다.

교수 노동시장의 경직성 또한 질적 평가 부재의 배경으로 큰 역할을 한다. 교수 노동시장이 활성화되어 있지 않은 경직된 조건에다가 외국에서 유례를 찾기 힘든 강고한 대학서열구조가 겹쳐져 이 문제를 해결할 전망은 잘 보이지 않는다. 쉽게 말해, 우리나라에서는 어떤 학자가 연구 성과나 교육 역량, 연구행정 능력 등이 아무리 뛰어나더라도 그에 상응하는 보상을 제대로 받거나 보상의 일환으로 여건이 더 좋은 대학으로 옮기는 것이 어렵다. 이보다 더 심각한 문제는, 어떤 학자가 연구와 교육 실적이 부진하여 정년보장에서 탈락해 학교를 떠나야 하는 경우 여건이 더 나쁘더라도 다른 대학으로 옮겨 다시 도전할 수 있는 기회가 제공되기 힘들다. 소위 상위권 대학의 교수일수록 정년보장에서 탈락하면 다른 대학으로 옮겨가기 어려운 아이러니도 두드러진다. 이런 현실 조건에서는 정년보장 심사가 엄격해질 길이 없다. 나부터도 만약

성과가 실망스러워 정년보장을 주지 말아야 할 후배 교수가 있다고 하더라도 그가 성장하는 과정에 투여된 엄청난 개인적, 사회적 투자를 사장시킬 뿐더러 한 인간의 삶을 파탄낼 수도 있다는 현실 앞에 고민이 커질 수밖에 없을 것이다. 결국 제대로 된 질적 평가 도입을 위해서는 한국의 현실에 맞는 정교하고도 유연한 평가체제나 평가문화의 수립이 필요하다. 이 문제는 쉽게 해결할 수 없는 성격의 사안으로서 대학의 학문 공동체가 진지하게 고민해야 할 최대의 난제인 것이다. 우리 현실을 무시하거나 필요한 선결조건을 고려하지 않고 미국 방식의 승진 및 정년보장 체제를 그냥 도입하고 강화하는 것은 혼란과 실패만 가져올 것이다.

우리 현실에서 내실있는 대학 평가, 교수 평가를 실행하기가 어려운 것이 사실이라면, 더더욱 대학 경쟁력의 토대를 깊이 성찰하는 것은 종요로운 일이다. 내가 생각할 때 대학 경쟁력의 진정한 토대는 교육과 연구의 선순환, 교육언어와 학문언어의 발전, 대학 자율성과 민주주의의 확립이라는 세 가지로 요약할 수 있다. 이들을 하나씩 살펴보도록 하자.

본론에 앞서 미리 밝혀둘 것은, 이 글에서는 대학에서 배출되는 인력과 사회적 수요 간의 불일치, 소위 '미스매치'로 표현되는 대학 경쟁력에 관한 논란은 필자의 역량 부족 때문에 다루지 않는다. 다만, 최근 정부가 4년제 일반대학이 과거 전문대학에만 설치된 실용적인 전공 분야들에까지 진출하도록 허용하여 혼란을 부추기는 동시에, 전문대학에 대한 내실있는 지원책을 외면함으로써 대학 경쟁력을 떨어뜨리고 있다는 점은 지적해야겠다. 즉, (전문)대학의 자구 노력에도 문제는 없지 않겠지만, 진정한 문제는 교육부의 잘못된 정책인 것이다.

3. 대학 경쟁력의 토대 1 – 교육과 연구의 선순환

세계적인 경쟁력을 가진 대학이라면 인문사회과학과 자연과학 등의 기초학문 분야에서 교육과 연구의 선순환이 작동해야 한다. 이 분야의 학자들은 대학에서 전공 교육만이 아니라 전체 학생을 상대로 한 충실한 교양교육의 주축이며, 대학다운 대학의 토대를 이루는 인적 자산이다. 그러나 우리 대학의 기초학문, 특히 인문사회과학은 심각한 어려움을 겪고 있다.

정부가 고등교육에 대한 투자를 외면하고 긴 안목의 대학정책 · 학문정책을 세우지 않은 탓에 교원 충원율은 제자리를 맴돌고 기초학문의 박사 실업자 문제는 악화일로이다. 해외유학의 경우는 다르지만, 특히 인문사회계 학생이 국내에서 박사를 따는 데 걸리는 기간은 학업에 전념할 생활장학금 혜택이 거의 없는 상태에서 자꾸 늘어지고 있다. 결국 여러 해 전에 40세를 훌쩍 넘긴 인문사회계 초임교수의 평균연령은 갈수록 높아지는 추세이다. 신진 연구자가 박사를 받는 연령과 교수로 취직하는 연령이 모두 높아지는 가운데, 대학들이 정규직 전임교수를 줄이고 비정규직교수를 크게 늘리는 바람에 상황은 더욱 열악해지고 있다. 자연히 젊고 똑똑한 인재가 인문사회과학 분야에서 학문의 길을 택할 가능성은 점점 줄어든다.

한국의 젊은 교수들, 특히 인문사회과학자들은 날로 강화되는 양적인 연구실적 압박, 강의와 행정 잡무를 포함한 각종 업무 증가를 견디고 살아남아야 한다. 40세를 넘겨 겨우 취직하고 50세를 훌쩍 넘겨 정년보장이 되는 현실은 대학교수가 65세까지 일하는 안정되고 좋은 직업이라는 세간의 통념과 크게 어긋난다. 이런 처지의 학자가 학생 교육에 온힘을 기울이는 동시에 국경을 뛰어넘는 탁월한 연구성과를 내놓기는 어렵다. 인문사회과학 분야 역시 신진 교수가 30대 중반에는 첫 직장을 잡아야 활기찬 연구와 교육을 기대할 수 있는 것이다.

우리는 정부수립 70년을 앞둔 시점에서도 국내 대학에서 가르치고 연구할 교수 양성을 여전히 해외 대학, 그것도 압도적으로 미국 대학에 의존한다. 국내 박사인 나는 이제까지 교수 생활에서 가장 언짢은 질문이 "김 교수는 미국 어느 대학에서 공부하셨소?"라는 거듭되는 물음이었다. 국내 교수진에서 미국 등 외국 박사가 차지하는 높은 비율은 한국 대학의 핵심 기능이 정상이 아님을 입증한다. 국내 박사가 찬밥 신세이니 국내 박사과정에 대한 투자는 외면당하고, 배출되는 인력의 수준도 저하되어 차별과 취업난이 심해지는 악순환이 반복된다.

국내 박사 문제 해결의 실마리는 박사과정 생활장학금이다. 국내 대학원의 난국은 양적 거품 현상도 심각하지만 투자 부족과 푸대접 탓이다. 인문사회과학의 경우 국내 박사과정보다 해외 유학이 차라리 더 싸게 먹힌다. 우수한 한국 학생이 미국 대학원에 입학할 때 대개 생활비를 포함한 장학금을 몇 년간 보장받거나, 1, 2년 후에 강의조교나 연구조교가 되어 학비를 해결할 수 있다. 이에 비해 국내 박사과정은 등록금 면제도 어렵고, 예비학자로서 훈련을 겸하는 장점을 지닌 강의조교 자리도 부족하다. 따라서 대다수 학생이 부업으로 생활비를 버느라 학업에 집중하지 못한다. 결국 너나없이 태평양을 건너는 징검다리 역할을 빼면 국내 대학원은 껍데기 꼴이고, 우리 역사와 현실에 뿌리박은 독자적인 학풍 건설은 꿈에서나 그릴 얘기가 된다.

90년대 중반 이후 세계화의 바람을 타고 대학의 국제경쟁력 강화는 때로 정부정책의 우선 순위인 것처럼 내세워져왔다. 하지만 국내 박사의 경쟁력이 해외 박사와 어깨를 견준다고 공인받는 경우는 아직 자연과학, 공학의 일부 대학과 학과에 국한된다. 이들은 정부 지원과 산학협력 덕택에 등록금 면제와 함께 월 생활비까지 주며, 박사 취득 후 교수가 되기까지 몸담을 박사후과정도 어느 정도 모양새를 갖추고 있다. 우수한 인재가 국내에서 안정된 조건 위에서 국제수준의 연구를 해내는 것이다. 인문사회과학과 예술 분야도 생활장학금이 한시바삐 생겨나야 동일한 효과를 노릴 수 있다.

물론 인문사회과학 분야에 대한 박사 생활장학금 확충에 대해서 당장 우려가 쏟아질 것이다. 충분한 재정 지원이 있더라도 과연 기성 교수진이 국내 대학원의 질적 도약을 위해 분골쇄신할 각오가 되어 있는가? 거의 모든 대학에 설치되어 있는 해당 분야 대학원에 예산을 나눠줄 객관적 기준도 없고, 잘못하면 가수요와 잠재수요만 자극하여 거품을 키울 가능성이 높다. 몇 년 전부터 반값등록금 이슈로 부각된 과중한 대학 학비 문제에 비하면 박사 생활장학금은 한가한 주장이라는 생각도 많을 것이다. 하지만 이 타당한 우려와 의문은 모두 박사 생활장학금을 포기할 이유가 아니라 제도 정착을 위해 해결할 과제일 뿐이다. 고등교육에서 사학의 비중이 (우리보다는 덜하지만) 높은 편인 이웃나라 일본의 경우, 사립대학에는 대학원이 설치된 경우가 드물고 기초 분야의 학문후속세대를 양성하는 대학원은 국공립대학에 집중되어 있다는 의미심장한 사실을 깊이 생각할 일이다. 향후의 대학 구조조정 방향을 설정하는 과정에서도 대학원의 내실있는 운영을 위한 정책이 제대로 수립되어야 한다.

우리의 학부교육은 투자 부족과 열악한 교수학생 비율 탓에 그야말로 대강대강이다. 교양과정의 글쓰기 교육을 보자. 우리말로 조리있게 글을 쓸 자신이 있는 학부졸업생은 많지 않다. 글쓰기는 단순히 '요령'(skill) 습득으로 향상되지 않으며, 독서와 토론, 사고훈련 등 종합적이고 알찬 교육이 따라야한다. 마찬가지로, 세계화 시대를 운운하기 시작한 이래 영어를 그토록 강조했건만 사회초년병이나 예비학자로서 필요한 영어 글쓰기 능력을 갖춘 이도 태부족이다. 이 모두가 투자와 더불어 치밀한 학사관리가 없기 때문이다. 이들이 대학 수업에서 담당교수의 강의만 듣고 마는 것이 아니라 글쓰기 과제에 대해 생활장학금을 받는 대학원생의 개인 첨삭지도를 알차게 받는다면 상황이 크게 달라질 것이다.

박사과정생이 생활장학금을 받는 대가로 지속적이고 체계적인 훈련을 거쳐 학부교육에 기여하면, 교육의 질이 개선되는 동시에 예비교원의 수준도 자연히 높아진다. 또 주로 기초교양교육에 투입될 이들의 노력 덕분에 기초학문 분야만이 아니라 모든 분야에서 미래에 활약할 인재의 기초체력이 강화된다. 학부교육과 대학원교육이 선순환 과정에 들어가는 것이다. 하지만 실제는 부실한 교육과 박사 취업난이 맞물리면서, 졸업생의 자질에 대한 사회적 불만도 계속되는 가운데 좋은 인재는 갈수록 학문과 교육의 길에 등을 돌린다. 기초학문 대학원의 몰락과 열악한 학부교육은 동전의 양면이다. 개인적으로 나는 한국 사회의 전반적인 향상과 혁신을 위해서는 민주시민이 수준높은 글읽기/글쓰기 능력을 갖추는 것이 필수적이라고 생각한다. 거꾸로 말한다면, 우리 민주주의의 취약함은 높은 수준의 문해력을 지닌 민주시민이 양과 질의 양면에서 모자라기 때문이라고 볼 수 있다. 연구와 교육의 선순환은 사회와 기업이 요구하는 인재 공급이 원활하지 않은 '미스매치'의 문제 해결만이 아니라 우리 삶의 총체적인 향상에 깊이 관련된 문제인 것이다.

4. 대학 경쟁력의 토대 2 – 교육언어, 학문언어의 발전

1990년대 후반부터 우리 대학에서 유행하기 시작한 영어 진행 강의를 둘러싼 혼란과 사회적 낭비의 사례를 들자면 끝이 없을 것이다. 하지만 고등교육기관의 교육언어, 학문언어의 막중한 의미를 다룬 논의는 뜻밖에도 그리 많지 않은 듯하다. 이 점에서 복거일의 영어공용화론, 즉 우리의 공용어를 아예 한국어에서 영어로 바꾸자는 주장은 가장 극단적인 입장인 셈이다. 복거일은 한국의 고등교육기관들이 선진국에서 창조된 지식을 수입하고 수용할 뿐이지 스스로 새로운 지식을 창조하지 못한다고 평가하면서, 영어공용화가 한국의 학문과 문화를 발전시킬 것이라고 본다.(『영어를 공용어로 삼자 - 복거일의 영어 공용론』, 삼성경제연구소, 2003, 46쪽) 그러나 한국의 고등교육기관들이 지식을 창조하지 못한다는 주장도 과장일뿐더러, 한국 대학의 질적 도약이라는 어려운 과제를 영어공용화 하나로 달성 가능한 양 주장하는 것은 도무지 진지하다고 보기 어렵다. 아마도 영어 공용화는 강남의 중상류층이 상징하는 경제적, 문화적 역량이 전국민에게 주어져야 무리없이 실현 가능할 것이다. 그러나 그것은 꿈같은 얘기일 뿐이다.

내가 볼 때 한국의 영어 진행 강의는 대학 당국의 세계 대학 순위 관리에 필요한 것이거나 유행에 편승한 부박한 정책이다. 물론 영어 구사력의 중요성을 송두리째 부정할 수 없으며, 잘 관리되는 영어 진행 강의는 대학에서 꼭 필요하다. 하지만 강준만 교수의 지적대로 우리 사회에서 영어는 필요에 따라 배우는 실용적 성격이 아니라 승자독식주의를 관철하기 위한 '내부 경쟁용'의 성격이 강한 것이다.(「영어 광풍은 합리적인 행위다」, 『한겨레21』, 2007.7.12, 제668호)

이 문제를 외국인 교수와 교육언어의 문제로 바꿔 살펴볼 수도 있다. 서구 선진 대학과 달리 우리는 외국인 교수를 뽑을 때 일정한 기간, 예를 들어 5년 후에는 한국어로 정규 강의가 가능해야 한다는 조건을 내걸 생각도 하지 않는다. 물론 비교적 서로의 언어를 배우기 쉬운 서구 국가들과 달리 인도유럽어계의 영어와 알타이어계의 한국어는 너무도

달라 익히기 어렵다. 동아시아권의 학자라면 얘기가 많이 달라지겠지만, 문화와 역사의 차이까지 감안하면 서구 학자가 교육 언어로 한국어를 사용하기는 한국학 전공자라 해도 매우 힘들다. 그럼에도 불구하고 한국어로 수업할 수 있는 교수를 우대하는 정책은 꼭 필요한 것이지만, 우리 대학에서는 외면당하고 있다. 실제 한국 대학에서 활동하는 외국인 교수들은 출신 지역을 막론하고 한국어 습득에 대한 학교 측 지원을 바라는 경우도 많다. 그러나 그들의 희망과 의지를 제대로 뒷받침하는 대학은 드물다. 하물며 외국인 유학생의 한국어 습득에 대한 알찬 고등교육 정책, 언어 정책을 기대하기는 어렵다. 2011년 1월 서남표 총장의 한국과학기술원(KAIST)에서 신입생이 영어 진행 강의를 따라가지 못하는 상황에서 학점 부진에 따르는 징벌적인 등록금 제도의 압박을 못 견디고 목숨을 끊은 참혹한 일은 극단적인 사례지만, 한국 대학의 참된 경쟁력을 위해 교육언어의 문제에 대한 분명한 비전과 일관된 정책의 필요성을 잘 드러내는 사건이었다.

5. 대학 경쟁력의 토대 3
－자율성과 민주주의, 참된 국제 경쟁력

대학 경쟁력의 참된 토대가 대학의 자율성과 민주주의임은 두말할 나위도 없다. 연전에 홍콩의 대학 두어 곳을 들렀을 때 인상적인 발언을 접할 수 있었다. 홍콩의 대학은 동일한 도시국가인 싱가포르의 대학과 경쟁관계에 있지만, 홍콩의 대학 관계자들은 자신들의 경쟁력 우위의 터전을 싱가포르의 권위주의적인 정치체제와 다른 자유로운 분위기에서 찾고 있었다. 따라서 베이징 당국이 홍콩의 학문과 언론의 자유를 옥

죄지 않아야 한다는 점에 대해 매우 강한 신념을 표현하기도 했다.

대학 경쟁력과 대학의 자율성과 민주주의 사이의 관계를 논의할 때 분명히 할 점이 있다. 학문 연구의 방향과 학문 연구자의 체질이 크게 바뀌지 않는 한, 대학에서 총장 직선제, 교수회나 평의원회의 위상 강화 등 제도적 개선을 해도 미국 위주의 편향된 학문 재생산구조가 자동적으로 혁신되지는 않는다는 사실이다. 학문의 내용적 변화와 주체적인 학풍의 정착은 교수집단이 스스로 자기혁신을 이뤄야만 가능한 것이다. 우리나라 대학들이 불투명하고 비민주적인 운영의 부작용에 시달리고 있음에도 불구하고 국민들이 상대적으로 무관심한 것은 그만큼 교수들을 기득권 집단으로 보기 때문이다. 교수들이 자신의 학문을 자신의 현실에 뿌리내린 것으로 바꿔야할 절실한 필요가 존재하는 것이다. 그래야만 정말 대학의 참된 국제 경쟁력이 생기지 않겠는가.

개방된 지구화시대에 20세기 근대민족국가에 상응하는 전통적인 대학 형태가 유지될 수는 없는 노릇이다. 따라서 대학의 국제 경쟁력에 대한 논의는 불가피하다. 하지만 대학의 국제 경쟁력이 몇몇 이름난 세계대학랭킹의 순위로 측정할 수 있는 것은 아니다. 국내 대학들이 세계 대학 랭킹을 올리기 위해 노력하는 지표들, 즉 국제적으로 인정받는 학술지에 게재된 연구실적, 외국인 교수와 유학생의 비율, 영어 진행 강의의 비율, 국제 교류프로그램의 양적, 질적 수준 등의 지표는 진정한 국제 경쟁력의 척도가 되기 어렵다. 내가 볼 때, 한국 대학의 국제적 위상 측정은 질적 평가를 전제하는 다음 3개 지표가 더 타당하다.

첫째, 10년 정도의 기간을 설정하고 이 기간 중에 해당 한국 대학에서 박사를 취득한 내국인 연구자가 조교수로 취직하거나 정년보장을 받은 해외 대학과 연구기관을 조사하여 그 대학과 연구기관의 국제적 위상과 순위가 해당 대학의 세계 대학 순위를 가늠할 기준이 될 수 있다. 둘째, 10년 동안 해당 대학에서 박사를 취득한 외국인 유학생이 자국으로 돌아가 취직한 대학이나 연구기관의 해당 국가 내에서의 위상과 국제적 위상을 적절하게 종합적으로 평가하면 해당 한국 대학의 국제적 순위를 가늠할 기준이 된다. 특히 이웃나라 중국, 일본, 몽골, 그리고 베트남, 타이완, 홍콩, 싱가포르 등 동남아시아 국가의 경우에는 가중치를 적용함으로써 우리가 현실적으로 의미있는 국제적 네트워크를 동아시아/동남아시아에 구축하도록 평가지표를 설정하는 것이 필요하다. 마지막으로, 10년 동안 해당 대학의 한국 국적의 전임 교수, 또는 일정 기간 이상 근무한 외국인 교수가 해외 대학으로 이직하여 근무한 실적이나 정년보장을 받은 사례를 조사하여 이를 적절히 수치화하여 기준을 설정할 수 있을 것이다.

물론 이러한 기준만으로 국제 경쟁력 측정이 완벽하게 되는 것은 아닐 것이요, 이러한 지표에 따를 때 한국의 상위권 대학들은 당장에는 좋은 점수를 얻기 어려울 것이다. 그러나 방향만큼은 이쪽으로 가야 한다. 이와 관련하여 국제적으로 대학 위상이 높지 않았던 오스트레일리아가 '콜롬보 플랜'을 통해 획기적으로 대학의 질을 높인 성공 사례는 우리 입장에서 심층 분석할 필요가 있다. 또한 두뇌 유출의 문제를 전세계적으로 가장 심각하게 경험하고 있는 중국과 인도가 이 문제를 해결하는 방안으로 자국 대학의 발전에 집중적인 투자 노력을 하고 있다는 지적 또한 가볍게 넘길 일은 아니다.(백종국, 『국가발전과 국립대학』, 경상대학교 출판부, 2014, 129-41쪽)

6. 마무리 – 기초를 다져야 한다

정말 대학의 (국제)경쟁력을 실질적으로 향상시키려면 이제까지 논의한 세 가지를 축으로 장기적 비전에 기초한 실질적이고 일관된 노력과 투자가 필요하다. 가령, '한류'에 대한 대처에서도 같은 맥락의 정책이 관철되어야 한다. '한류'라는 신조어로 대변되는 한국에 대한 관심과 그에 따르는 한국의 국제적 위상 제고는 최근 10년 사이에 한국어를 배우려고 입국하는 외국 유학생의 수를 크게 늘렸다. 여기에는 일시적인 거품 현상도 분명히 있겠지만, 이를 기반으로 하여 한국 대학이 국제적 네트워크의 중심에 설 수 있는 방향을 진지하게 고민해야 한다. 가령, 한국어가 고등교육의 교육언어로서 어떤 가능성을 가지고 있는지, 이를 위해서는 한국어교육 프로그램의 내실화를 포함하여 어떠한 인프라 구축이 필요한지를 생각해야 한다.

미, 중, 일, 러시아라는 주변 열강에게 위협적일 수 없는 우리 같은 규모의 국가가 우리와 유사하거나 더 힘이 약한 국가/집단에게 우호적이면서 학문적, 문화적으로 상호호혜적일 수 있는 미래를 내다보면서 그 핵심 기구로서 한국의 고등교육기관이 나아가야 할 전망을 만들어가야 한다. 그렇다면 한국어를 교육언어로 하는 (더불어 영어로 교육을 받는 것도 제한적으로 가능한) 고등교육기관이 인류 문화의 다양성과 세계 평화에 기여할 수 있는 길도 훨씬 폭넓게 열릴 것이다.

이런 큰 비전은 대학의 민주주의, 자율성과 공공성이라는 기초가 확립되어 대학교수가 대학의 주역다운 역할을 할 수 있어야 가능하다. 더불어 한국어 교육이라는 문제 하나만으로 시야를 좁혀보더라도 여러 가지 기초를 다져야 할 일들이 많다. 요즘 한국어 붐에 부응하여 많은 성과가 축적되고 있는 것으로 알지만, 한국어 교재와 교육체계의 발전, 이

태준의 『문장강화』의 21세기 판에 해당할 책들의 출간을 포함하여 고급의 학술논문작성을 위한 한국어 글쓰기 교재, 외국인을 위한 한국어 기초어휘사전 편찬 등 숱한 과제가 있다. 나아가 학문 분야별로 표준화된 논문작성법, 즉 미국 현대어문학회(MLA, Modern Language Association)나 미국 심리학회(APA, American Psychological Association)에 못지 않은 매뉴얼도 만들어내야 할뿐더러, 학술 관련 DB의 체계적인 구축과 제공 등 전문가와 학자들이 치밀하게 준비하여 상당한 투자와 지원을 받아가며 오랜 기간 땀을 흘려 성취해야 할 과제가 산적해있다. 이는 대학만이 아니라 문헌정보학, 컴퓨터 공학, 출판, 공공도서관 운영 등에 걸친 다양한 기관과 학회들의 종합적이고 입체적인 노력을 요구하는 큰 과업인 것이다.

중국대학의 개혁과 대학경쟁력

임상범

1. 중국 대학교육의 목적

중국공산당과 중국정부는 일찍부터 "과학기술은 첫 번째 생산력이며 국가 강성의 결정적인 요소라고 강조하면서 '과학과 교육에 의한 국가 부흥(科教興國)'을 내세웠다. 중국정부는 이를 위하여 1995년에 '중화인민공화국 교육법'을, 1998년에 '중화인민공화국 고등교육법'을 통과시켜 교육 발전을 위한 법적 장치를 마련했다. 동시에 중국정부는 고등교육의 미래 방향을 대중교육으로 잡고 2020년에는 그 목표에 도달할 것을 결정했다. 그 결과 2015년 현재 중국의 대학교 진학률은 40%에 대학생 3,700만 명으로 세계 1위이고 각종 대학 숫자는 2,852개로 세계 2위이다.

최근 중국공산당 총서기 시진핑은 2014년 9월 9일에 '2개의 백년(兩個

一百年)' 목표를 실현하기 위해서는 인재와 교육에 의존해야 한다고 강조하고, '제13차 5개년(十三五)' 규획에서 교육질량의 제고와 취업 및 창업의 촉진을 제시했다. '十三五' 규획 보고서는 대학의 창의인재 배양 능력을 제고하기 위한 방안의 하나로 '통식교육'[1]과 전공교육이 서로 결합된 배양제도를 실행하고 세계 일류대학과 일류학과의 건설을 총괄적으로 추진할 것이 제시했다.

이러한 '十三五' 규획의 고등교육개혁 방안은 우리나라가 현재 시도하고 있는 대학교육개혁과 상당히 흡사하지만, 한국의 개혁안에 없는 하나의 중요한 화두가 중국의 개혁 방안에 있다. 그것은 현재 시진핑이 추구하는 '중국몽'과 '문명의 건설'과 관련된다.[2] 중국정부는 최근 대학 당국들에게 중국이 주도하는 세계를 이끌 새로운 중국적이면서도 세계적인 인문적 가치 혹은 이론을 정립할 것을 요구하고 있다. 중국 지도층은 그러한 인문학적 가치 혹은 이론이 새로운 시대정신이 되고, 그 정신의 영향 아래에서 사회과학·자연과학·응용과학 등 각종 학문이 새로운 발전 방향을 제시하면, 중국이 전세계의 문명을 새로운 방향으로 이끌어갈 수 있다고 생각하고 있다.[3] 이러한 점에서 필자는 중국의 화두를 '제국'이라고 생각한다.

2. 세계 일류대학 건설을 위한 대학교육개혁 정책

최근 '통식교육'을 바탕으로 한 세계일류대학 양성은 '문명'을 건설하

1 통식교육(通識教育)이란 'general education'을 번역한 것이며, 그 학습목표는 직업교육이나 '일자리 찾기 교육'이 아니라 자신의 존재 가치와 자기 자신에 대한 인식을 높이는 것이다.
2 임상범, 「대국굴기의 미래, 제국 중국?」, 『中國學報』 71, 2015.2.
3 황종원, 「중국 대학의 현실, 우리와 무엇이 다른가」, 『녹색평론』 148, 2016.5, 108쪽.

려는 중국 고등교육개혁의 핵심 방안의 하나로 부각되었다. 1949년 중화인민공화국이 성립되었을 때, 중국에는 총 205개의 대학교에 12만 명의 대학생이 있었다. 당시 중국공산당과 중국정부는 고등교육 기관이 사회주의 건설의 수요에 부응하여 일정 정도 마르크스·레닌주의 이론과 실천 공작에 필요한 기본 지식을 갖추면서 과학·기술의 최신 성과와 이론에 대한 능력을 겸비하여 조국과 사회주의 사업에 충실한 '영원히 녹슬지 않는 나사못'과 같은 인재를 제조하기를 기대했다. 1977년에 복권한 덩샤오핑은 곧 '과학의 진흥'과 '교육의 진흥'이라는 구호를 내세우면서 중점대학 육성의 중요성을 특별히 강조하고 교육제도와 교육질량에 관심을 표명하였다. 그러자 난징대학 명예총장이었던 쾅야밍 등 4명의 원로 교육자는 1983년 5월에 "경제건설을 하려면 현대 과학기술과 고등교육의 발전 추세에 따라 50여개 정도의 대학을 선발해서 국가가 중점적으로 양성해야 한다"는 '835건의'를 덩샤오핑에게 보냈다. 그러자 중국정부는 베이징대학·칭화대학·푸단대학 등 10개 학교를 중점학교로 선정했고, 1991년 12월에는 21세기를 직면하여 100개의 대학교와 일군의 중점학과를 중점적으로 건설한다는 '211공정'을 결정했다.

이후 장쩌민은 1998년 5월 4일에 개최된 베이징대학 창립 100주년 경축사에서 현대화를 실현하기 위해서는 세계 선진 수준을 갖춘 약간의 일류대학이 있어야 한다고 강조했다. 중국정부는 장쩌민의 지시를 수행하기 위해 그해 말 「21세기를 대비한 교육진흥 행동계획」을 발표했다. 계획안은 다가오는 21세기가 새로운 기술을 핵심으로 한 지식경제 시대이며 국가의 종합적인 국력과 경쟁력은 교육에서 나온다고 지적하고, 세계 선진 수준의 일류대학과 일군의 일류학과를 앞으로 10년에서 20년 사이에 건설하겠다는 것이었다.[4] 장쩌민이 베이징대학에서 강연한

4 「教育部面向二十一世紀教育振興行動計劃」, 『十五大以來重要文獻選編(上)』, 中央文獻出版

날짜인 1998년 5월을 따서 명명한 '985공정'은 베이징대학과 칭화대학을 세계 일류대학으로 건설하고 푸단대학 등 7개 학교를 국제적으로 유명한 연구형 대학으로 건설할 것을 결정했다.

중국정부는 2008년 원자바오의 주관 아래 국가과학기술영도소조 회의를 소집하여 중국정부가 2010년대의 교육과 관련하여 수행할 내용이 담긴 「교육규획강요」의 제정 작업에 착수했다. 교육부와 재정부는 「교육규획강요」의 원칙과 결합시킨 「교육부, 재정부의 세계일류대학과 고수준 대학 건설을 신속히 추진하는 것에 관한 의견」을 발표했다. 중국교육부가 세계 일류대학 건설을 지속적으로 강조했던 데에는, 일차적으로는 그것이 '과교흥국'을 통한 경제 강국의 건설이라는 목표와 직결되어 있다는 국가정책 입안자들의 제안과 그것에 대한 국가 영도자들의 수용 때문이었다. 특히 시진핑이 '중국몽'의 실현을 꿈꾸게 되자, 중국정부는 고등교육대국에서 고등교육강국으로, 인재자원대국에서 인재자원강국으로 발전할 것을 목표로 삼았다. 그리고 세계일류대학 건설은 경제발전에 기여하는 수준에서 문명중국의 건설을 위한 단계로 업그레이드되었다. 이를 위하여 국무원은 2015년 10월 24일에 「세계 일류대학과 일류학과 건설을 총괄적으로 추진하는 총제적인 방안」을 발표했다. 그 전체적인 목표는 2020년까지 몇몇 대학과 학과를 세계 일류 대열에 진입시키며 약간의 학과를 세계 일류 학과의 전면에 내세우고, 2030년에는 약간의 대학과 학과를 세계 일류의 전면에 내세워서 고등교육의 전체 실력을 업그레이드하고, 21세기 중엽에는 고등교육의 강국이 될 것을 내세웠다.

또한 실무부서인 교육부는 2016년 공작계획으로 '十三五'의 교육 계획을 실천하기 위한 기획안을 제정했고, 창의교육을 위한 교학체제의

社, 2011, pp.637~638, 643~644.

개혁과 일류대학과 일류학과 건설을 추구하는 '雙一流' 실천방안을 포함시켰다. 세계 일류대학을 배양하고 창의 인재를 양성하기 위한 다양한 개혁 방안 가운데에서 가장 핵심적인 개혁 대상의 하나는 교육과정과 교육방법이다. 그것은 중국의 기존 교학체제가 출발단계부터 공업발전을 핵심목표로 한 계획경제에 기반하고 있어 전공영역이 너무 좁고 인문교육이 박약하며 교육내용도 진부하여 세계수준의 인재를 길러내기 어렵다고 평가되었기 때문이다.5 중국 고등교육에 대한 이러한 문제의식은 오랜 역사를 갖고 있으며, 과거 이와 관련된 일련의 개혁 시도가 이루어진 바 있었다. 그 가운데에서 '통식교육'은 최근 가장 좋은 개혁 방안으로 부각되면서 중국의 명문대학들이 본격적으로 채택하고 있다.

3. '소질교육'에서 '통식교육'으로

1980년대 상품경제의 발전과 함께 중국사회에서 많은 문제점이 발생하자, 그것은 중국국민의 소질을 제대로 양성하지 못하는 교육과 관련이 있다는 주장이 제기되었고 '입시 중심의 교육'으로 인한 '교육위기'론도 대두되었다. 이 무렵 세계 각국에서는 교육과정 개혁을 핵심으로 한 새로운 교육개혁운동이 활발해졌고, 그 영향을 받은 중국도 지식의 복제와 전파를 중시하는 전통적인 교육과정 대신에 학생들의 창의능력을 배양하는 신 교육과정을 강조했다. 이때 중국 교육계는 '소질교육'에 주목하게 되었다. 국가교육위원회는 1995년에 전국 52개 대학에서 소질교육을 시작할 것을 결정했고, 인문소질교육을 대학교 교육개혁의 중

5 朱永新 · 湯敏 · 周洪宇 · 袁振國 · 謝維和 主編, 『'十三五', 教育怎麽辦』, 山西教育出版社, 2015, p.107.

요한 내용으로 확정했다. 중국대학의 '통식교육'은 중국공산당과 중국 정부의 이러한 소질교육 강화 정책을 계기로 해서 시작되었다. 1999년 교육부가 일부 대학에 '문화 전인교육 과정' 또는 '전교 공통선택과목'을 요구하자, 전국 각 대학에서는 인문과학 선택과목이 개설되었다. 이때 중국의 대학교육계는 기존의 소련식 전공교육의 문제점을 지적하고 미국식 '통식교육'과 '통재(通才)교육'을 그 대안으로 제시하면서 소질교육과 '통식교육'의 관계를 논의하기 시작했다.

한편 2003년도에 베이징대학이 세계 일류대학의 목표를 성취하기 위한 방안의 하나로 교수의 순혈화를 방지하고 국제화 지표를 강화하며 승진을 엄격히 하는 내용의 「베이징대학 교수초빙과 승진제도 개선안」을 제출했다. 그런데 당시 중산대학에서 '통식교육'을 시행하고 있던 깐양은 '세계화 시대'에 중국대학이 세계 일류대학이 되려면 기존의 영어교육과 논문을 중심으로 한 국제화 기준이 아니라, 중국 스스로 대학과 학문의 평가 기준을 정할 수 있어야 한다고 주장했다.6 이것은 중국의 대학개혁의 방향에 대한 일대 논쟁을 불러일으켰고, 대학교육개혁의 방향에 대한 새로운 접근이 요구되었다. 여러 대학들은 전공교육을 축소시키고 저학년에서 '통식교육'을 실시하며 고학년에서는 전공 범위의 확대를 추구했다.

그렇지만 중국대학의 현실은 전공교육 축소가 쉽지 않았으며, '통식교육'은 학생들의 흥미에 부응하고 지식을 넓히는 정도로 간주되었을 뿐이었다. 이에 일단의 중국학계의 지도적 학자들이 2005년 6월 베이징 교외인 상산에서 모여 인문교육의 중요성을 강조하고 그 구체적인 방법으로 '통식교육'을 검토했다.7 상산회의는 중국의 중요한 대학들이 '통

6 甘陽,「全球化時代的中國大學通識教育」,『文明 · 國家 · 大學』, 2010.12.17, pp.305~309.

7 甘陽 · 陳來 · 蘇力,「導言: 中國大學的人文教育 – 首屆中國文化論壇的緣起,目的與問題,『中國文化論壇 – 中國大學的人文教育』, 三聯書店, 2006, pp.2~6.

식교육'을 본격적으로 시험하는 계기가 되었다. 특히 깐양은 정력적으로 '통식교육'을 선전했다. 그는 "중국이 21세기에 진정한 문명대국이 되려면 일류대학을 양성해야 하고 이를 위해서는 본격적인 '통식교육'의 길로 나아가야 한다. 수업은 소규모 토론식으로 이루어지고 논문 작성을 포함해야 하며 이를 위한 조교 제도를 안배하고, 핵심과정은 각종의 개론들을 나열하는 방식에서 상호연계성을 갖추어야 하며 고전에 대한 독서토론으로 전환해야 한다"라고 했다.[8]

'통식교육'이 각 대학에서 초보적으로 실험되고 있었던 2008년에 발생했던 금융위기는 '통식교육'의 확산에 장애물로 작용했다. 취업이 곤란해지자 당시 중국에서는 '통식교육'이 무슨 의미가 있는가라는 반론이 제기되었다. 이때 깐양은 현재 중국에서는 법대나 경영대의 진학이 최고이고 인문학은 우습게 생각하는데, 이러한 상황이 계속되면 중국에는 돈 냄새만 진동할 것이라고 걱정했다. 그리고 그는 '중국의 굴기'는 경제의 굴기만으로 부족하며 '부강에서 고상함과 우아함[文雅]'으로 나아가는 것이 중국의 목표가 되어야 하며, 중국문명이 세계화 과정에서 어떠한 적극적인 내용을 제공할 수 있을 것인가를 고민하면서 세계화 문제와 중국굴기 문제를 정면으로 다룰 수 있는 '공통핵심과정체계'를 설계해야 한다고 주장했다.[9] 이후 중국에서는 각 대학마다 독자적인 '통식교육'의 실험이 진행되었다.

8 甘陽,「大學人文教育的理念, 目標與模式」;「大學通識教育的兩個中心環節」(2006.4), 위의 책.

9 甘陽,『從富强到文雅』, 江蘇文藝出版社, 2010, pp.72~73, 417~418.

4. '통식교육'의 실시 내용

시진핑은 총서기직에 취임한 직후인 2012년 11월 29일에 중국국가박물관을 방문하여 '중국몽'을 강조하고 중화민족의 위대한 부흥을 실현할 것을 강조했다. 그러자 전통적인 '군자불기'와 '고금박람'뿐만 아니라 '신체역행'과 '지행합일'을 추구하자는 '통식교육'론은 고등교육 방면에서 일류인재를 양성하는 세계일류대학 교육체계를 구현하여 '중국몽'을 실현하는 구체적인 실천 방안의 하나로 각광 받기 시작했다.[10]

현재 중국에서 실행되고 있는 '통식교육'의 양대 기본 요소는 교육과정과 기숙형 서원(書院)이다.

베이징대학은 대규모 수업과 소규모 토론을 서로 결합한 '소규모 교육'을 시도하여 2012년 가을학기부터 2014년 가을학기까지 교수 350여명이 참가한 38개 과목의 '소규모 교육' 과정을 개설했다. 그러나 베이징대학은 아직까지 통식교육기초과목을 운영하고 있는 정도이다.

칭화대학은 깐양을 초빙하여 2014년 9월에 생명과학전공·역학전공·도시건축계획전공·법학전공의 일부 학생 200여명으로 이루어진 실험적인 본과 서원인 신야서원을 설립했다. 서원은 "문과와 이과, 과거와 현재, 중국과 외국의 전통을 회통하고 교양과 전공의 융합을 촉진하며", "인재양성 방안을 발전시키고 통식과정의 자원을 개척하여", 많은 잠재력 있는 학생들에게 '통식교육'과 유연한 융합학문의 전공교육을 제공해서 선도적인 역할을 할 수 있는 창의형 인재를 양성하고자 했다. 서원은 이 목표를 성취하기 위하여 모든 입학생이 학과와 전공을 뒤섞어 기숙하며, 전체학생은 지도교수를 두고, 일학년 때 '교육특구'에서 소규모 교양교육을 중심으로 학습하고 주체적으로 자신에게 가장 적합

10 甘陽·孫向晨 主編, 『通識教育評論』 1, 復旦大學出版社, 2015, p.1.

하고 자신의 잠재력을 발휘할 수 있는 전공을 선택하며, 정기적으로 신아강좌·신아논단 등 학술과 문화 활동에 참여하고, 교수와 학생이 함께 만들어가고 함께 향유하는 공공공간으로 만든다. 또한 서원은 4년제로 학생들은 서원소속 학생이자 전공학과 학생이며, 통식교육과 전공학습에서 성적우수자는 명예학위를 취득할 수 있도록 했다. 동시에 '문명과 가치'라는 주선율에 따라 중화문화와 세계문명의 우수한 성과를 바탕으로 하는『사기』읽기, 조기 중국문명, 법률과 문학, 예술의 계시 등 4과목을 핵심과정으로 운영했다.[11]

푸단대학은 '통식교육'을 가장 적극적이고 전면적으로 추진하여, 2012년 9월에 푸단학원을 만들고 기숙학원제도를 전면적으로 추진하면서 모든 학생들이 본과 단계에서 서원생활을 하도록 결정했다. 이러한 급진적인 조치의 목적은 2014년 푸단대학 개학식에서 행한 당시 총장 양위량의 강연에서 명확히 나타난다. 그는 "전공지식은 반드시 배워야 하지만, 푸단의 학생이 되려면 더욱 중요한 것은 '悟道'이다"라고 지적하면서 학생들은 자신의 가치체계를 세우고 전통적인 '사(士)'의 이상을 갖추어야 한다고 강조했다. 이러한 목적을 성취하기 위하여 만들어진 푸단학원은 서구의 기숙학원제도를 차용하고 중국 고대서원의 전통을 계승하며 푸단의 역사문화적 특색에 입각한 지덕(志德)·등비(腾飞)·극경(克卿)·임중(任重)·희덕(希德)의 5대 서원으로 이루어졌다. 매 서원은 800여명의 학생이 있고 2명의 지도교수를 두며 10개 반으로 나누어 각 반마다 1명의 보조인원과 5-8명의 조수를 두어 학생들의 학습과 생활을 관리하도록 했다. 푸단대학은 서원을 교수와 학생이 공유하고 함께 만들며 함께 누리는 문화장소이자 공공공간이면서 '통식교육'과 서원생

11 http://www.tsinghua.edu.cn/publish/newthu/newthu_cnt/education/edu-1-7.html; 「清华大学成立通识教育实验区新雅书院」,『新浪教育』, 2014.10.9.

활을 연계하는 다리로 만들고자 했다.[12]

5. '통식교육'의 미래

일찍이 홍콩 중문대학의 진야오지는 1990년대부터 중국인을 위한 고등교육은 국제화와 함께 중화민족 문화를 계승 발전시켜야 하는 임무를 담당하여야 한다고 주장했고 그것을 위한 방안의 하나로 '중국문명'을 공통 필수과목으로 포함하는 '통식교육'을 강조했다.[13] 깐양은 2000년대 초반부터 20세기 중국의 중심 과제는 현대 '국민국가'를 건설하는 것이었지만, 21세기의 중심 과제는 '문명국가'의 골격을 중건하는 것이라고 천명했다. 중국은 커다란 국가이자 유구한 문명역사를 갖고 있는데 이것이 중국을 '문명 욕망'의 대국으로 결정 짓기 때문이다.

그러나 세계일류대학의 양성을 통한 '문명 대국'의 건설이라는 중국 고등교육개혁의 목적을 성취하기 위한 핵심 방안의 하나인 '통식교육'이 성공적으로 이루어질 수 있을 것인가에 대해서는 많은 사람들이 의문을 갖고 있다. 외국의 중국전문가들은 안정을 최고 이익으로 간주하고 있는 중국정부의 대학교육에 대한 과도한 통제와 개입이 '통식교육' 성공에 가장 커다란 장애요인이라고 생각한다. 중국인들도 '통식교육'의 성공에 대해 의구심을 나타내고 있다. 깐양의 발표장에서 어떤 베이징대학 학생은 "'통식교육'의 분위기가 아직 그다지 성숙되지 않았고 당신이 말하는 진리의 추구는 중국의 가장 중요한 문제를 해결할 수 없을 것"이라고 지적했으며, 또 다른 이는 경제발전 수치로 관료들을 평가하

12 北航高研院通識教育研究課題組, 『轉型中國的大學通識教育 – 比較,評估與展望』, 浙江大學出版社, 2013, pp.73~89. 「復旦大學書院生活」 http://www.fudan.edu.cn/channels/view/116/

13 金耀基, 『大學之理念』, 牛津大學出版社, 2000.

는 현행 제도는 관료를 손쉽게 움직일 수 있었지만 이러한 정치체제로는 문화건설이 쉽지 않을 것이라고 주장했다. 뿐만 아니라 인문학을 비롯한 기초학문을 강조하는 '통식교육'을 이용해서 자신의 학과적 이익을 관철하려는 사상정치이론교육과 같은 분야들도 '통식교육'의 목적과 실천을 적지 않게 왜곡시킬 것이다.

그러나 통식교육론자들은 중화문명의 재림을 강조하면서 문명의 전통을 전수하기 위해서는 무엇보다 '통식교육'이 필요하다고 강조한다. 그들은 현재 중국의 상황으로는 한 분야의 전문가('成器')를 양성하는 것이 필요하지만, 최소한 몇몇 주력 대학에서 교육받는 장래의 지도자들이 통식교육을 받지 않는다면 민족의 미래는 없을 것이라고 역설한다. 최근 '통식교육'을 성공시키기 위하여 전통적인 서원식 교육을 '통식교육'과 통합시키려는 이들의 시도는 매우 흥미롭다. 그들은 현대 대학의 교육제도가 기계적으로 기술성 지식을 전수하는 것으로 학생들의 창조성을 억압하고 학생의 인격 형성에 전혀 도움이 되지 못한다고 주장한다. 그들은 현실적인 방법으로 우선 일부 엘리트 학생들을 선발해서 전통적인 교육공간을 재현한 '서원'에서 이러한 교육방식을 실험해보고 이로부터 일군의 전문지식을 갖추면서도 전통사상에 기반한 군자의식을 갖고 있는 엘리트를 양성하여 사회를 지도하고 문명을 전승하는 작용을 발휘하도록 하자고 한다. 그들의 이러한 노력은 최근 중국에서 강력히 제시하고 있는 '중국모델'을 교육에 적용하는 것처럼 보여 흥미롭고, 따라서 이러한 시도의 결과는 계속 지켜보아야 할 만한 가치를 갖고 있다.

중국에서는 사회주의 이념에 위배되고 공산당의 정책에 비판적인 관점과 견해는 그것이 아무리 학술적인 연구일지라도 쉽게 제재를 받는다. 2007년도 하버드 대학에서 제시한 "추정된 사실들을 동요시키고 친숙한 것들을 낯설게 만들며 겉으로 그럴싸하게 보이는 것들의 미래와

배후에서 일어나는 것들을 드러내고 젊은이들의 방향감각을 혼란시켜 스스로 다시 방향을 잡을 수 있는 방법을 찾도록 도와주는 것"이 '통식교육'의 기본목적이라면,[14] "국가가 제시하는 사실을 뒤흔들 수 없고 국가가 표상하는 이미지들을 흩어트릴 수 없으며 국가가 내세우는 이념의 준수는 절대적 원칙이고 모든 인민을 대신하여 공산당만이 최종 방향을 제시할 수 있는" 중화인민공화국에서는 그것이 구현되기 쉽지 않을 것이다. 그럼에도 불구하고 중국대학의 개혁이 단순한 '생존'을 위한 대학경쟁력을 추구하는 것이 아니라, '문명의 건설'을 통한 '제국'의 미래를 추구하려는 것이라는 점을 우리는 명심해야 할 것이다.

14 Harvard University, "Report of the Task Force on General Education", 2007.2, p.1. http://www.sp07.umd.edu/HarvardGeneralEducationReport.pdf; 김지현, 「학제적 교양교과과정의 특징과 의의-하버드대학 '새 교양교육 New General Education'을 중심으로」, 『교양교육연구』 8-3, 2014.6.

대학과 경쟁력

비교론적 관점에서

마이클 박

이 패널에 참여하도록 초청을 받고 한편으로는 영광이라 생각하면서도 나로서는 특별한 부담감을 느낄 수밖에 없었다. 나는 한국에서 태어났지만 미국에서 성장했고, 40대가 되어서야 한국으로 돌아왔다. 학생으로서 한국의 대학에 다녀본 적도 없으며, 2008년 이후 한국에서 가르치고는 있지만 내가 소속된 카이스트는 이 나라의 전형적인 대학도 아니다. 적어도 내가 들은 바로는 그렇다. 간단히 말해 한국의 대학 사회에 대한 나의 경험은 다소 제한적이라 하겠다. 사정이 그러하기에, 나 같은 사람이 이 나라의 대학을 더 경쟁력 있게 만드는 방법을 논의하는 이 패널에 들어오는 것이 합당한 일인지 확신할 수 없었다.

다행히도 이 학회의 회장인 윤지관 교수가 이 발제의 가능한 주제 중 하나로 해외 대학들의 예에 근거한 정책 관련 이슈들에 대한 비교론적 시각을 제안해주었다. 비교론적 시각에 근접하는 뭔가를 제시하는 것, 그것이야말로 내가 이 패널에 포함되는 것을 정당화할 수 있는 유일한 이유라는 느낌이 왔다. 나는 한국에서 '서양사'라 불리는 것을 전공하는 역사학자이다. 그 광범위한 분야 안에서도 특히 지성사가 나의 전공이다. 지금까지 나의 연구는 두 가지 특정 영역에 집중해왔다. 하나는 환경론과 환경 정책의 역사이고 다른 하나는 공교롭게도 서구의 여러 주요국들, 그 중에서도 특히 미국에서의 대학 체계의 발달이다.

이 토론에서는 이른바 대학의 '경쟁력'이 어떻게 규정되고 평가되는지, 그리고 그런 경향이 어떤 여파를 몰고 왔는지에 집중하고자 한다. 내 논의 중 어떤 부분은 어쩔 수 없이 추상적이 될 수밖에 없겠지만, 그럼에도 불구하고 최대한 구체적인 예에 근거하여 논의를 진행할 것이다.

우선 프랑스 신문 『르몽드』에 최근 게재된 "Universités: la France résiste au modèle anglo-américan", 옮기자면 「대학 – 영미식 모델에 저항하는 프랑스」라는 제목의 기사에[1] 주목해 보고자 한다. 논의 과정에서 그 이유가 명확히 드러나겠지만, 프랑스의 예는 대학의 '경쟁력'을 평가하는 현행 방법이 지닌 몇몇 근본적인 문제점을 보여주는 데에 특히 적합하다. 먼저 일반론적인 관점에서 그 문제점들을 짚어보고, 그 다음 프랑스에서 일어나고 있는 일로 돌아오기로 하겠다.

'경쟁력'이란 도대체 무엇일까? 더 큰 경쟁력을 갖춘 대학을 만드는 것에 대해 얘기하면서 우리는 종종 그것이 대학의 질을 향상시키는 작업을 수반한다고 가정한다. 그러나 경쟁력과 질은 반드시 동일한 것은 아닌데, 오늘날 진행 중인 대학 개혁 작업과 관련된 많은 문제들의 핵심에 그런 사고가 자리하는 것으로 보인다. 사실, 대학의 질 그 자체를 향상시키는 것에 반대해온 사람들은 거의 없었다. 그러나 '질'이라는 것

1 『르몽드』, 2016.10.19.

은 너무나 추상적인 개념이기에 더 구체적인 무언가를 목표로 삼아야 할 것처럼 보이는 경우도 종종 있다. 우리가 주로 '경쟁력'에 초점을 맞추면서 마감해버리는 이유도 바로 이 때문이다. 두 가지 모두 대학이 제 일을 얼마나 잘 해내는지와 관련이 있지만, 그 중에서도 경쟁력은 특히 특정 대학이 타 대학들에 비해 얼마나 더 잘하고 있는가 하는 비교의 요소를 포함한다. 비교에 근거하고 있기에, 경쟁력은 어떤 대학이 1, 2위, 혹은 다른 순위를 기록했다는 식의 단순하고 정량적인 용어로 표현할 수 있고, 그리하여 금방이라도 따라할 수 있을 듯한 대학 개혁 작업의 손쉬운 벤치마크를 제시해준다.

경쟁력을 평가하는 것이 이렇듯 명백한 이점을 가지고 있음에도 불구하고 그것은 다분히 문제적일 수도 있다. 단적으로 말해, 경쟁력이란 필연적으로 비교를 요구하지만 대학 시스템은 나라별로 엄청나게 다르기 때문에 서로 다른 나라의 대학들을 비교한다는 것 자체가 불가능할 수도 있다. 상황이 그러할진대, 사과와 오렌지의 비교라고 비유할 수 있는, 전혀 다른 차원의 대상에 대한 비교나 다름없는 것에 근거한 세계 순위는 잘해 봐야 무의미하거나 최악의 경우에는 오도된 개혁안으로 이끌 수 있다.

바로 이런 문제와 씨름해 온 프랑스의 얘기로 돌아가 보자. 프랑스가 어떤 나라일지라도 그 입장이 되면 자랑스러워 할 만하고, 또 많은 나라들이 질투심까지 느낄 지적 전통을 지니고 있다는 사실을 문제 삼을 사람은 거의 없으리라 본다. 프랑스에는 세계에서 가장 오래 된 대학들 중 몇몇이 있으며, 그중 일부는 900년 가까운 역사를 자랑한다. 또 프랑스는 일찍이 국립 연구 기관을 창설했으며, 그것은 19세기 독일이 연구 대학을 세우기 전까지는 유럽 내에서 고등 연구를 담보하는 중심 기관으로 남아있었다. 중세 유럽의 지적 지형에 우뚝 솟아있는 토머스 아퀴나

스도 태어난 곳은 이탈리아였지만, 교육을 받고 훗날 교수로서 대부분의 생산적인 작업을 이룬 곳은 파리 대학이었다. 종종 '근대 서양 철학의 아버지'라 여겨지는 데카르트도 프랑스인이었다. 프랑스는 파스퇴르, 라부아지에, 푸앵카레, 퀴리 부부를 비롯하여 저명한 노벨 수상자들을 다수 낳았으며, 이에 덧붙여 최근의 사르트르와 레비스트로스, 브로델, 푸코, 데리다, 부르디외, 피케티, 등등에 이르기까지 인문학과 사회과학 담론을 지배해온 지식인과 학자들을 연이어 배출해 왔다. 그러나 프랑스의 고등교육과 연구 분야는 최근 한동안 위기를 겪고 있다. 딱이 교육이나 연구 성과의 질이 떨어진 것 때문이라기보다 국가 간 비교의 차원에서 프랑스 대학들의 성취가 나름 부진해 보였기 때문이다. THE나 QS, ARWU(상하이) 등,* 대학들의 세계 순위를 매기는 어떤 시스템에 의거하더라도 상위 20위, 심지어는 30위 안에 드는 프랑스의 대학은 하나도 없었다.

앞서 언급한 『르몽드』의 헤드라인에서 지적한 대로 프랑스가 이른바 '영미식 모델'이라는 것에 저항해 왔음을 다시 상기시키고 싶다. 현행의 세계 대학 순위 시스템들은 유난히 이 특정의 모델을 선호하는 것으로 보인다. 잘 알려져 있다시피 실로 모든 주요 순위 시스템의 최상위는 한동안 미국의 대학들에 의해 지배되어왔다. 그리고 최상위의 대학을 많이 보유한 것으로 자주 2위에 오르는 나라는 영국인데, 그 인구와 경제 규모에 비하면 영국이 이 경쟁에서 성공을 거두는 것이 어울리지 않아 보일 때가 적지 않다. 예를 들어 2016년 ARWU에 따르면 세계에서 20위 안에 드는 연구 대학 중 15개는 미국에, 셋은 영국에, 그리고 스위스와 일본에 각각 하나씩 위치하고 있었다.[2]

---

* THE(Times Higher Education), QS(Quacquarelli Symonds), ARWU(Academic Ranking of World Universities) 등은 다양한 지표에 근거해 세계 대학들의 순위를 발표하는 기관이자, 그 시스템이다. ARWU는 2003년 상해교통대학이 최초로 세계의 대학들을 순위화한 시스템이며, 흔히

이런 경쟁에서 프랑스의 대학은 왜 그렇게 뒤처질 수밖에 없었던 것일까? 그들의 상대적으로 낮은 순위가 프랑스 고등교육 부문의 전반적 질을 반영하는 것일까? 그렇지는 않을 것이다. 이 게임에서 프랑스가 부진해 보이는 성적을 거둔 주된 원인은 바로 프랑스의 대학들은 '영미식 모델'과는 달리 더욱 특수화되고 제한된 기능을 수행하도록 설계되어있다는 점에 있다. 미국의 대학들은 유별나게 '멀티버서티(multiversity)'라는 별칭을 얻어왔다. 그들은 사실상 모든 분야에서 학사, 석사 교육과정을 제공하고, 대부분 기초학문 연구와 응용학문 연구를 동시에 진행하며, 그 분야 또한 아주 다양한 영역에 걸쳐있다. 그리고 그들은 이에 더하여 지역 사회와 국가 공동체가 요구하는 프로그램과 서비스도 제공한다. 이와 달리 프랑스에서는 다양한 유형의 학술 기관 사이에 더 엄격한 기능상의 구분과 역할 분담이 유지되어 왔다. 프랑스의 시스템 하에서 대학은 주로 교육을 행하고 학위를 수여하는 기관인데 비해, 이 나라 안에서 행해지는 대부분의 연구들은 전통적으로 정부의 힘으로 유지되는 연구 기관 및 다른 유형의 비교육 기관들이 담당해 왔다. 나아가 교육 기관 내에서도 대학들과 이른바 그랑제콜 사이의 구분이 명확하다. 사실, 프랑스에서는 '영미식 모델'과 달리 고등교육을 담당하는 가장 명성 있는 기관은 대학이 아니라 그랑제콜이다. 후자는 지극히 전문적이고 독자적인 학교로서, 그 졸업생들이 프랑스 사회 핵심 부문의 엘리트층 상당 부분을 차지하고 있다. 그리고 이 학교는 분야별로 전문화되어 있다. 예컨대 에콜 노르말 수페리에르는 예비 학자들을 훈련시키고, 오트 에콜 드 코메르스는 경영학을 가르치는 등의 방식으로 운영된다. 미국의

Shanghai Ranking이라고도 불린다. THE와 QS는 런던을 중심으로 고등교육에 대한 작업들을 해 오던 기관들이었는데, 2004년 합작으로 세계 대학들의 순위를 발표했다. 2009년 이후에는 결별하여 각각 대학들을 평가하고 있다.(옮긴이)

2 http://www.shanghairanking.com/ARWU.html

멀티버서티들이 백화점에 해당된다면 그랑제콜은 소수의 단골들을 상대로 서비스를 제공하는 소규모의 전문 부티크라고 할 수 있겠다. 프랑스를 방문한 한 미국인이 에나(Éna, École nationale d'administration; '국립행정대학' 정도의 뜻, 옮긴이)를 보고 깜짝 놀라 다음과 같이 말했을 정도이다. "이 나라에서 가장 유서 깊은 고등교육 기관이자 진학하기 가장 어렵다는 이 기관이 과학 연구는 아예 하지도 않고, 노벨상 수상자 한 명 배출하지 못했으며, 문학이나 예술에 대해 그 어떤 새로운 이론도 내놓은 적이 없는데다가 변변한 책 한 권도 출판하지 않는다. 그렇다고 정치적 소요의 중심인 것도 아니다."[3]

현행의 세계 대학 순위 시스템은 멀티버서티나 비교 가능한 정량적 산출물을 긁어모을 수 있는 기관을 선호하는 경향이 있다. 프랑스는 이런 식의 게임에서는 경쟁하기가 어려울 수밖에 없다. 나폴레옹 시대 이후로 이 나라가 채택해온 시스템은 멀티버서티 유형의 기관들이 성장하는 것을 제어하는 방향으로 설계되었기 때문이다. 순위 시스템 중에서 ARWU는 연구 역량에 특별히 강조점을 두는 경우이다. 그러나 이 시스템 아래에서도 연구재원들과 기능들이 분산되고, 기관 유형들도 제각각인 상태이라서, 상위 30위 내의 다른 나라 대학들과 유사한 양적 성과를 거두는 프랑스의 학교는 단 한 곳도 없다. 에콜 노르말 수페리에르의 예를 보자. 사실상 우리가 아는 프랑스 지식인들은 모두 이 학교 졸업생들이다. 이 기관의 영향력이 실로 엄청나지만 그 영향력을 정량적으로 잴 수 있는 측도를 마련하기는 쉽지 않다. 또한 그것은 멀티버시티가 결코 아니다. 결국 에콜 노르말 슈페리에르는 2016년 ARWU 순위 87위에 머무르고 말았다. 에콜 폴리테크닉의 예는 아마 훨씬 더 충격적일 것이다. 이곳은 프랑스에서 유일무이한 최고 명문 공과대학이다. 대부분의 지원

3 Richard Bernstein, *Fragile Glory: A Portrait of France and the French*, New York : 1990, p.226.

자들이, 이 나라에서 각 분야의 최고 인재임에도 불구하고, 입학하기 위한 첫 시도에서는 실패하고 만다. 입학시험을 통과하기 위해서 고등학교(lycée) 졸업 이후 2~3년 정도 더 공부하는 일이 다반사이다. 그러나 이 학교의 ARWU 순위는 300위에서 400위 사이 어디쯤에 위치한다.[4]

프랑스에서 고등교육을 관할하는 것은 중앙 정부의 몫이고, 프랑스 대학들이 세계적 경쟁에서 상대적으로 낮은 성적을 거둔다는 사실은 한동안 중요한 정치 쟁점 중의 하나였다. 이 문제에 대한 해법으로 새로운 정책이 도입되었다. 그동안 독자적 기관으로 운영되던 대학들과 연구기관, 그랑제콜을 통합하여 멀티버서티에 해당하는 기관을 만들자는 것이었다. 그 한 예가 최근 설립된 'PSL(Paris Sciences and Lettres) 연구 대학'이다. 가장 눈에 띄는 점은 에콜 노르말 수페리에르와 파리 대학의 도피네 캠퍼스, 그 외 20여 개의 다른 시설들이 합쳐졌다는 사실이다. 지난 10월 PSL 측은 이 통합이 의도한 결과를 확실하게 가져올 수 있도록 국제 워크샵을 준비했고, 그 자리에 ARWU 관련 인사들도 다수 초청했다. 시뮬레이션에 따르면 PSL은 ARWU에서 22위에 오를 것이라는 결과가 나왔다. 이는 2016년 에콜 노르말 수페리에르와 파리-도피네가 따로 평가받았을 때, 각각 87위, 300위와 400위 사이를 기록했던 것과는 대조적이었다.[5]

그러나 문제는 여전히 남아있다. 아직까지 'PSL 연구대학'은 주로 서류상으로만 존재하는 것처럼 보인다. 그것을 구성하고 있는 기관들은 각자 이전 방식 그대로 작동하고 있는 것이다. 2013년 이후로 PSL이 존재한다는 이야기가 세간에 떠돌기는 하였지만, 세계 순위 시스템이 그것을 단일한 기관으로 인정해주어야만 한다. 지난 10월의 국제 워크샵

4 http://www.shanghairanking.com/ARWU2016.html
5 『르몽드』, 2016.10.19.

은 순위를 매기는 관련 당사자들을 설득하려는 최근의 시도 중 하나인 셈이다. 이 대학의 구성 기관들이 작동하는 방식에 실질적인 변화가 거의 없다시피 했고, 대학 탄생 자체도 주로 교묘한 '포장술'의 결과물로 보인다. 그러니 이 대학의 존재 자체를 강변하는 일은 사기성이 농후한 주장으로 여겨질 만하다. 예컨대 에콜 노르말 수페리에르와 파리-도피네의 통합을 통해 현실적으로 어떤 협업과 시너지를 기대할 수 있단 말인가? 프랑스에서 에콜 노르말 수페리에르가 누리는 명성은 상당 부분 그 배타성에 기인한다. 실체도 모호한 세계 순위를 올리는 것 말고 이 학교가 자신의 시각에는 3류에 불과한 기관과 통합함으로써 얻을 수 있는 이점이 어디 있겠는가? 다른 대학 통합 계획들도 준비되고 있는 지금 프랑스에서는, 『르몽드』의 기사가 지적하듯이, 이에 반대하는 저항들도 만만치 않다.

이 모든 일은 우리가 앞서 논의한 경쟁력과 질의 차이점을 극명하게 보여주는 예가 될 수 있겠다. 현재 프랑스에서 진행 중인 대학 개혁 작업은 주로 현행 순위 시스템에 의해 측정되는 대학의 세계적 경쟁력 제고에 관한 것일 뿐, 실질적인 질의 변화와는 거의 무관하다. 그런 개혁은 현재 추세에 대한, 너무나 프랑스인답다고 할 만한, 냉소적 수긍의 제스처인 셈이다. 굳이 따지자면 이런 통합안들의 경우 오히려 실질적 위험을 부를 가능성이 더 높다고 하겠다. PSL의 순위 시뮬레이션 결과 드러난 가장 놀라운 사실은 ARWU에서 차지한 22위라는 위치는 그 성과가 대강 하버드 정도의 수준이란 것을 의미하지만, 그 구성 기관을 운영하는 전체 비용은 하버드가 지출하는 것의 1/4 수준이라는 점이었다. 규모가 더 크고 더 복잡한 기관은 통상 더 정교한 행정 기구들을 필요로 한다. 그래서 모두 알다시피 미국의 대학들은 급증하는 운영비 문제와 씨름해 왔고, 그 상당부분은 등록금 인상을 통해 학생들에게 전가되었다. 프랑스의 멀티버서티 클러스터 계획안이 이행되어도 실제로 현저한 운영비 상승을 불러오지 않을 것인지는 아직 두고 보아야 한다. 그러나 만약 계획안대로 실현된다면 어떤 클러스터들은 재학생이 17만 명에 달하게 될 수도 있다.[6]

내가 지금까지 프랑스의 예에 초점을 맞춰온 이유는, 이미 설명했다시피, 그것이 대학의 경쟁력을 평가하는 현행 방법과 관련해서 근본적인 문제점들을 여실히 보여주는 인상적인 실례가 될 수 있기 때문이었다. 또 다른 이유는 현행 대학 순위 시스템의 영향력이 세계적으로 얼마나 널리 퍼져 있고, 또 얼마나 강력해졌는지를 보여주기 위해서였다. 만약 프랑스 시스템이 1/4의 비용으로 하버드에 맞먹는 성과를 내고 있다면, 그것은 어떤 의미에서는 미국의 시스템보다 훨씬 더 효율적인, 심지어는 더 좋은 시스템이라고 할 수 있을 것이다. 그러나 오늘날 프랑스식의 시스템은 세계적 추세가 아니며, 프랑스가 그 추세에 저항하기도 어렵다. 프랑스처럼 이미 세계 일류급의 고등교육 시스템을 가지고 있는 나라도 이 추세에 저항하기가 어려웠다면, 이제야 겨우 따라잡기 시작한 나라들로서는 더욱 힘든 일이었을 것이다. 결국 이 세계 순위 시스템이, 좋은 방향이든 나쁜 방향이든, 한국을 포함한 여러 나라에서 고등교육 정책이라는 이름 아래 진행되고 있는 일들의 대부분을 좌지우지해 버린 것이다.

세계 순위 시스템이 문제점을 지니고 있음에도 불구하고, 특히 개발도상국이나 신흥 공업국에게는, 그 나름의 유용한 역할을 할 수 있겠다고 생각해 봄 직하다. 이 시스템이 없다면 편히 이용할 수 있는 벤치마크가 아예 없어지거나, 이들 나라들이 각자 자신만의 벤치마크를 급조해내야 할 터인데, 이 또한 명백한 문제점을 안고 있기 때문이다. 그러

6 위의 글.

므로 세계 순위 시스템을 현명하게 활용하기 위해서는 우선 그것이 무엇을 평가하고 무엇을 평가하지 않는지를 이해해야만 한다. 그리고 무엇보다 중요한 것은 높은 순위의 획득 자체가 목적이 아니라 대학의 질을 향상시키는 수단이 되어야 한다는 점을 명심하는 일이다.

내가 이 발제에서 한국에서는 거의 논의되지 않는 지표인 ARWU를 거듭 언급하는 통에 어리둥절해 하는 사람들이 있을 수도 있겠다. 그러나 프랑스의 예를 통해서도 알 수 있듯이 ARWU의 지표는 몇몇 선진 국가들이 가장 많이 고려하는 지표이다.[7] 한국에서 ARWU가 거의 언급되지 않는 주된 이유는 한국 대학들이 이 순위 시스템에서 별로 좋은 성적을 얻지 못하기 때문인 듯하다. ARWU 체제에서 상위 100위 안에 드는 대학이 한국에는 단 하나도 존재하지 않는다. 또한 한국 정부의 입장에서는 수년 동안 추진해 온 대학 개혁의 노력에도 불구하고 한국 대학들의 순위가 그리 올라가지 않았다는 사실이 널리 알려지면 대단히 곤란한 처지에 놓일 수도 있다. 각종 조사과정을 통해 수집한 대학들에 대한 주관적 평가가 중요 요소를 구성하는 THE와는 달리, ARWU는 스스로 주장하듯이 엄격히 객관적이고 정량화할 수 있는 데이터에 주로 의존한다.[8] 앞에서도 말한 것처럼 ARWU는 어떤 다른 순위 시스템보다 대학이 연구기관으로서 이루어낸 수행 결과를 중요시한다. 평가 기준 속에 "교육의 질" 항목이 포함되어 있긴 하지만, 이 경우에도 해당 기관이 잠재적 연구자들을 얼마나 잘 훈련시켰는가를 강조한다. 이때 졸업 동문들의 연구 결과물이 그 측량 기준이 된다. 또한 ARWU는 다른 어떤 순위 시스템보다 연구 결과물의 양과 더불어 그 질도 평가하려 노력한다. 그래서 해당 연구 분야에서의 영향력 지수나 인용 빈도 등을 중요시하고,

7 ARWU는 『이코노미스트』지도 가장 중시하는 지표인 듯하다.
8 http://www.shanghairanking.com/ARWU-Methodology-2016.html

더불어 노벨상 그리고 이와 비슷한 가치가 있다고 여기는 다른 상들의 수상자들이 얼마나 많이 교수진이나 졸업 동문들 속에 포함되어 있는가를 중시한다. (이 점에서는 별다른 의미를 지니지 못할 노벨 평화상은 제외하면) 노벨상 수상자를 한 명도 배출하지 못한 한국은 ARWU 평가에서 고전할 수밖에 없다. 아시아권 국가들 중 동경대학만이 상위 20위권 안에 지속적으로 포함되는 유다른 평가를 얻었다.

선택할 수 있는 순위 시스템이 여럿 있다는 사실은 어떤 의미에서 도움되는 일일지도 모른다. 내가 카이스트의 교수직에 지원했을 때 인사 과정의 최종 단계로 총장과의 면접을 가져야만 했었다. 내가 ARWU 평가에서 한국 대학들이 부진한 성적을 얻는다는 사실을 언급하자 그는 "한국에서는 그걸 쓰지 않는다오"라고 잘라 말했다. 비슷한 맥락에서 좋은 성적을 얻고 있는 미국의 대학들이 역설적으로 ARWU나 THE, QS 등의 평가에 그리 큰 관심을 기울이지 않는다는 점은 흥미로운 일이다. 미국에서 세계적 차원의 대학 순위는 그다지 큰 관심거리가 되지 못한다. 오히려 해당 기관의 국내 경쟁력이 더 큰 관심거리이다. 그래서 미국의 하위 서열 기관들은 카네기 분류에 더 큰 관심을 기울이는 경향을 보인다. 카네기 분류는 해당 대학들이 이러 저러한 분야의 "연구 대학"으로서 공식적인 자격을 갖추었는지를 결정한다. 한편 상위 서열 기관들은 『유에스 뉴스 앤드 월드 리포트』지의 순위를 중시하는 추세이다.

THE나 QS는 한국에서도 잘 알려져 있기 때문에 상세히 거론하지 않을까 한다. 다만 THE는 악명 높을 정도로 일관성이 없다는 점을 지적해 두고 싶다. 나는 2013년에 연구논문을 하나 발표했는데, 거기에서 2005년 THE(당시에는 THES)가 평가와 순위 결정 방법론을 변경했을 때 말레이시아 최고 대학 두 개의 위치가 단 일년 동안에 거의 100등위나

아래로 미끄러졌다는 사실을 언급했다.[9] 최근 THE는 다시 커다란 변화를 시도했다. 이번에는 한국의 몇몇 대학들이 역풍을 맞는 결과가 빚어졌다. 내가 속한 대학도 그에 해당한다. 과연 이런 대학들의 질적 수준이 새로운 순위가 지시하는 것만큼 추락했을까? 나는 그렇지 않다고 생각한다. 대학에 대한 주관적 평가에 강조점을 두는 것이 THE의 커다란 강점이자 또한 약점이다. 중국의 대학들이 대대적인 로비 활동을 벌인 사실이 결국 드러났고, 그 대학들의 순위가 단 일년 사이에 현저히 높아졌다. 한국의 그에 대당할 만한 대학들이 희생양이 되었다.[10]

이제 대학의 경쟁력을 객관적으로 평가하기 어렵다는 사실이 밝혀졌을 듯하다. 그런 시도는 육상선수 우사인 볼트를 수영의 영웅 마이클 펠프스와 경쟁하게 만드는 게임이 되고 말 공산이 크다. '영미식 모델'의 전지구적 지배 아래 안간힘을 쓰고 있는 프랑스가 바로 그런 꼴이다. 또는 시합을 치른 후, 경쟁자들의 로비 활동이 심판들에게 영향력을 발휘했고, 자신이 피해를 입었다는 것을 김연아가 알게 된 것 같은 처지에 놓이는 대학들도 생길 수 있다. 이는 THE의 평가를 믿어왔던 이들이 최근 깨닫게 된 사실이다.

상식적인 진술로 결론을 대신할까 한다. 두 체제가 상이하긴 했어도 프랑스와 미국식 체제 둘다 다수의 노벨수상자를 배출해 냈다. 엄격히 말해 노벨상 감의 연구는 대학 체제가 생산해 내는 것이 아니다. 노벨상을 받은 모든 연구들은 개별적인 학자들과 과학자들에 의해 수행되었다. 대학 체제는 그들의 활동을 돕거나 아니면 방해할 수 있다. 대학 경쟁력을 제고하려는 어떤 시도이든 그것이 이들 학자와 과학자들의 활동에 도움이 된다면 권장되어야 마땅하다. 그러나 그들을 자신들의 진정

9 마이클 S 박, 「대학교육의 경쟁과 개혁」, *China-USA Business Review* 12, no.3, 2013.3.

10 이는 카이스트의 해당 업무 부서가 제시해 준 설명이다.

한 활동으로부터 이탈하게 하거나, 어떤 방식으로든 저해하게 되는 시도라면 장기적으로는 결코 생산적일 수 없다. 우리 대학들을 더욱 경쟁력 있는 기관으로 만들려 할 때 우리가 이 최저선을 예의주시하면 성공할 수도 있을 것이다.

천지현 옮김

5

대학구조조정과 사학 문제해결 방안

국가 주도 대학구조조정의 한계와 그 대안

고영남

1. 국가 주도 대학구조조정의 본질과 그 한계

1) 현상과 본질

국가가 주도하는 대학구조조정의 본질과 그 한계, 그리고 변수를 짚고 헌법의 가치, 즉 대학자치와 학문의 자유를 지향하고 그 실제를 구현하는 데 필요한 대안의 방향과 가치를 제시하는 것이 이 글의 목적이다.

정부에 의하면 구조조정은 고등교육의 질(質)을 제고하고 학령인구의 감소를 대비하여 대학경쟁력을 높이는 것을 목적으로 한다.[1] 최근 교육부 장관은 금년도 업무계획 발표에서 제2주기 대학구조개혁을 추진함

1 교육부, '2015년 대학구조개혁평가 기본계획', 2014.12 참고.

에 있어 "대학의 역할을 국가성장의 동력을 확보하는 전진기지"을 구축하는 데 두고 있다고 하면서도, 교육부는 여전히 2주기 대학구조개혁과 관련하여 '학령인구 급감에 따라 대학의 구조조정이 원활하게 이루어질 수 있도록' 대학들의 통폐합과 한계대학의 퇴출 등을 유도할 것이라고 한다('2주기 대학구조개혁 기본계획(안)', 2017.3.9). 구체적으로, 평가결과에 따라 상위권 대학에는 '지원'하고 하위권 대학은 '퇴출이나 정원감축'의 대상이 된다는 것이다. 물론 이러한 정책추진은 아직도 그 법률적 근거조차 마련되지 않았을 뿐더러[2] 탄핵 이후 새 정부의 등장으로 인한 교육정책의 성찰로 말미암아 여전히 재정지원 방안과 연계할 수밖에 없을 것으로 예상된다.

겉으로 내세운 명분과 달리 국가가 주도하는 대학구조조정의 본질은 대학의 수와 학생의 수를 감축하는 데 있다.[3] 교육부가 '2017년 업무계획'을 통해 정리한 지난 4년 동안의 실적에 대한 자평 내지 자찬 역시 오로지 정원감축에 두었는데, 1주기 대학구조개혁을 통해 당초 정원감축계획을 초과달성(4.4만 명)할 정도라는 것이다. 곧 이어질 2주기 구조개혁에서도 하위권평가 대학에 대해서는 퇴출이나 정원감축을 의도하는 재정지원제한조치를 할 것으로 예상된다.

한편 정부는 이른바 '대학구조개혁법안'의 입법에 대하여 대학구성원들이 저항하고 그 구조조정의 본질이 정원감축이라는 점이 점차 명백해지자 구조조정의 목표로 '대학의 자율적 역량 강화'를 강조하면서 기초

2 19대 국회의 대표적 법률안, 즉 '대학평가 및 구조개혁에 관한 법률안'(김희정 대표발의)과 '대학구조개혁에 관한 법률안'(안홍준 대표발의)은 모두 자동 폐기되었는데, 20대 국회가 개원하면서 김성동이 대표발의한 '대학 구조개혁 촉진 및 지원에 관한 법률안'은 현재 국회 교문위의 교육법안심사소위원회에 상정된 상태다.

3 2015년부터 2017년까지 4만 명, 2018년부터 2020년까지 5만 명, 그리고 2021년부터 2023년까지 7만 명 등 9년간 모두 16만 명의 입학정원을 감축한다는 기획이다(교육부, '대학구조개혁기본계획', 2014.1.28 참고).

교양 교육과정의 개편을 유도하고 기초연구에 대한 지원을 강화하는 등 숨고르기를 하는 양상이다.

2) 국가 주도 대학구조조정의 한계

한국에서의 대학구조조정은 1995년 '5·31 교육개혁방안' 이후 사실상 국가의 주도로 이루어져 왔는데, 그 핵심은 고등교육재정투자의 효율성을 높이고 기업경쟁력에 기여하는 대학의 경쟁력을 제고시키는 데 있었다고 판단된다. 특히 비대해버린 고등교육의 덩치를 국가 스스로 최대한 감량함으로써 재정투자의 효율성을 극대화하려는 데 그 목적이 있다.[4]

이런 의미에서 대학구조조정의 가치와 방향이 다음과 같은 오류에 빠졌다고 생각한다. 그 첫째는 '학령인구 감소와 입학정원 감축' 프레임의 오류다.[5] 한국의 대학이 공공성을 어느 정도라도 확보하고 있었다면 출산율 저하 등으로 인하여 줄어드는 학령인구를 빌미로 대학의 숫자나 학생의 수를 의도적으로 감축할 이유는 없었을 것이다. 대학 구조조정, 구조개혁 혹은 재구조화의 목적은 오로지 대학이 담당하는 고등교육과 연구의 질을 향상시키는 데 있음을 기억한다면. 학생수요의 자연적 감소는 교육여건의 개선과 맞물려 오히려 질적 수준을 향상시키는 데·도움이 되기 때문이다. 일정한 수준을 목표로 설정하여 고등교육의 질적 수준을 담보하는 데 구조조정 내지 재구조화의 목적을 두어야 했는데

4 고등교육의 과잉이라는 비판 자체가 과잉해석의 결과라는 김두환의 지적에 관해서는 「제1회 대학정책포럼 – 포스트 신자유주의 대학정책, 어떻게 가능한가」, 『대학 : 담론과 쟁점』 제2호, 2016, 110쪽 참고.

5 노중기는 이러한 '유일한 정책으로서 강압적 관료적 방식의 정원감축정책'이 박근혜 정부의 대학구조조정 흐름의 특징이라고 지적한다(노중기, 「박근혜정부 대학구조조정의 정치사회학 – '무디어진 대학'에 대한 연구」, 『경제와 사회』 통권 제111호, 2016, 85쪽 이하 참고).

현실은 전혀 그렇지 않다.가령 대학평가 기준 가운데 중요한 지표인 전임교수 확보율은 전국 평균값을 기준으로 하고 있다. 이것은 법정기준을 충족시키지 않아도 최고등급을 받을 수 있다는 말로 대학 교육의 질 개선이라는 목표와는 상충한다.[6] 이는 교육부의 '2017년 업무계획'에서도 확인되는데, 퇴출과 양적 감축을 하면 질적 제고가 가능하다는 전제 아래 인문학이나 기초학문을 위기에 내몰면서 동시에 기초교양 내지 인문학의 발전을 제시하는 등 자체 모순적인 요소를 안고 있다.[7]

두 번째 오류는 법률의 근거가 전혀 없다는 데 있다. 정부의 대학구조조정은 행정계획에만 의거하고 있는 것으로 '교육의 자주성 · 전문성, 그리고 대학의 자율성은 법률이 정하는 바에 의하여 보장'된다는 헌법의 원칙을 무너뜨리고 있다.[8] 더욱이 대학의 자율성은 전적으로 '학문의 자유'와 민주주의에 기초하여 스스로 형성되어야 한다는 원리에도 위배된다. 최근 들어 교육부가 대학의 자율성을 옹호하는듯하나 이는 전적으로 구조조정에 필요한 평가를 하는 데 정량평가보다는 정성평가를 중시하면서 나타난 현상일 뿐이다.

그 다음으로 중요한 잘못은 두 번째 오류를 은폐하는 데 동원되는 관념이 국가주의와 기업주의라는 데 있다. 공학인증제가 전국적으로 시행되면서 이미 기업과 경영자단체들이 공과대학의 교육과정을 설계하는 데 깊이 관여한 바 있지만 지금에 이르러서는 교육부 업무계획에서 보듯 '기업과 대학이 함께' 인문학 등 모든 분야의 교육과정을 개발할 뿐만 아니라 '기업에 의한 주문식 교육과정을 법제화'하는 데까지 나아가려고 한다. 교육부는 "대학과 산업계 사이의 협력을 고도화하여 국가성

---

6 이수연, 「대학 구조조정 현황과 전망」, 『대교연 보고서』 통권 제4호, 2015, 38쪽.
7 '인문학진흥 5개년 기본계획'을 곧 수립하여 개별 대학의 인문학발전계획의 수립과 추진을 지원하는 등 인문학을 진흥시키고 대중화를 도모하겠다고 한다.
8 헌법재판소의 판결은 이를 지적한다. '헌재 2016.10.27. 2013헌마576' 참조.

장의 동력을 확보하는 전진기지로서의 대학의 역할을 강화"하겠다는 목적을 내세워 교육과 연구의 전통적 방향과 가치를 전복시키고 있다. 교육의 자주성과 전문성은 사라지고, 이제 대학은 기업을 위한 노동력 내지 인적 자본의 예비 공장으로 전락하였다. 자유와 평등, 연대와 평화 그리고 문명의 진화를 위한 학문과 지성의 전당임을 포기한 것이다.

네 번째 오류는 고등교육재정에 대한 침묵이다. 고등교육재정의 확대는 늘 대통령선거의 공약에만 등장하는 헛된 약속이지만, 문제는 고등교육재정의 보전이 없는 상태에서 막무가내로 자행된 구조조정으로 말미암아 교비수입이 크게 감축되고 있다는 점이다.[9] 2023년까지 교육부 목표에 맞춰 사립대학 입학정원을 구조조정 평가 결과에 따라 감축한다고 가정하면 사립대학 등록금수입은 약 35% 감소하고, 국가장학금 국고지원분이 유지되고 나머지 수입 역시 현재 수준을 유지한다고 가정하면 사립대학 교비수입은 평균적으로 16.6% 감소할 것으로 추정된다. 대학마다 (평균) 약 185억 원의 수입이 감소하는 셈이다. 한편 학생 수가 감축되면 교비지출도 감소하는데, 학생경비(국가장학금, 학생지원비 등의 학생경비 및 입시관리비) 지출은 정원 감축에 따른 등록금수입 감소율(35%)과 동일하게 감소하고 다른 지출은 현재 수준을 유지한다고 가정하면 사립대학 교비지출은 평균 9% 감소할 것으로 추정된다. 이는 대학마다 약 100억 원의 지출이 감소하게 된다는 것을 의미한다. 결국 '정원 감축에 따른 사립대학 수입·지출 감소분을 2023년을 기준으로 단순 추정해 보면 수입 감소분에 비해 지출 감소분이 적어 약 1조 4천억 원의 수입 부족분이 발생할 것으로 전망된다. 대학 당 평균 85억 원(지출액의 8.3%)의 수입 부족분이 발생하게 되는데 정부는 이에 대하여 침묵하고 있다. 오히려 대학들은 교비의 지출을 줄이는 최악의 수를 선택함으로써 교육

9 이하 통계는 이수연, 앞의 글, 26~30쪽 참고.

재정을 스스로 확보하기 위한 자기 감량을 반교육적으로 수행하고 있다. 대개의 대학들이 학생선택권, 다양한 전공의 활성화 등의 명목으로 졸업이수에 필요한 최소학점을 10여 학점 이상 줄였을 뿐만 아니라10 전임교원에 의한 질 높은 수업을 빙자하여 공급자 중심의 교육을 정당화하는 만행까지 저지르면서 교육재정을 아끼는 데 안간 힘을 쓰고 있다.11 대학의 구조조정이 질의 제고가 아니라 하락을 초래하고 있으며 이는 대학이 스스로를 자해하고 있는 꼴이다.

2. 대학구조조정의 문제의식과 변수

1) '뭣이 중한가?'라는 물음

국가 주도의 대학구조조정은 학령인구의 감소라는 엄연한 현실에도 불구하고 대학설립준칙주의를 내세워 무분별하게 고등교육을 확장시켜온 국가적 책임12은 회피한 채 평가와 등급화를 통한 강제적 정원의 감축과 일부 대학의 퇴출 등을 강제하는 방식으로 이루어진다. 국가는 고등교육의 질적 수준을 담보할 방안을 마련하기보다는 오히려 인문사

10 인제대 교수평의회는 '140학점이던 졸업최소이수학점 수준을 126학점 또는 130학점으로 감축'하려는 인제대의 일방적 기획에 대하여 대대적인 저항을 하였으나 끝내 실패하였다(『오마이뉴스』, 2012년 8월 14일자 참고. http://www.ohmynews.com/nws_web/view/at_pg.aspx?CNTN_CD=A0001767456).

11 대구대는 전공수업을 전임교원이 모두 담당하지 못할 경우 학과의 자구노력 이행이 필요하다며, 자구노력 방법으로는 교수 1인당 학부전공 수업시수 15시간 이상 담당하도록 하고 전공개설학점 축소할 것을 요구하고 있다고 한다(『뉴스민』, 2017년 1월 3일자 참고. http://www.newsmin.co.kr/news/16837).

12 1995년 이래 2014년까지 4년제 대학만 52개, 전문대학이 9개교, 그리고 대학원대학이 46개교가 개교하였다(박거용, 「교육부의 신자유주의 고등교육 정책의 역사와 평가」, 『고등교육의 구조조정의 현실과 문제점』(2015년 민주주의법학연구회 가을 심포지엄 자료집) 3쪽 이하 참고).

회과학계열 전공의 입학정원을 집중적으로 감축할 뿐만 아니라 자본과 공권력을 앞세워 이러한 정원감축담론을 유포하고 또 그 실천을 주도해 나가고 있다. 시장에 맡겨놓을 수 없기 때문에 국가가 선제적인 구조조정에 나설 수밖에 없다는 것이 정부의 논리이지만, 순전히 시장논리에 따른 구조조정이든 국가의 일방적이고 반학문적인 구조조정이나 학문의 자유 및 대학자치의 가치를 붕괴시키고 있다는 데서는 별 차이가 없다.

구체적으로, 국립대학의 경우 국가 및 자본권력으로부터 대학자치를 확보하는 문제가 중요하고 학문자유의 여건을 충분히 확보하는 게 중요함에도 불구하고 작금의 구조조정은 그 반대의 길을 걷고 있다. 사립대학의 경우 학교법인은 사학의 자주성만 주문(呪文)처럼 강조할 뿐 그들의 공공성은 크게 부족하고 대학의 민주주의 수준이 크게 미진한데, 지금 구조조정의 방향 역시 이를 은폐하고 있을 뿐이다. 무엇보다도 국·공립이나 사립 등 설립주체의 다양성과 관계없이 한국의 경우 국가부담의 고등교육재정이 크게 부족하여 교육여건 수준이 낮을 뿐만 아니라 사적 교육비의 부담이 과다하다는 데 대한 문제의식과 해결의지는 매우 약하다.

국가 주도의 대학구조조정은 '고등교육의 재구조화'로 전환되어야 한다고 본다. 우선 많은 전문가들과 이해관계인들이 공통적으로 지적하고 있듯이, 자율적 감축이 점진적으로 이루어지고 있는 현상을 정부가 존중해야 한다. 또한 대학설립 및 운영기준을 엄격하게 유지하여야 하며 이를 법률에 두어 실천함을 전제로 하는 경우 정부에 의한 강제감축은 득보다 실이 많다고 할 수 있다.[13] 결국 고등교육의 재구조화는 대학설립 및 운영기준을 엄정하게 유지함을 전제로 대학의 공공성 강화와 고등교육의 질적 수준을 담보할 방안을 마련하는 데 있으며, 이는 국가에 의한 고등교육재정을 충분히 확보하는 문제와 직결된다.

---

13 임재홍, 「대학평가와 대학등급화」, 위의 책, 64쪽 이하 참고.

2) 세 가지 변수

정원감축의 기저에는 3가지 따져보아야 할 문제가 있으며 이것이 구조조정의 변수를 이룬다. ① 학령인구 감소의 문제, ② 대학 및 학생 수의 적정성 문제, ③ 고등교육 수요의 적정성 문제다.

첫째, 학령인구의 감소가 곧 대학의 입학정원을 감축하여야 하는 근거가 되지는 않지만 국가 주도 구조조정의 전제임에는 틀림이 없다. 이 전제를 무시하거나 외면할 경우 서열의 아래에 해당하는 지방의 중소사립대학은 시장논리에 따라 모두 사라질 수 있으며, 반대로 국가 주도 구조조정이 주도하는 경우 평가를 통한 지원이라는 국가가 친 그물에 수용되거나 포섭되는 중소규모의 사립대학이 살아남고 대학다운 대학은 사라질 수도 있다.

둘째, 학령인구감소보다 중요한 것은 고등교육의 질을 제고하는 데 현재 한국사회의 대학이나 그 학생의 수가 양적으로 적정한가의 문제다. 이 판단에 따라 구조조정의 방식이나 규모가 결정될 것이다.

셋째, 고등교육의 수요가 과연 적정한가? 다시 말해서 과잉학력은 시대착오가 아닌지 혹은 고등교육 그 자체가 시대착오가 아닌지의 문제다. 20년 가까운 활동을 접은 '학벌없는사회'는 그들의 해산선언문에서 이렇게 밝혔다.[14]

> 학벌사회는 교육에서 비롯하지만 그 본질은 사회 권력의 독점에 있다. 그러나 자본의 독점이 더 지배적인 2016년 지금은 학벌이 권력을 보장하키는커녕 가끔은 학벌조차 실패하고 있다. 학벌과 권력의 연결이 느슨해 졌기에 학벌을 가졌다할지라도 삶의 안정을 유지하기 힘들다.

14 https://www.facebook.com/antihakbul.org 참고.(최종검색일 : 2017.2.8)

학벌보다 더 구조적 모순을 잉태하는 노동의 해체, 자본으로의 종속이 상수(常數)로 작동하는 사회에서 학벌을 상징하는 고등교육의 위상을 언제까지 존중해야 하는지 혼란스럽다. 국가 주도 산업수요에 맞는 고등교육의 구조조정프레임을 추수하기보다는 여전히 70% 상회하는 대학진학률이 초래하는 사회경제적 부작용을 성찰함으로써 노동이 지속가능하고 자본을 통제할 수 있는 사회의 다양한 가치를 추구할 필요가 있다. 결국 고등교육의 수요를 적정화할 수 있다면 사회에 필요한 다양한 가치와 그 수단들은 적절하게 배분될 수도 있기 때문에 고등교육의 규모를 지금보다 줄여나가는 것은 필요하다. 이 과정에서 생존전쟁 같은 경쟁적 학습과 대학서열화, 그리고 이로 인한 부의 세습과 사회의 양극화를 뛰어 넘는 운동이 동반되어야 할 것이다.

3. 대안으로서의 재구조화

재구조화를 하고자 하는 이유는 결국 고등교육의 질을 높이는 데 있다. 대학은 고등교육에 요구되는 보편적 수준을 확보하여야 할 뿐만 아니라 대학마다 고유한 정체성을 담지하고 구현하여야 한다. 이를 위해서 무엇보다 대학 민주주의가 제도적으로 정립되고 그 구성원들의 의식차원에서도 구현되어야 한다. 아울러 학문의 자유가 국가, 자본, 대학당국 그리고 고등교육의 수요자들로부터 확보되고 보장되어야 한다. 이러한 민주주의 요건이 충족된다는 전제 하에서 구조조정이 이루어지는 것이 순서이며 정원감축도 민주적인 방식이 바람직하다. 즉 모든 대학이 그 입학정원을 점진적으로 균등하게 감축하여 현재와 비교하여 절반규모에 이르게 하는 것이다.

대학민주주의와 그 체제와 제도가 마련되는 것을 전제로 모든 대학에 동일한 비율의 감축을 단계적으로 실시할 경우 남는 과제는 고등교육의 질을 제고하고 이를 사회화하는 데 있다. 정원감축으로 인한 재정문제가 필연적으로 발생할 것이므로 감축된 교비회계 세입에 대하여 OECD국가 평균인 GDP 대비 1.1%에 상응하는 예산확보를 통해 대학에 대한 공적 지원에 정부가 나서야 한다. 이를 위해 고등교육재정을 교부금 방식으로 지원할 필요가 있다. 만약 대학이 추가적인 자율감축을 하는 경우 교부금을 추가 지원하면 된다. 교부금 방식의 대학재정지원에는 대학측의 투명한 예산운용이 필수적인데 이를 위해 공적 지원에 의한 학교회계의 구성비만큼 학교법인의 개방이사 비율을 확대함으로써 실질적으로 사학들을 공영 내지 준공립형 사학으로 전환시켜 나갈 수 있다.

이와 관련하여 대안적인 대학구조조정 즉 재구조화를 위한 요건들을 정리해보면 다음과 같다.

우선 학교법인의 공공성과 대학의 민주주의를 확보하여야 한다. 공공성을 확보하기 위해서는 학교법인 이사의 취임승인 내지 그 취소 및 임시이사 선임에 국가의 감독권을 철저히 행사하는 등 학교법인에 대해 주무관청이 그 역할과 책무를 다해야 한다. 아울러 학교법인의 법적 성격을 재단법인에서 탈피하여 대학구성원들의 참여를 규범적으로 보장할 수 있는 사단법인으로서의 법적 성격을 고민하여야 한다. 구체적으로는 교수와 학생의 대표성을 가진 조직을 각각 법정기구 내지 학칙기구로 인정하여 교육과 연구부문의 책무성을 확보할 수 있어야 할 뿐만 아니라 이들 집단의 보편적 이익이 학교법인 이사회에 반영될 수 있는 통로가 확보되어야 한다.[15] 이와 함께 현재의 대학평의원회 위상을 대학

15 분규대학의 정상화라는 이름으로 이루어진 사학분쟁조정위원회의 정이사 선임처분행위를

의회 수준으로 격상하여 대학 안에서의 분권과 민주주의가 정립될 수 있는 방안을 모색하여야 한다.

그 다음으로 대학설립'인가'에 필요한 교사, 교지, 교원 그리고 수익용 기본재산의 기준을 대학의 유지기준으로 강화하여야 한다. 우선, '대학설립·운영 규정'의 교원산출기준을 현행 인문사회계 25명당 1인, 자연계 20명당 1인 기준보다 강화할 필요가 있다. 또한 이 기준에 부족한 대학에 대한 제재를 입법하여 입학정원의 감축을 정당화하고 공적 자금의 지원을 제한하여야 한다.

수익용 기본재산의 확보율을 제고시키는 것도 중요하다. '대학설립·운영 규정'과 그 시행규칙에 따르면 학교법인은 대학의 연간 학교회계 운영수익에서 전입금, 기부금 및 국고보조금 수입을 제외한 총액에 해당하는 가액의 수익용 기본재산을 확보하고 여기에서 연간 3.5% 이상의 소득을 올려야 하며, 매년 수익용 기본재산에서 생긴 소득의 80% 이상의 가액을 대학운영에 필요한 경비로 충당해야 한다. 법정기준인 수익률 3.5%를 적용해도[16] 수익금이 법정부담금 상당액의 56.6%에 불과한 상황에서 최근 교육부가 "수익용 기본재산은 그 총재산의 가액을 기준으로 한국은행이 작성한 해당년도 평균의 금융기관 저축성 수신 가중

취소하라는 상지대 구성원들의 저항이 6년만인 2016년 서울고법의 파기환송심에서 수용되었는데, 이 파기환송심의 본래 의미는 상지대의 경우 비리재단의 복귀가 현실적으로 차단된 데 있지만 사립대학의 경우 그 학교민주주의의 주체는 누구인지에 대한 물음 역시 규범적으로 다루었고 특히 교수와 학생들이 바로 그 주체임을 다시 확인하였다. 이러한 태도는 학교법인의 설립 목적의 영속성도 설립자로부터 이어지는 이사의 인적 연속성보다는 정관에 의하여 보장된다는 몇 해 전 헌법재판소와 대법원의 판단에 이미 내포되어 있었다. 특히 파기환송을 판시한 2015년 대법원 상고심에 의하면(대법원 2015.7.23. 선고 2012두19496, 19502 판결 참조), 사립학교법과 그 시행령과 상지학원의 정관은 대한민국헌법 제31조 제4항에 정한 교육의 자주성과 대학의 자율성에 근거한 상지대 교수협의회와 총학생회의 학교운영참여권을 구체화하여 이를 보호하고 있다고 해석하였다.(고영남, 「누가 상지대를 부실대학이라 하는가?」, 『민중의 소리』, 2016년 9월 18일자 재인용)

16 현행 3.5%도 2004년 개정으로 수익률 5%에서 하향조정된 것이다. 특히 2015년 현재 수익용 기본재산 확보율 및 수익률을 준수하고 있는 법인은 6개 법인에 불과하다(148개 4년제 대학 법인 대상).

평균금리 이상으로 연간 수익이 발생하여야" 한다는 내용으로 개정하는 입법예고를 하였다. 만약 입법예고에 따라 수익용 기본재산 수익률을 2016년 7월 기준 평균금리인 1.32%로 보면 그 수익금은 1,137억 원인데, 이는 2015년보다 수익금이 절반 이상 줄어들어 법정부담금 상당액의 21.3%밖에 되지 않는다. 더욱이 교육부가 그 수익률을 하향조정하는 것은 주로 토지 중심의 저수익 수익용 기본재산 구조를 유지·강화하게 함으로써 법인의 대학운영에 대한 지원의무를 회피할 수 있게 해 준다.[17] 마찬가지로 학교법인들이 수익용 기본재산 확보율, 수익률, 학교운영경비 부담률 등의 규정을 위배할 경우 강력한 제재조치를 취하여야 할 것이다. 물론 현행 대통령령으로 되어 있는 '대학설립·운영 규정'을 법률로 격상하거나 고등교육법에 규정할 필요가 있다.

끝으로 균등한 감축과 공적 지원, 그리고 이를 반영하는 체제의 변화가 필요하다. 교육부가 제시하는 평가기준은 교육의 공공성과 학문의 자유에 대하여 결코 정당하지 않을 뿐만 아니라 합리적이지도 않다. 권력과 자본을 추종하는 신자유주의식의 새로운 대학서열 내지 등급화는 고등교육의 질을 제고하기는커녕 학문의 자율성과 다양성을 훼손하고 고등교육의 종국적 파열의 기제로 작동하고 있으며 대학구성원들은 여기에 매우 신속한 적응력을 보이고 있다. 따라서 대학에 대한 현행 교육부의 평가방식은 철폐되어야 할 것이다.

17 대학교육연구소 2016.10.24.일자 보도자료 참고(표1 및 표2 포함).

대학구조조정 및 대학평가 정책과 대학의 공공성

김성재

1. 현 정부의 대학구조조정 정책

현 정부(교육부)의 대학구조조정 정책은 이명박 정부 하에서 시작된 투입 대비 산출의 효율성을 추구하는 신자유주의적 고등교육정책이라고 할 수 있다. 이명박 정부의 대학구조조정 정책은 일률적인 대학평가를 통해 정부재정지원제한대학을 선정함으로써 대학을 공익적인 교육기관이 아니라 기업으로 간주하는 자본주의적 생존논리로 대학을 서열화했다. 박근혜 정부는 여기서 한 걸음 더 나아가 징벌을 수반하는 강제적인 대학구조조정 정책으로 재정지원 제한과 함께 대규모의 정원감축(8년 동안 16만 명) 및 부실대학 퇴출을 유도하고 있다. 강제적인 대학구조조정을 합법화하기 위해 '김희정 법안'(대학평가 및 구조개혁에 관한 법률안,

2014), '안홍준 법안'(대학 구조개혁에 관한 법률안, 2015)이라고 불리는 구조개혁법이 제출되었으나, 이들 법률안은 19대 국회가 종료함에 따라 자동 폐기되었다.

2016년에는 정부여당이 4대 개혁안 중의 하나로 '김선동 법안'(대학 구조개혁 촉진 및 지원에 관한 법률안)을 발의했으나 학계의 반발로 아직 입법에 이르지 못한 상태다. 교육부는 학교 법인의 해산 시 잔여재산 일부를 설립자 등 재산 출연자에게 돌려주는 구조개혁법이 대학평가에서 낙제점을 받은 대학의 효율적 퇴출을 위해 불가피하다고 강조하지만, 현행 사립학교법에도 있는 잔여재산 처리와 해산장려금 지급 관련 조항(사립학교법 제35조) 및 폐교 시 공공재산에 손 댈 수 없다는 규정을 설명하지 못한다. 사립대학 설립자의 초기 출연금을 훨씬 초과하는 방대한 학교 재산은 그동안 정부의 재정지원과 각종 혜택, 외부의 기부금 그리고 학생 등록금이 축적된 공공재산이다. 따라서 교육부가 소위 '사학 소유주'의 재산을 보호하기 위해 구조개혁법에 집착하는 것은 학교 법인을 '사유재산'으로 보는 신자유주의적 몰상식과 비리사학을 양산한 교육부 관료(교피아, 관피아) 및 타락한 정치권력과 공생하는 사학의 오래된 유착관계의 소산이라고 볼 수밖에 없다.[1]

현재 한국 대학의 위기는 학령인구의 감소와 함께 무질서하게 비대해진 대학에 닥친 구조조정의 절박함에서 비롯된다. 한국대학교육협의회 소속 총장들은 2017년 1월 24일 국립대학과 사립대학의 균형과 조화를 위해 거시적 정책적 조정역할을 담당할 독립된 '고등교육위원회'의 설립을 주장하면서, "현재의 대학은 반값등록금 규제 및 구조개혁과 재정지원이 연계된 각종 평가로 중첩된 소위 '규제의 바다'에서 허덕이

1 김성재, 「사학비리 무보도, 무엇이 문제인가?」, 민교협 쟁점토론 "사학비리에 눈감은 언론!" 발표문, 2016.7.11, 5~21쪽.

고 있는 위기상황이라고 할 수 있습니다. 뿐만 아니라 학령인구의 감소와 장기화된 경기침체, 청년 일자리의 심각한 부족, 대학에 대한 부정적인 인식 등으로 암담한 현실에 직면해 있습니다."라고 현재의 대학 위기를 하소연하고 있다.[2] 따지고 보면 오늘날 구조조정이 불가피할 정도로 대학이 대폭 늘어나게 된 것은 정부가 교육여건도 제대로 갖추지 않은 사립대학을 자유롭게 설립하도록 하는 신자유주의 정책인 대학설립준칙주의를 1990년대부터 써왔기 때문이다. 실제로 대학설립준칙주의 정책에 따라 1990년~2000년 동안 설립된 사립대학의 수가 108개나 된다. 이처럼 대학의 폭발적인 팽창으로 인해 고등교육기관의 공공적인 성격은 사라지고 대학 간 경쟁력 확보를 위한 시장논리가 전면에 등장한다.

무엇보다도 박근혜 정부가 제시한 강제적 대학구조개혁의 방향은 그동안 각종 대학평가의 목적이라고 표방되어온 대학의 경쟁력 향상과 대학교육의 질 제고와 더욱더 거리가 멀어지고 있다. 대학의 경쟁력과 효율성을 따진다면 대학의 구조개혁은 차라리 시장논리에 맡겨놓는 것이 더 나을 것이다. 학령인구 감소에 따른 대학의 숫자나 입학정원의 축소는 대학의 생존을 위해 불가피한 상황이기 때문이다. 그러나 현재 교육부가 구조조정을 위해 내놓은 대학평가의 방향은 고등교육을 고려하기보다는 비대해진 대학을 정부가 마련한 평가기준을 적용해 강제로 대학을 축소시키는 데 초점이 맞추어져 있다. 정부가 주도하고 있는 강제적 대학구조개혁 처방은 마치 큰 병에 걸린 대학이라는 환자를 치유하는 데 오진한 의사가 집도까지 하는 모양새다. 장기적인 안목 없이 대학설립을 마구잡이로 허용했다가 과다해지니까 억지로 줄이려는 정책을 펼치는 상황에서 학계와 교육계가 교육부 무용론이나 폐지론을 주장하는

---

2 이연희, 「대학 총장들 "독립된 고등교육위원회 설립해야"」, 『한국대학신문』, 2017.1.24. http://news.unn.net/news/articleView.html?idxno=168962

것도 무리가 아니다. 아니나 다를까 2017년 2월 6일 전국 시도교육감들은 국가 백년지대계(百年之大計)인 교육이 정권이 바뀔 때마다 흔들리면서 오년지소계(午年之小計)가 되었다며 교육부를 해체하고 '국가교육위원회'를 설치할 것을 주장했다.[3]

과거의 대학평가가 대학의 최소 교육여건을 충족시키는 인증평가에 중점을 두었다면, 최근 신자유주의적 고등교육정책이 실행되면서 대학평가의 지표는 대학 간 경쟁을 유도하거나 대졸 인력과 산업계가 요구하는 전문화된 인력 간의 양적 · 질적 불일치(mismatch)를 문제 삼아 산학연계 교육을 반영하는 평가지표를 새롭게 도입하고 있다. 대졸인력의 양적 팽창과는 반대로 기업의 수요에 부응하지 못하는 인력의 재교육에 투자되는 시간과 비용이 국가경쟁력 하락의 요인이 된다는 산업계의 지적이 반영된 결과다. 더군다나 이명박 정부가 들어서면서 정부의 고등교육정책의 실패에서 비롯된 부실대학과 공급과잉의 문제를 해결하기 위해 대학평가를 대학퇴출정책과 입학정원감축정책의 수단으로 도입했다.

지금까지 신자유주의 고등교육정책은 크게 대학에 대한 보조금 삭감과 고등교육기관의 기업화를 통한 자본의 이윤추구라는 두 가지 방향에서 실행되었다.[4] 전자는 고등교육기관의 사유화 수준에서 대학재정의 압박 수단으로 집행되는 데 반해, 후자는 고등교육기관을 기업화하여 영리를 추구하기 때문에 시장경쟁력을 부추기고 영리법인대학의 출현을 예고한다. 영국과 미국에서 시작된 신자유주의적 대학정책은 김영삼 정부 이후 도입되어 대학교육의 질 향상과 경쟁력 강화라는 목표를

3 배문규, 「전국 시도교육감, 국가교육위원회 설치 요구… '교육부 사실상 해체' 주장」, 『경향신문』, 2017.2.6. http://news.khan.co.kr/kh_news/khan_art_view.html?artid=201702061628001&code=940100#csidxaf18f61aab01e7d986f950b3a9708ee

4 임재홍, 「대학평가를 통한 구조조정 – 고등교육 시장화와 공공성의 몰락」, 대학공공성 강화를 위한 전국대학구조조정공동대책위, 『대학구성원들이 직접 이야기하는 교육부 대학평가지표 및 대학구조조정 토론회 자료집』, 2014.12.19, 3~15쪽.

내세웠다. 대표적으로 대학설립자유화정책과 대학자율화정책이 실행되었지만, 두 정책은 모두 대학교육의 질과 경쟁력을 제고하는 데 실패했다. 결과적으로 대학설립자유화정책은 우수대학을 육성하는 대신 부실·부패 대학만 양산했고, 대학교육의 질이 향상되는 대신 기존의 대학 서열화는 더욱 견고해졌다. 또한 대학자율화정책에 따라 국립대학을 사립대학으로 전환시키는 법인화 정책을 추진하고 탈규제화로 사립대학의 상업화를 촉진하여 세계적인 수준의 경쟁력 있는 대학을 육성하자는 취지와는 반대로 대학의 피폐화와 등록금 폭등만 초래했다.

이러한 정부 실패에도 불구하고 2015년부터 교육부가 실시하고 있는 대학평가는 2023년까지 대학 입학정원을 16만 명을 감축해 40만 명 선을 유지한다는 목표를 세워 대학을 5개 등급화(A~E)하여 이를 정부의 재정지원과 연계하고 입학정원 감축의 수준을 결정하는 수단으로 삼았다. 2015년 8월 31일 교육부가 발표한 (전국 298개 대학교를 대상으로 실시한) 1주기 대학구조개혁평가 결과에 따르면, 입학정원 자율감축 권고 대학인 A등급을 받은 34개 대학에는 서울지역 규모 중급이상 대학 대부분과 지방대 14곳이 포함되었다. 하위그룹에 속하는 D~E 등급을 받은 4년제 일반대학 32개와 전문대학 34개가 국가장학금, 학자금대출 등 재정지원에서 제한을 받게 되었고, 교육부는 이들 대학에 대해 입학정원 감축을 유도하기로 했다. 사실상 '낙제점'을 받은 이 대학들은 퇴출 위기에 내몰릴 것으로 보이지만, 관련법(구조개혁법안)이 아직 통과되지 않아 정부가 강제로 정원을 감축하는 건 불가능하다. 그러나 일률적인 대학평가를 통해 사립대학을 구조조정하면 대학서열의 고착화와 함께 대학의 양극화는 더욱 심화될 것이다.

공교육과 대학의 지역균형발전의 관점에서 볼 때 현 정부의 고등교육정책에 기초한 대학평가 방식은 현재의 서열화된 대학체계에서 주변으로 밀려난 대학들을 철저하게 황폐화시키는 결과를 낳을 것이다. 4년제 대학보다는 전문대학이, 수도권 대학보다는 지방의 중소 사립대학이 더 큰 피해를 입게 될 것이기 때문에 지역의 고등교육 기반은 붕괴될 것이다. 실제로 1주기 대학평가 결과를 보면, 서울지역 대학은 4년제 대학을 기준으로 할 때 34교 중 74%에 달하는 25교가 A~B등급을 받은 반면, C~E등급을 받은 3곳 중 2곳(68%)이 지방대학이었다. 또한 정원감축 결과를 보더라도, 2016년 현재 대학 및 전문대학의 입학정원(50만 3,481명)은 2013년보다 4만 2,391명(7.8%)이 줄었고, 이 중 77.9%(3만 3,016명)가 지방대학에서 감축되었다. 이는 지방대학의 정원감축률(9.6%)이 수도권 대학(4.6%)보다 2배 이상 높았기 때문에 일어난 현상이다. 놀랍게도 서울지역 대학 입학정원은 같은 기간 77명 늘었는데, 서울지역 대학 정원감축률은 1.9%(1,624명)에 불과했기 때문이다.

대학 운영경비의 대부분을 등록금에 의존하는 사립대학, 특히 지방의 중소사립대학은 대학입학 정원이 감축되면 부족해진 운영경비를 확보하는 데 등록금 인상만이 유일한 대안이다. 그러나 현 정부가 강행하고 있는 '반값등록금정책'으로 대부분의 사립대학들은 등록금을 인상하기는커녕 수년 동안 동결하거나 그동안 축적해온 적립금을 운영경비로 사용하고 있다. 이러한 상황에서 지역의 거점 국립대학과 수도권 대학 서열체계에서 우위를 확보하고 대학들은 재정지원과 연계된 정부의 대학입학정원 감축정책에 비탄력적으로 대응(저항)하면서 등록금을 현상대로 유지하거나 인상하고 있다. 또한 현재의 대학평가체계에 따라 최우수대학(A 등급)이나 우수대학(B등급)의 평가를 받는 수도권 소재 대학들은 등록금을 인상하더라도 학생모집에 큰 영향을 받지 않을 것이다. 그러나 그 이하의 평가(C등급 이하)를 받는 보통의 대학들은 입학정원의 감축으로 등록금 수입이 급감함에 따라 대학운영비의 70% 이상을 차지하는 교수와 직원의 인건비를 삭감하거나 구조조정을 통해 교수·직원의 수를 줄일 수밖에 없다. 무엇보다도 지역의 중소 사립대학들은 자발적인 퇴출의 위기에 처하면서 대학평가의 최대 희생물이 될 것이다.

한편 교육부는 2016년 대학구조개혁을 강제하는 대학평가라는 채찍과 함께 낮은 전공 취업률을 빌미로 인력 미스매치 해소를 위해 "산학연계 교육 활성화 선도대학 육성사업(PRogram for Industrial needs–Matched Education: 프라임/PRIME)"이라는 당근(3년 동안 권역별 대형 8개교 150억~300억, 소형 10개교 50억 재정지원)을 제시함으로써 다시 한 번 강도 높은 구조개혁(10% 정원 감축 또는 최소 200명~100명 이상의 전공 인원 조정)을 재촉하고 나섰다. 프라임사업은 대학경영에서 입학정원에 따른 등록금 수입과 상관없는 국립대학에 대해서는 사업응모의 유인책이 될 수 없기에 사립대학이 그 대상이고, 인문사회계열의 정원을 감축하고 기업이 요구하는 인력을 육성하는 이공계열의 정원을 늘리는 것을 목표로 삼고 있다. 그러나 이 사업은 대학의 기본 이념인 인간교육과 연구보다는 국가가 대학에 책임을 전가한 취업에 중점을 두고 있기 때문에 정권에 비판적인 인재를 양성하는 인문사회과학을 죽이는 음모에 불과하고, 대학을 예측 불허의 단기 취업을 준비하는 직업전문학교 수준으로 전락시키는 대학파괴 정책이다. 또한 이 사업이 제공하는 비교적 큰 규모의 재정지원금은 주로 기업이나 관계의 퇴직자들(이 사업을 실질적으로 구상하고 정부에 로비를 수행한 민관업계 낙오자들)을 신임 교수요원으로 채용하는 데 필요한 인건비나 전공 인원 이동에 따른 대학건물의 신개축 비용으로 지출되고 있는 것이다. 대학재정에 실질적인 도움도 되지 않는 프라임사업에 대응했던 대학 구성원들은 기존의 학과(부)체계를 파괴하고 정원을 감축하면서 단지 대학 경영자(보직자)들의 치적을 위한 사업에 대한 응모여부를 놓고 극심한 갈등을 겪어야만 했다. 실제로 이 사업에서 탈락한 대학의 구성원들이 오히려 안도의 한숨과 함께 사업 자체에 대해서 냉소적인 태도를 보였다.

2. 2주기 대학평가 계획과 전망

교육부는 2014년부터 2016년 하반기까지 특성화 사업, 1주기 대학평가, 프라임 사업 등을 통해 당초 정원감축 목표였던 40,000명을 초과해 44,000명을 감축했다. 교육부 대학구조개혁위원회는 2016년 11월 24일 2주기 대학구조개혁평가 토론회를 개최하고 평가 방안을 공개했다. 그 요지는 2018년 2주기 대학평가를 실시하고, 큰 틀에서 1주기 평가의 기준 및 절차를 준용하되, 상위 50%는 '자율 개선 대학'으로 선정해 정원감축 없이 지원을 더욱 확대하고 하위 50% 대학은 3등급(X, Y, Z 등급)으로 구분해 등급별로 차등적인 정원감축과 재정지원 제한 조치를 취하는 방안이다(표1). 한마디로 교육부는 전체 대학 중 절반만 살리고, 나머지 절반은 대폭적인 정원 감축과 재정지원 제한으로 퇴출을 유도해 나가겠다는 것이다.

〈표1〉 정부 재정 지원 제한

등급	정부 재정지원 사업	국가장학금		학자금대출	
		I 유형	II 유형	일반	취업 후 상환
X등급 (정원감축만 권고)	-	-		-	
Y등급	신규 사업 제한 계속 사업 지원	-	신·편입생 지원제한	신·편입생 50%제한	-
Z등급 (한계대학 포함)	전면 제한	신·편입생 지원제한		신·편입생 100%제한	

출처: 교육부 대학구조개혁위원회(2016.11.24). 「2주기 대학구조 개혁 개선방안 연구」, 32쪽.

2주기 평가방안은 전체 대학을 5등급으로 구분했던 1주기 평가와 달리 A등급뿐만 아니라 B등급까지 정원감축을 하지 않는 대신, 주된 구조조정 대상을 D~E등급(하위 20% 내외)에서 C~E등급(하위 50% 내외)으로 확대하고 정원감축률을 1.5~2배(최대 30%까지) 높이는 방식이다. 아직 확정된 평가방안은 아니지만, 이 방안의 특이점은 최하위 등급 중 '한계대학'을 별도로 선별하여 강도 높은 구조조정을 통해 퇴출을 압박하는 것이다. 여기서 한계대학은 1, 2주기 평가에서 연속 최하위 등급을 받은 대학과 중요지표(학생충원율 등)가 일정 기준에 미달하는 대학을 일컫는다. 2주기 대학 평가지표의 기본 원칙은 대학의 준비도와 예측성을 고려해 1주기의 큰 틀을 유지하되, 지표의 특성에 따라 설립(국·공립/사립), 지역(수도권/비수도권), 규모, 계열 등이 고려될 수 있도록 평가 가이드라인을 새롭게 제시한다는 것이다. 또한 평가지표 중에서 특성화 분야의 정량지표를 정성 요인을 통해 보완한다는 계획이 포함되어 있다. 1주기 대학평가에서 얻은 경험을 토대로 새로 추가된 두 가지 신규 지표는 ① 지역사회 협력과 기여, ②대학 운영의 건전성, 곧 구성원(총장/교수/직원/학생)의 참여와 합의를 통한 민주적 소통과 법인의 책무성(법정 부담금, 법인 전입금 비율 등)이다(표 2 참조).

2주기 대학구조개혁 평가는 1주기 평가에서 반영되지 않았던 설립(국·공립/사립), 지역, 규모 등 대학의 특성을 고려함으로써 약간의 평가지표 개선이 이루어질 것으로 예상된다. 그러나 지역사회 협력·기여와 대학운영의 건전성이라는 두 개의 신규 지표는 여전히 지방의 중소 사립대학에 적용할 수 없는 비현실적인 잣대다. 시군 소재 지방대학들, 특히 광주·전남의 대부분의 대학은 신입생 충원이 어려워지면서 자발적인 구조조정을 단행한 결과 폐과와 학과통폐합이 속출하고 있지만, 매년 감소하는 대학운영비를 충당하기 위해 취업규칙을 어기면서 해당

〈표 2〉 2주기 대학평가 지표

평가 항목	구분		평가 지표	비고	지표별 고려사항
	1단계	2단계			
특성화	○		〈정성〉 계획의 수립·추진·성과		
			〈정성〉 정원 조정의 연계성		
수업 및 교육과정 운영	○		〈정성〉 [일반대] 교육과정·강의 개선 [전문대] 현장실습·훈련 과정		
			〈정량/정성〉 수업 관리		
			〈정성〉 학생 평가		
교육 여건	○		〈정량/정성〉 전임교원 확보율		설립
			〈정량/정성〉 교사 확보율		
			〈정량/정성〉 교육비 환원율		설립
교육 성과	○		〈정량〉 학생 충원율		지역
			〈정량/정성〉 졸업생 취업률		계열/지역
			〈정성〉 교육 수요자 만족도 관리		
학생 지원	○		〈정성〉 학생 학습역량 지원		규모
			〈정성〉 진로·심리 상담 지원		규모
			〈정량〉 장학금 지원		
			〈정성〉 취·창업 지원		규모
전공 및 교양 교육과정		○	〈정성〉 교양 교육과정		
			〈정성〉 전공 교육과정		
지역사회 협력·기여		○	〈정성〉 지역산업 연계	신규	
			〈정성〉 지역 발전 기여	신규	
대학 운영의 건전성		○	〈정성〉 구성원 소통, 재정·회계, 법인 책무 등	신규	

출처: 교육부 대학구조개혁위원회(2016.11.24). 2주기 대학구조 개혁 개선방안 연구, 27쪽.

교원에 대한 급여 삭감(20%~40%)과 직권 면직을 공공연하게 단행하고 있다. 권위주의적(또는 관학유착의) 족벌 사학이 대부분을 차지하는 이들 대학은 구조조정에서 살아남은 교원에 대한 책임시수 부담의 확대(주 9~12시간), 교원업적 평가 강화를 통한 급여 삭감, 급여 동결, 전임교원 연봉의 절반에도 못 미치는 처우를 받는 강의전담 교수 채용 등의 불법

행위를 거리낌 없이 저지르고 있지만, 교권과 복지를 대변하는 교수협의회와 같은 교수대표 조직의 활동이 거의 전무한 상태다. 광주·전남을 비롯한 지역의 몇몇 '비리사학'(가령 수원대, 상지대, 광주여대, 초당대, 세한대 등)의 경우 불법행위를 비판하는 교수들에게 재임용 탈락, 직권 면직 등의 가혹한 징벌을 가함으로써 2~5년 동안 송사로 정신적·경제적 고통을 주고 있다.

교원의 신분을 현저하게 위협하는 비리 사립대학들이 지방 곳곳에 여전히 존재하고 있는 상황에서, 앞으로 진행될 2~3주기 대학구조개혁을 위한 대학평가는 수도권과 지역 간 대학재정의 불균형에서 발생하는 대학의 빈부 양극화를 더욱 부채질하고, 퇴출 대학이 늘어남으로써 대량의 교수·직원 실업자를 양산할 것으로 예상된다. 한마디로 이명박 정부 이후 실시되고 있는 교육부의 대학구조조정은 대학을 기업으로 간주하면서 시장논리, 곧 경쟁력과 효율성을 추구하는 신자유주의적 이데올로기의 맹목적인 실천이라고 할 수 있다. 그 결과 블로흐가 말한 대로 "부가 빈곤을 생산한다"[5]라고 하는 '빈곤의 변증법'이 대학의 빈부 양극화를 심화시키고 있다. 대학의 서열과 경향(京鄕)의 소재지에 따라 이미 결정되어버린 대학의 빈부격차는 가난한 중소 지역 사립대학을 황폐화시키고 있으며, 지역의 고등교육 기반을 파괴시키면서 대학 구성원들을 지옥으로 몰아가고 있다.

---

5 Bloch, E., *Subjekt-Objekt: Erläuterungen zu Hegel*, Frankfurt a. M.: Suhrkamp, 1977, p.266.

3. 바람직한 사립대학 문제의 해결 방안
– 대학의 공공성 회복

야스퍼스에 의하면 대학은 시대의 가장 현명한 의식이 만개(滿開)할 수 있도록 사회와 국가가 보장하는 곳이고, 그곳에는 오직 진리를 파악하는 직업을 가진 인간들이 교수와 학생으로서 모일 수 있다.[6] 왜냐하면 어떤 곳에서 조건 없는 진리연구가 수행되는 것은 인간이 인간으로서 당연히 요구할 수 있는 권리이기 때문이다. 따라서 국가와 사회의 권력자들은 대학을 보살피고 보호해야 한다. 또한 대학은 과학적인 능력과 정신적인 수양이 요청되는 국가적인 직업을 수행하는 데 필요한 기초가 다져지는 곳이다. 1966~76년 '문화대혁명' 시기 10년 동안 대학이 폐쇄되면서 중국은 과학적·정신적 능력이 사라진 미개국으로 후퇴했고, 수천 년 동안 속국이었던 한국에 의해서도 최근까지 '짝퉁 제조국'으로서 멸시받는 국가로 전락했다. 중국의 사례에서 보듯이 대학은 '사유재산'이 아니라 '정신적인 공유재산'이기 때문에 국가와 사회는 대학의 공공(익)성에 관심을 가지지 않을 수 없다.

국가가 시대의 현명한 의식 형성, 진리 추구, 과학적·정신적 수양에 기초한 국가적 직업 교육이라는 대학의 보편적인 이념을 정확히 인식한다면, 정부는 현재 주로 사립대학을 겨냥해 추진하고 있는 신자유주의적 구조개혁 정책을 중단하고 국·공립 대학 또는 공영(익)형 사립대학으로 전환하는 고등교육정책을 실시해야 할 것이다. 지금까지 정부의 고등교육정책이 학령인구 감소에 따른 대규모의 정원감축 및 부실대학 퇴출을 겨냥했다면, 이제는 정원감축과 대학 퇴출 후의 후유증을 해소하는 대학정책에 더 몰입해야 할 때가 온 것이다. 비록 정부 주도는 아니었지만, 비

6 Jaspers, K., *Die Idee der Universität*, Berlin, Heidelberg: Springer-Verlag, 1946.

리 재단을 축출했던 상지대 임시이사들이 2003년 사회 명망가들로 구성된 공영형 이사제를 채택한 적이 있다. 이 공영형 이사제는 임시이사들이 일방적으로 정이사를 선임한 것은 부당하다는 소위 '김황식 판결'(2007년)로 무위로 끝났고, 그 후유증은 이명박 정부가 사학분쟁조정위원회를 통해 비리를 저질러 퇴출되었던 구경영진을 복귀시킴으로써 지금까지 계속되고 있다. 휴교령까지 내려진 학내 분규로 몸살을 앓던 인천대는 1994년 사립대에서 시립대로, 2006년에는 시립대에서 국립대로 전환됨으로써 국·공립화되었다. 저출산 고령화 현상이 심각한 일본에서도 지자체 운영의 공립으로 전환하려는 사립대들이 늘고 있다.[7] 2009년 이후 7개 사립대가 공립으로 전환했고, 현재 6개 사립대가 공립 전환을 추진 중에 있다고 한다. 일본의 경우 심각한 경영난에 빠진 사립대가 공립으로 전환하면 국가로부터 보조금을 받아 등록금을 낮춰 경쟁력을 확보할 수 있다는 것이다.

72,000여 명의 호남 주민들이 성금을 모아 1946년 설립한 민립 조선대의 경우 김대중 정부 시절부터 이명박 정부에 이르기까지 국가와 시민사회 주도로 세 번의 시립화 시도가 있었으나, 구성원들의 무관심과 저임금 공무원 신분에 대한 불안으로 무산되었다.[8] 2011년 23년 동안의 임시이사체제를 종식시키고 제1기 정이사체제가 출범해 현재 제2기 정이사체제의 임기가 끝난 지금, 조선대 구성원들의 협의체인 대자협(대학자치운영협의회: 1988년 대학민주화 이후 교수, 직원, 학생, 총동창회로 구성)이 현재 '공익형 이사제'를 관철하기 위해 무능하고 무책임한 법인이사회를 상대로 투쟁하고 있다. 대자협은 민립대학정신을 구현하고, 대학의 공공성과 민주성을 담보하며, 지역사회와 함께 대학의 미래를 개척하기 위해 2017년 2월 25일

7 윤명진, 「저출산에 학생부족·경영난…日사립대학, 공립전환 러시」, 『연합뉴스』, 2017.2.6. http://www.munhwa.com/news/view.html?no=2017020601032409317001

8 김성재, 「조선대, DJ정부 때부터 논의되던 공영화 왜 아직도…」, 사학, 문제와 해법 5 – 사학의 민주적 운영과 대학교육 공익성, 『프레시안』, 2014.1.5. http://www.pressian.com/news/article.html?no=110434.

임기가 만료된 제2기 이사회를 해체하고 공익형 이사제를 주장하고 있다. 공익형 이사제는 광주광역시 및 전라남도, 광주광역시교육청 및 전라남도교육청, 지역 경제계와 유관기관, 시민사회 등에서 추천된 인사, 당연직 이사로서 조선대학교 총장 및 총동창회장, 대학구성원의 민주적 추천에 의한 개방이사 등이 참여하는 민주이사회를 일컫는다. 이 제도의 장점은 지자체장과 교육기관의 장은 임기 동안만 이사로 활동할 수 있다는 것이다. 따라서 일반적인 사립학교 법인이사처럼 영구적인(사실상 상속 가능한) 사유재산권을 주장할 수 없고, '관학유착' 또는 '권학유착'을 통한 '사학비리'의 유혹에서 자유로울 수 있다.

한국의 사립대학이 공립 또는 국립으로 전화되어야 한다는 당위성은 이제 교육부부터가 부정할 수 없는 것이 되었다. 대학입학 학령인구가 급감하는 인구절벽으로 인한 사립대학의 경영난뿐만 아니라, 교육부가 2018년에 실시하겠다는 대학구조개혁 2주기 평가계획에서 신규 지표로 대학 운영의 건전성(구성원 참여 및 소통, 법인의 법정부담금 부담률 등)을 강조하고 있는 것에서도 확인된다. 더 나아가 교육부는 '대학재정지원사업 공동 운영관리 매뉴얼' 개정을 통해 부정과 비리로 총장(이사장)이 파면 또는 해임된 대학은 국가재정지원사업에서 배제시키겠다는 계획을 발표함으로써 국·공립대에 가까운 대학운영의 공공(익)성과 투명성에 방점을 찍고 있다. 국가는 유럽의 선진국처럼 국민의 고등교육에 대한 무거운 책임이 있고, 모든 국민은 대학의 보편적인 이념에 따라 국가가 운영하는 고등교육을 받을 권리가 있다. 대학의 국·공립화가 대학인이 그러한 권리를 누릴 수 있는 궁극적인 목표이지만, 과도기적인 정책으로서 비리의 유혹에 쉽게 빠질 수 있는 사립대학 재단을 공(영)익형이사제로 전환하는 것도 국가의 우선적인 고등교육정책으로 고려되어야 할 것이다.

박근혜 정부 대학구조개혁 정책의 쟁점과 과제

신현석

1. 서언

박근혜 정부의 대학구조개혁 정책은 정부 출범 첫 해인 2013년에 정책의 대강을 담은 '고등교육발전 종합방안'[1]을 기준적 모범으로 하고 있다. 교육부는 2013-14년에 구조개혁 평가 실행을 위한 준비단계[2]를 거쳐, 2015년 4월부터 전국의 모든 대학들을 대상으로 대학구조개혁 평가

1 교육부, 「고등교육 종합발전 방안」, 2013.9.

2 교육부는 '고등교육발전 종합방안' 발표 직후인 2013년 10월 대학구조개혁 정책연구팀(책임자: 배상훈)으로 하여금 대학구조개혁 방안을 마련하여 전국 순회 토론회를 가졌고, 그 결과를 바탕으로 2014년 1월28일 대학구조개혁 추진계획을 발표하였다. 그리고 교육부는 이 방안을 실행에 옮기기 위한 후속조치로 교육개발원 연구팀에 구조개혁 평가방안을 의뢰하여 그 결과물에 대한 전국 공청회를 통해 의견수렴 과정을 거쳐 최종적으로 대학구조개혁 평가방안을 확정 · 발표하였다(2015.1)..

를 실시하였다. 2015년 하반기부터 2016년 전반기까지는 하위등급(D, E 등급)을 받은 대학들을 대상으로 컨설팅을 실시하여, 개선을 위한 이행과제를 대학 자체적으로 설정하도록 하였다. 그리고 2016년에는 이들 대학에 대한 이행과제 점검을 통해 점검 결과의 우수성 여하에 따라 정부 재정지원 가능 등 페널티 면탈 여부를 발표하였다.[3] 교육부가 발표한 대학구조개혁 방안은 그 적용 대상인 대학은 물론, 전 국민의 뜨거운 관심과 우려 속에서 프라임사업 등 각종 재정지원사업과 함께 박근혜 정부를 대표하는 고등교육정책으로 자리매김하였다.

대학구조개혁 평가에서 하위 등급을 받은 대학들을 대상으로 한 컨설팅과 그에 따른 이행점검 결과가 최종 발표됨에 따라 말도 많고 탈도 많았던 1주기 평가('14~'16)가 마무리 단계에 들어서고 있다. 총 3개 주기 12년 동안 대학입학 정원 16만 명 감축을 목표로 하는 대학구조개혁 정책은 바야흐로 2017년도부터 시작되는 2주기 평가('17~'19)를 앞두고 교육부에서는 어떻게 평가를 진행할 것인가를 연구·기획 중이다. 간간히 1주기 평가와 큰 틀에서는 다르지 않을 것이라는 이야기도 들린다.[4]

정부의 이러한 부산한 대학구조개혁 정책 활동과 달리 사계에서는 백가쟁명식 담론과 주장이 우후죽순처럼 제기된다. '한국대학학회'(2015.5)에서는 전국순회교수토론회, 학술대회, 현장 조사 등을 거쳐 국회에서 대학구조개혁 정책대안을 발표한 바 있다. 교육시민단체인 '사교육걱정없는세상'(2016.6)에서는 현장의 관점에서 대학구조개혁이 남긴 부작용을 지적하면서 새로운 정책 대안을 제시하는가 하면, '사립대학교수연합회'(2016.8.18)에서는 구조개혁 평가를 치른 대학의 실태를 조사하여 대학구조개혁의 문제점 개선을 위한 방안을 제안하기도 하였

3 교육부, 「대학구조 개혁 후속 이행점검 결과 발표」, 2016.9.5.
4 「2주기 대학구조개혁평가, 내년으로 당겨지나」, 『한국대학신문』, 2016.6.21.

다. 최근 더불어민주당 소속 유은혜의원은 지난 3년간 대학구조개혁 추진 결과 서울 소재 대학은 살린 반면, 지방대학을 죽이고 있다고 비판하면서 2주기 평가에 대한 대폭적인 보완을 요구하기도 하였다(유은혜의원실, 2016.9).[5] 이들은 인구절벽시대의 도래에 따른 학령인구의 급격한 감소에 따라 대학입학정원 감축을 중심으로 한 구조개혁의 필요성에 대해서는 공감한다. 그러나 정부가 주도하는 대학구조개혁 정책에 대해 교육부의 일방통행적이고 하향적 정책 추진에 의한 대학의 자율성 침해, 대학의 특성 여건을 무시한 획일적인 평가의 폐해, 그리고 정원감축 효과만 있고 교육의 질 제고에 기여하지 못하는 점 등을 문제점으로 꼽고 있어,[6] 정책의 추진방법과 방식에 대해서는 이견을 보이고 있다는 것을 알 수 있다.

이러한 바탕 위에서 본 고는 박근혜 정부에서 추진되어온 대학구조개혁 정책의 궤적을 추적하여 정책의 구성요소별로 정부와 이해집단들이 서로 엇갈린 의견을 보이고 있는 쟁점들을 도출하고, 그 쟁점을 해소하기 위한 과제를 제시하는데 목적을 둔다.

2. 박근혜정부의 대학구조개혁 정책

박근혜정부의 대학구조개혁 정책의 대강은 2014년 1월에 발표된 '대학구조개혁 추진계획'에 담겨있다. 정책의 추진 방향은 대학구조개혁이 이 시기에 긴급히 필요한 이유를 설명하는 배경으로부터 가늠할 수 있

5 국감자료에 따르면 이 기간 중 전국 일반대학 구조개혁으로 정원감축 대학 10곳 중 7곳은 지방대로 나타났고, 100명 이상 감축한 대학의 83%가 지방대학으로 집계되었다.

6 윤지관, 「대학의 폐허화, 이대로 방치할 것인가 – 대학구조조정의 정치학」, 『안과밖』 36(1), 2014, 143~162쪽.

다. 교육부(2014.1)는 4가지 이유를 들어 대학구조개혁의 필요성을 설명하고 있다.

첫째, 향후 고등교육 인력 수급 전망에 따른 선제적 대응이 필요하다는 것이다. 대학 입학자원이 급감하고, 정원 미충원 사태가 확산되고 있는 현상을 그냥 묵과할 수 없으며, 특히 2018년부터 대입정원이 고교졸업자 수를 역전하는 현상이 발생하게 되고 2020년 이후에는 그 간극이 더 심하게 벌어진다는 인구예측은 그 필요성을 강조한다. 이러한 현상을 방치할 경우 향후 국가의 중견 및 고급 기술인력 공급에 차질이 빚어질 우려가 제기된다.

둘째, 대학 교육의 질 제고를 통한 고등교육 경쟁력 강화가 요구되고 있다는 국민들의 요구가 증가하고 있기 때문에 필요하다는 것이다. 반값 등록금 도입 등으로 국민의 세금이 부실대학들의 연명 수단으로 악용되어서는 안 된다는 사회적 요구를 정부가 거부할 명분이 없으며, 이에 교육이 부실한 대학들을 가려 교육환경을 개선하고 교육수준을 개선할 수 있도록 제도적 기반을 마련한다는 차원에서 대학구조개혁이 필요하다고 설명한다. 이러한 명분은 대학은 우선 교육기관이기 때문에 '잘 가르치는' 본질적 역할을 잘 수행하여야 하며, 특히 학부교육은 대학의 3대 기능 중 학생 교육에 초점을 맞춰야 한다는 인식과 그 궤를 같이 한다.

셋째, 대학입학자원의 급감으로 지방대학과 전문대학부터 나타나고 있는 과도한 미충원율로 인한 대학운영의 어려움이 닥칠 것으로 예상되고, 이로 인한 파급효과로 고등교육 생태계 전반이 급격히 황폐화될 수 있다는 우려 때문에 대학구조개혁이 시급하다는 것이다.[7] 지역에서 대

7 신현석, 「정부주도 대학구조개혁 정책이 미치는 영향은?」, 『사립대학총장협의회 발표자료』, 2014; 김성열·오범호, 「합리적 대학구조개혁 평가모형 설계를 위한 제안 – 시뮬레이션 결과를 중심으로」, 『교육정치학연구』 21(4), 2014, 49~68쪽.

학은 산업인력 양성 및 공급, 지역문화의 창달 등 경제 사회문화의 중심 역할을 하고 있어 '지방대학의 위기는 곧 지역의 위기'로 직결된다.[8] 때문에 건강한 지방 고등교육 생태계를 살리는 차원에서 구조개혁은 불가피한 것이다.

넷째, 외국인 유학생 유치와 평생학습사회의 도래에 따른 비전통적 학생의 유입 등으로 생겨난 새로운 고등교육 수요를 확대하는 데에는 한계가 있고, 더 이상 대학입학정원을 그대로 둔 채 대학을 운영하게 하는 것은 바람직하지 않기 때문에 대학구조개혁이 요구된다는 것이다. 지난 10년간 전문대학의 성인학습자 비율이 늘기는 했으나 이는 충분하지 않고, 특히 4년제 대학은 10%를 약간 상회하는 수준에서 정체되어 있기 때문에 이들의 유입으로 단기간 내에 급격하게 발생할 학령인구 감소를 보완하기 어려울 것으로 보인다.[9]

이상과 같은 이유들로 교육부(2014.1)는 적극적인 대학구조개혁 정책의 추진이 필요하며, 그 목표를 대학 입학정원의 양적 규모는 대폭 줄이되 교육의 질을 높여 대학 경쟁력을 제고하는 것으로 설정하였다. 그리고 정원감축은 모든 대학을 대상으로 하는 일률적인 감축이 아니라 평가결과에 따라 주기별로 정원을 감축하며 2022년까지 16만 명 감축을 목표로 설정하였다.

〈표 1〉 주기별 정원감축 목표

평가주기	1주기('14~'16)	2주기('17~'19)	3주기('20~'22)
감축목표량	4만 명	5만 명	7만 명
감축시기	'15~'17학년도	'18~'20학년도	'21~'23학년도

출처 : 교육부(2014.1).

8 '13학년도 미충원 인원의 96.0%가 지방대였고, 그 중 지방 전문대학이 51.5%를 차지하였다(교육부, 2014.1).

9 교육부, 「대학 구조개혁 추진계획」, 2014.1.29.

대학구조개혁 정책의 추진 내용은 「대학구조개혁 추진계획」에 잘 나타나 있다. "대학의 양적 규모는 대폭 줄이되 교육의 질은 높여 대학 경쟁력을 제고할 수 있는 적극적인 대학 구조개혁 방안"의 내용은 세 가지로 제시되어 있다.[10]

첫 번째 추진 내용은 평가 결과에 따라 정원감축을 실시한다는 것이다. 정부는 입학자원 감소 추이를 감안할 때 2023학년도까지 전체 대학 입학정원을 16만 명 감축할 필요가 있다고 판단하고, 2014년부터 2022년까지 기간을 3년씩 3주기로 나누어 순차적으로 4만 명, 5만 명, 7만 명을 감축하겠다고 밝혔다. 주기별 감축 정원은 구조개혁 평가에서 최우수 등급을 받은 대학을 제외한 나머지 대학이 평가 결과에 따라 차등 부담하고, 각 대학이 분담한 몫을 제대로 이행하는지 여부를 점검하기 위하여 모든 정부 재정지원사업 평가에 구조개혁 계획(실적)을 반영하겠다고 발표하였다.

두 번째 추진 내용은 대학 특성화와 교육의 질 제고를 위해 새로운 대학평가체제를 도입한다는 것이다. 이명박 정부에서는 정량지표를 기준으로 상대평가하여 하위 15% 대학에 한해 행·재정적 제재를 부과하였으나, 앞으로는 정량지표에 정성지표를 더하여 대학운영 전반과 교육과정에 이르는 모든 영역에 걸쳐 대학을 절대평가하고 그 결과를 5등급으로 제시하여 등급별로 행·재정적 조치를 단행하겠다고 밝혔다. 평가지표는 공통지표와 특성화지표로 구성하되 대학 특성에 따른 유·불리가 발생하지 않도록 평가하며, 대학구조개혁위원회 심의를 거쳐 평가지표와 지표별 반영비율 등을 확정할 계획이라고 덧붙였다.

마지막으로, 세 번째 추진 내용은 지속적·체계적 구조개혁을 위해 법적·제도적 기반을 구축한다는 것이다. 먼저 법적 기반 구축과 관련하여

10 위의 글.

정부는 가칭 「대학 구조개혁 및 평가에 관한 법률」을 제정하여 평가 결과에 따른 구조개혁 조치를 위한 법적 근거를 마련하고 사립대학의 원활한 구조개혁을 위해 자발적 퇴출경로를 마련하겠다고 강조하였다. 아울러 제도적 기반 구축에 관해서는 대학구조개혁을 위한 추진 체제를 구축하겠다고 밝혔다. 기본적으로 교육부는 구조개혁 정책을 총괄하고, 대학구조개혁위원회는 구조개혁 정책에 관한 각종 사항(구조개혁 기본계획, 평가계획, 평가지표, 평가등급, 구조개혁 조치 등)을 심의함과 동시에 실제 대학 구조개혁 평가가 진행될 시 서면평가와 현장평가를 수행하며, 대학협의체는 구조개혁을 위한 자체노력을 경주하고 정부의 구조개혁 추진에 협조한다는 구상이었다.

3. 대학구조개혁 정책의 쟁점 분석 틀

본고에서는 정책추진의 방향, 내용, 방법, 결과 활용에 따라 대학구조개혁 정책을 분해하여 정책추진과정에서 나타난 사실에 대한 이해를 바탕으로 정책의 각 요소별로 이해당사자들 간에 인식과 관심을 달리하는 핵심 사안을 쟁점이라 칭한다. 정책을 추진하는 과정에서 쟁점은 사회적 문제가 이슈화되고 이것이 정책의제로 채택되는 순간부터 정책의 형성 및 결정 그리고 집행과 평가 단계에 이르기까지 언제 어디서나 항상 발생한다. 이처럼 정책은 이해관계를 달리하는 집단들의 관심과 갈등 속에서 최선의 선택을 통해 목표를 달성하는 과정이기 때문에 쟁점의 발생은 불가피하다.

여기서 대학구조개혁 정책의 쟁점은 선행 연구와 보도자료 등을 통해 발굴한다. 그렇지만 이러한 쟁점이라 일컬을 수 있는 사안들은 정책

전반에 걸쳐 매우 많기 때문에, 본 연구에서는 정책의 구성요소를 명확하게 이해하는데 적합한 중범위 수준의 분석 기준을 설정하여 적용이 가능한 범위에서 쟁점을 제시하고 분석하고자 한다. 이러한 쟁점 분석 방법은 정책의 개념적 구성요소를 명확하게 획정한 바탕아래 요소별로 합리적인 쟁점 분석기준을 설정하여 그 범위 내에서 이해집단의 입장과 관심을 공정하면서도 논리적으로 쟁점 분석을 할 수 있다는 장점이 있다. 본 연구에서 설정한 정책의 구성요소별 분석 기준에 따라 대학구조개혁 정책의 쟁점들을 요약하여 제시하면 〈표 2〉와 같다.

〈표 2〉 구성요소 및 분석 기준별 대학구조개혁 정책의 쟁점

요소	분석기준	정책 쟁점
방향	환경 부합성	■ 정책은 환경의 변화와 요구에 부합하는가?
내용	충실성	■ 정책 내용은 충실하게 구성되어 있는가?
방법	절차적 합리성	■ 정책 추진 과정은 합리적인가?
결과 활용	활용 가능성	■ 정책의 성과는 지속적인 개선을 위해 활용 가능한 것인가?

4. 대학구조개혁 정책의 쟁점 분석 및 과제

1) 쟁점 1 – 정책은 환경의 변화와 요구에 부합하는가?

박근혜 정부의 대학구조개혁 정책은 전술한 바와 같이 고등교육 인력 수급 전망에 선제적으로 대응하는 의미와 대학 교육의 질 제고를 통한 경쟁력 강화, 지방 사립대학을 중심으로 부상하고 있는 정원 미충원 상태에 따른 고등교육 생태계 황폐화에 사전 대비를 위한 것이다.

이러한 정부의 주장에 대해 반상진은 현 정부의 대학구조개혁 추진 배경은 근원적으로 반값 등록금 문제에 대한 대응 차원에서 출발한 것이고, 구조개혁 정책은 아예 대선 과정이나 대통령직인수위원회의 보고서, 그리고 박근혜 정부 초기 국정과제로도 언급되지 않았던 의제라면서 정책의 출처와 근거 자체가 빈약하고 왜곡되어 있음을 지적한 바 있다.[11] 단지 대학정원을 감축한다는 축소지향의 기능적인 접근만 보일 뿐 고등교육 생태계의 체질 개선과 변화에 바람직할지 의문이라는 것이다.

정책의 환경부합성 혹은 환경적합성은 해당 정책이 환경의 요구와 변화 추세를 적절히 반영하고 있는 정도를 말한다. 대학구조개혁 정책의 환경부합성은 그 필요성에 대해 이해당사자들을 어느 정도 동의하고 있는 것으로 보아 부합하고 있는 것으로 보인다. 그러나 문제는 정부의 적극적인 개입으로 과연 정부가 기대하는 효과를 거둘 것이냐에 대한 전망에서 이해당사자들 간에 이견이 발생하고 있다는 것이다. 한국대학학회(2015.5)에서는 정부의 적극적인 개입으로 오히려 대학의 순응 및 이기주의 팽배, 획일화와 졸속 추진에 따른 학생의 교육환경 악화, 학생 및 학부모의 교육 외적 부담 증가, 교수 사회의 와해와 갈등에 따른 학문 생태계의 파괴 등의 결과가 초래 할 수 있다고 비판한다. 고등교육정책에 대한 정부의 개입이 정도의 차이는 있지만 선진 국가들에서도 보편적으로 나타나고 있는 현상임에도 불구하고[12] 문제제기가 계속되고 있는 것은 정책의 직접적인 대상인 대학의 교수와 학생 그리고 직원들에 대한 반응을 종합한 현장적 증거를 바탕으로 하고 있다는 점에서 의미가 있어 보인다.[13]

11 반상진, 「대학구조개혁 평가의 정치학」, 『교육정치학연구』 23(1), 2016, 75쪽.

12 배상훈 · 김병주 · 우명숙 · 이교종, 「대학구조개혁 추진방안 연구」(교육부 정책연구과제), 2014.

13 김창인, 『괴물이 된 대학: 자본의 꼭두각시가 된 한국 대학 구조조정 백서』, 시대의창, 2015; 사교육걱정없는세상, 「대학구조개혁 이후 대학생들의 삶을 조망한다」, 『대학구조개혁 현황과 개선을 위한 5회 연속 토론회 ③ 자료집』, 2016.6; 김영상, 「대학구조개혁 평가에 대한 대학행

대학구조개혁 정책의 환경부합성 분석 결과를 통해 인구절벽시대와 학령인구 급감에 따른 대학의 구조개혁 요구에 대한 원론에는 모두 찬성하고 있다는 점에서 정책 의제의 필요성은 인정되고 있는 것으로 볼 수 있다. 그러나 이러한 정책이 왜 필요한지를 정당화할 수 있는 설득력 있는 논리의 개발과 치밀한 현황 분석 그리고 향후 기대 효과에 대한 구체적인 정보가 요구된다. 이를 바탕으로 향후 과제를 제시하면 다음과 같다. 첫째, 정원감축의 필요성이 연도별 학령인구 급감에 따른 대학 정원 필요 분을 단순 계산하는 총량적 접근과 아울러 분야별 인력수급의 미스매치에 대한 정보와 미충원에 따른 지역별 대학 정원 충원 정보 및 그에 따른 대학의 도산 가능성을 예측하는 분석 자료가 함께 제시될 필요가 있다. 둘째, 대학구조개혁의 미래지향적 방안 마련을 위한 전문가 및 이해집단과 소통이 사전에 필요하며, 협치 수준의 협업을 할 필요가 있다. 서로 다른 논의 구조를 통해 하향식 접근과 상향식 접근을 고수하는 방식은 정책의 미래를 어둡게 할 것이다. 셋째, 구조개혁 후 한국 대학 및 대학인의 변화된 미래 모습에 대한 중장기적 청사진과 로드맵을 구체적인 수준으로 설계하여 근거에 입각하고 지향성이 분명한 준비된 정책으로의 업그레이드가 필요하다.

2) 쟁점 2 – 정책 내용은 충실하게 구성되어 있는가?

대학구조개혁 정책의 내용은 ① 평가 결과에 따른 주기별 정원감축 방안, ② 대학 특성화와 교육의 질 제고를 위한 새로운 대학평가체제 도입, ③ 지속적 구조개혁을 위한 법적·제도적 기반 구축 등 세 가지이

정직원의 인식 분석」, 고려대 석사논문, 2016.

다.[14] 이에 대한 구체적인 내용은 교육부의 '대학구조개혁 추진계획'에서 처음 언급된 이후 기본계획,[15] 정부 주도의 공청회 및 세미나 자료집, 평가 및 이행점검 결과 보도자료, 정책 해설자료[16] 등 정부 관련 자료 등에 상세히 제시되어 있다.

정책 내용에 대한 비판적인 입장의 의견들은 다음과 같다. 우선, 대학정원감축과 관련하여 일률적인 고부담 평가를 통해 정원을 강제로 줄이는 방식보다는 진짜 교육의 질을 높이기 위한 방안을 모색하는 것이 더 바람직하다.[17] 또한 정원감축이 구조개혁 평가 뿐 아니라 교육부 타 재정지원사업과 무리하게 연계하는 과정에서 사업 취지의 왜곡이 야기되었고, 구조개혁을 비롯한 정부의 사업이 단지 정원감축을 위해 존재하는 것처럼 호도되는 경향도 발생하였으며,[18] 그리고 정원감축 방안이 단지 학생 수를 줄이는 방향에만 초점이 맞춰지는 과정에서 대학정원과 노동시장의 긴밀한 연계 속에서 구안된 감축방안으로 충실하게 설계되지 못한 아쉬움이 있다.[19] 둘째, 새로운 대학평가체제의 도입을 통해 교육의 특성화와 교육의 질 제고를 꾀한다는 방안은 평가의 공정성, 객관성, 타당성, 신뢰성 시비로 내용의 충실성에 근본적인 문제가 있음이 일관되게 지적되었다.[20] 셋째, 법적·제도적 기반은 그 취약성과 미비 때문에 근거가 미약하고 행·재정적 조치의 불명료성이라는 문제를 남겼

14 교육부, 「대학 구조개혁 추진계획」, 2014.1.29.

15 교육부, 「2015년 대학구조개혁평가 기본 계획(안)」, 2014.12.

16 박춘란, 「고등교육의 경쟁력 강화와 대학구조개혁 추진」, 『직업과인력개발』 17(4), 2014.7, 74~83쪽.

17 김성수·김은정, 「대학구조조정에서 대학구조개혁으로의 전환이 필요하다」, 『대학구조개혁 현황과 개선을 위한 5회 연속 토론회 ⑤ 자료집』, 사교육걱정없는세상, 2016, 24~30쪽.

18 반상진, 「학령인구 감소에 따른 대학정원 조정 및 대학구조개혁 대책 논의」, 『공학교육연구』 18(2), 2015, 14~26쪽.

19 반상진, 「대학구조개혁 평가의 정치학」, 『교육정치학연구』 23(1), 2016, 59~89쪽.

20 강창동, 「정부의 대학구조개혁 정책에 관한 비판적 연구」, 『한국교육학연구』 21(4), 2015, 275~306쪽; 반상진(2015), 앞의 책; 반상진(2016), 앞의 책; 이기종, 「대학구조개혁 평가의 배경, 쟁점 및 대안」, 『교육평가연구』 28(3), 2015, 933~954쪽.

다.[21] 반상진은 20대 국회에서 발의된 김선동 의원 법안은 다소 진전된 내용을 담고 있지만 진정한 대학구조개혁과는 무관한 대학평가에 의한 대학정원 감축 유도와 사학재단에게 특혜를 주는 등 많은 문제점을 안고 있다고 비판하였다.[22]

정책 추진 내용의 충실성은 정책 방안 자체가 알차고 실하게 구성되어 있는지의 정도를 말한다. 정책 추진 내용이 충실하다는 것은 그 자체로 자족적이어야 한다는 의미이다. 그 자족성은 논리적으로 치밀해야하고 추진과정에서 해석의 혼란이 생기지 않도록 분명하고 구체적일 때 갖춰진다. 이런 점에서 볼 때 현재의 정책 내용을 방안별로 살펴보면 자족적이지 못하다는 것을 알 수 있다. 또한 세 가지 방안은 서로 연결되어 있기 때문에 원래 의도대로 맞춤형 평가체제의 도입을 통해 정원감축 방안의 설계가 이에 부합되게 대학의 특성에 따라 분산적으로 적용되어야 한다. 그럼에도 불구하고 획일적인 평가체제가 도입된 것은 정책 방안의 타당성과 충실성 그리고 연계성까지 흔들리게 하고 있다. 정책의 추진 수단으로서 법적·제도적 기반은 종속변수로서 방안의 선결 충족 조건들이 의미 있고, 합목적적일 때 일관성만 갖추면 되는데 작금의 기반은 정책의 선결 조건들이 부실한 상태에서 인프라로서의 기능을 담지하지 못하고 있는 상태이다.

이러한 문제를 해소하기 위한 과제를 제시하면 다음과 같다. 첫째, 정책 목표가 서로 체계적으로 연계되어 있어야 하는 것처럼 내용도 서로 긴밀하게 연계되어 있어야 하나 법제도적 기반이 취약한 상태에서 정원감축 방안과 대학평가체제가 연계를 통한 추진동력을 확보하는데 일정

---

21 반상진, 「대학구조개혁 평가의 정치학」, 『교육정치학연구』 23(1), 2016, 84쪽.

22 반상진, 「대학구조조정 어떻게 할 것인가, 구조개혁에서 체제개편으로」, 『제20대 국회에 제안하는 희망의 대학정책』(2016 전국사립대학교수회연합회 임원단 대회 자료집』, 김해: 전국사립대학교수회연합회, 2016, 15~63쪽.

한 한계가 있으므로 연계 추진전략을 새롭게 구상할 필요가 있다. 전략의 우선순위로 볼 때 우선적으로 정책 목표에 부합하는 맞춤형 평가체제의 수립이 충실하면서도 정교하게 이루어져야 하고 이에 맞게 정원감축 방법이 연계되어야 할 것이다. 법제도적 기반은 이러한 전략의 추진에 대한 수단이므로 정책 목표와 내용의 일관성 있는 연계에 초점을 맞춰 구축되어야 할 것이다. 둘째, 정책 내용이 충실하게 구성될 수 있도록 정원감축, 대학평가 법제도 기반 구축에 대한 논의 범위를 확대하여 경제적 합리성과 함께 정치적 이해관계 그리고 사회문화적 맥락에서도 이해할 수 있고 공감을 얻을 수 있도록 인식의 지평과 소통 공간을 넓힐 필요가 있다. 이러한 점은 정책 내용의 충실성 확보가 단지 합리성의 문제만은 아니며 보편적 합의를 이끌어내는 노력도 같이 병행되어야함을 일컬음이다.

3) 쟁점 3 – 정책 추진 과정은 합리적인가?

대학구조개혁 정책은 박근혜 정부의 고등교육정책 대강인 고등교육 종합발전 방안에 기초하고 있다.[23] 이 방안에서 '경쟁력 강화를 위한 기반 구축'의 하위 과제로 '맞춤형 대학평가체제 확립'과 '지속적인 구조개혁 추진'이 설정되고 이를 구체화하기 위한 정책연구가 배상훈 등(2014)에 의해 시작되었고, 연구결과는 교육부(2014.1)가 발표한 「대학구조개혁 추진계획」에 그대로 반영되었다. 이후 추진계획에 따라 구조개혁 평가 기본계획이 발표되었고,[24] 이 계획에 따라 한국교육개발원 주관으로 2015년 2월부터 서면평가를 시작으로 2016년 9월 하위등급(D, E)

23 교육부, 「고등교육 종합발전 방안」, 2013.9.
24 교육부, 「2015년 대학구조개혁평가 기본 계획(안)」, 2014.12.

대학 대상 컨설팅 이행점검 끝으로 1주기 대학구조개혁 평가가 마무리 되었다.

대학구조개혁 정책의 추진과정에 대해 모아지는 대체적인 비평은 정권적 차원의 구조개혁 정책을 정부가 짧은 기간 동안 준비하고 실행하는 과정에서 정부와 대학의 역할 및 소통 관계가 하향적·수직적으로 형성되어 정책 불순응이 빈번하게 발생하였다는 것이다.[25] 교수단체들(국교련, 사교련, 교수노조, 민교협 등)은 국가가 입학정원을 강제적으로 줄이거나 대학 폐지 등의 명령을 내리는 것은 헌법상 학문의 자유나 대학 자치에 반하는 것임을 지적하였다.[26]

정책 추진 과정의 합리성은 정책 방안의 형성 및 집행과정이 절차적으로 명료하게 진행되었는지의 정도를 말한다. 대학구조개혁 정책의 추진과정에서 절차적 합리성은 구조개혁에 찬성하는 정부의 입장과 반대하는 교수 및 시민단체의 입장에 따라 다르게 해석되고 있다. 찬성하는 입장에서의 절차적 합리성은 사회적 문제와 쟁점이 직접 정부 의제로 채택되어 정부가 그동안 해왔던 정책 추진 절차에 따라 구색 요건을 갖추기 위한 최소한의 의견수렴 절차를 통한 정부 주도의 하향식 정책 소통 방식을 의미한다. 그러나 반대하는 입장에서의 절차적 합리성이란 사회 문제 및 쟁점으로서의 대학구조개혁을 공공의제로서 공론화의 과정을 거쳐 합의를 전제로 정부의제로 채택되는 과정을 거치는 것이다. 결국, 사회적·공공적 의제로서 대학구조개혁에 대한 정책 이해집단들의 논의과정이 생략된 정부의제는 이후 정책으로 추진되는 과정에서 심

25 박지회·고장완, 「Kingdon의 다중흐름모형을 적용한 대학구조개혁 정책변동 분석」, 『교육문제연구』 28(3), 2015, 169~199쪽; 박지회·고장완, 「대학구조개혁 정책집행과정 분석」, 『교육문제연구』 29(3), 2016, 33~56쪽; 김성수·김은정, 「대학구조조정에서 대학구조개혁으로의 전환이 필요하다」, 『대학구조개혁 현황과 개선을 위한 5회 연속 토론회 ⑤ 자료집』, 사교육걱정없는세상, 2016, 7쪽.

26 반상진, 「대학구조개혁 평가의 정치학」, 『교육정치학연구』 23(1), 2016, 81~82쪽.

각한 정책 갈등과 조직적인 정책 불응에 직면할 수 있다. 이러한 구체적인 사례는 대학구조개혁 평가와 관련된 찬성, 반대, 관망 집단으로 정치적 쟁점에 따라 분류된다는 반상진의 연구[27]에서 찾아볼 수 있다. 이와 같이 절차적 합리성에 대한 해석이 다를 경우 정부의 절차적 합리성을 확보하기 위한 각종 세미나, 공청회, 자문회의, 전문가 협의회 등은 반대하는 집단들의 똑같은 노력으로 대응될 뿐이다. 예컨대 교육부가 구조개혁 평가 기본계획을 설계하는 과정에서 야당 및 교수단체들은 대학구조개혁에 대한 강력한 저항과 함께 각종 토론회와 세미나를 통해 대안적 논의를 전개하였는데 이러한 논의의 장이 주로 국회에서 펼쳐진 것은 반대 집단들의 정치적 저항과 압력을 위한 선택의 일환이었다.[28]

박근혜 정부는 정부출범 당시부터 국정 비전과 기조를 실천하기 위한 실천 기제로 '정부 3.0'을 표방하고 이에 대한 전략과 과제들을 제시한바 있다. 정부 일방주의에서 협치로, 정보비밀주의에서 개방 및 공유로, 칸막이 행정에서 소통 및 협업으로, 수동적 획일적 행정에서 수요자 맞춤형 행정으로의 전환을 꾀하는 '정부 3.0'은 궁극적으로 그동안 불신 받는 정부로부터 탈피하여 신뢰받는 정부를 기착점으로 한다.[29] 이러한 정권적 차원의 기조에 입각하여 정책 추진과정의 합리성을 제고하기 위한 과제를 제시하면 다음과 같다. 첫째, 이해집단 간 갈등이 예견되는 경우 정책 추진방식을 형성과정에서는 합의 중심, 집행과정에서는 합리 중심으로 정책 추진체계를 재설계할 필요가 있다.[30] 이러한 방식은 정책의 형성과정에서 이해가 충돌될 가능성이 클 경우 집단 간 소통을 전제로 시간이 걸리더라도 합의적 절차를 중시하고, 이러한 합의를 바탕으

27 위의 글.

28 위의 글, 82쪽.

29 이승종 · 오영균, 『국민행복과 정부 3.0 – 이해와 적용』, 학지사, 2013, 25~29쪽.

30 신현석, 「공교육 내실화를 위한 교육 공동체 운영 모형 개발」, 『한국교육학연구』 12(1), 2006, 37~61쪽.

로 정책이 집행되는 과정에서는 이견이 해소되었기 때문에 합리적 이행이 가능할 것이라는 데 착안한 것이다. 둘째, 절차적 합리성에 대한 이견으로 정책의 정당성과 추진 동력에 지속적으로 문제가 야기되므로 협력적 거버넌스 체제를 통한 의사소통과 협업을 위한 정부의 노력이 필요하다. 대학구조개혁이 요구되는 원론과 필요성에 대해서는 동감하나 각론 및 방법에 대한 이견이 발생하고 있기 때문에 소통을 위한 공간의 창출을 통해 집단 간 조절과 협력이 필요한 상황이다. 셋째, 대학구조개혁 및 평가에 관한 법률의 필요성과 구체적인 방법에 대한 공론화를 통해 사회적 합의를 도출하여 대학구조개혁의 법률적 기반을 구축하려는 전향적인 태도와 노력이 요구된다. 여기에는 기존 법률체계를 보완하는 방안[31]부터 새롭게 법체계를 구성하여 제정하는 방안에 이르기까지 다양한 논의가 원점에서 이루어지는 것이 사회적 합의를 기하는 데 바람직할 것이다.

4) 쟁점 4 – 정책의 성과는 지속적인 개선을 위해 활용 가능한 것인가?

교육부(2016.9)는 대학구조개혁 후속 이행점검 결과를 발표하면서 1주기 대학구조개혁 평가를 통해 대학은 입학정원 감축과 연계하여 미래형 학사구조 개편 등을 적극적으로 추진하는 등 교육의 질 개선을 위한 계기가 마련되었다고 밝혔다. 이는 평가 결과가 미흡했던 대학에 대해서 컨설팅을 통해 적극적으로 개혁을 유도한 결과라는 것이다. 교육부는 컨설팅을 통해 대학에 부여된 이행과제의 점검 결과에 따라 개혁의지가 높고 두드러진 성과를 달성한 대학에 대해서는 재정지원 제한을

31 이수연, 「대학구조개혁의 원칙과 방도 재정립」, 『대학교육연구소 보고서』 통권 6호, 2016.7, 1~50쪽.

해제·완화하여 재도약의 기회를 부여하였다. 아울러 이러한 개별 대학의 노력이 모여 우리나라 대학의 역량 강화를 통해 고등교육 경쟁력을 높이고, 이는 대한민국의 미래 경쟁력으로 이어질 것으로 기대하였다.[32]

구조개혁 정책의 성과에 대해 부정적인 시각을 갖고 있는 입장에서는 구조개혁 정책을 두고 성과보다는 문제점만 양산된 정책으로 폄하한다.[33] 일단 정책 자체가 일방적인 구조개혁 평가를 통해 정치적인 의도를 갖고 결과를 적용하여 대학에 대한 정부의 관리·감독 기능을 강화하여 통제하려는 목적으로 활용되었다고 본다.[34] 대학구조개혁 정책이 추구하는 성과중심의 평가체제는 지표 개선을 위한 단기적이고 근시안적인 경쟁만 부추겨 진정한 대학발전을 위한 중장기적 기획과 지속적인 개선을 위한 투자와 관심을 무력화한다.[35] 결국, 이로 인해 대학 서열의 고착화가 야기되고 일률적인 줄 세우기 경쟁으로 대학의 특성적 발전이 저해된다.

정책성과의 활용가능성은 정책의 추진 결과가 지속적인 개선을 위해 활용될 가능성이 있는지의 정도를 말한다. 구조개혁의 궁극적인 목표는 환경의 변화에 끊임없이 적응하면서 구조의 변화를 요구에 따라 능동적으로 추구하는 것을 조직의 문화로 정착시키는 것이다. 즉, 특정 목표를 달성하기 위하여 구조개혁을 추진하는 일회성 변화는 성과가 그대로 사장될 수 있기 때문에 어떻게든 지속적인 개선을 위한 성과의 선순환 구

32 교육부, 「대학 구조개혁 평가결과 발표」, 2015.8.31.

33 임재홍, 「대학구조조정에 대한 공교육적 접근」, 『참교육을 위한 전국학부모회 세미나 자료집』, 2016; 한국대학학회, 「대학구조조정 국면에 대응하는 한국 대학개혁 대안정책」, 『한국대학학회 대학구조개혁 정책대안 발표 자료집』, 2015.5.

34 강창동, 「정부의 대학구조개혁 정책에 관한 비판적 연구」, 『한국교육학연구』 21(4), 2015; 윤지관, 「대학구조조정과 평가: 대학의 폐허화, 이대로 방치할 것인가, 대학구조조정의 정치학」, 『안과밖』 36(1); 서민원, 「대학구조개혁 평가방안의 타당성에 대한 토론」, 『2014년 한국교육평가학회 세미나 자료집』, 2014.

35 한국대학학회, 앞의 글.

조를 시스템적으로 확립하는 것이 진정한 구조개혁의 성공이라 할 수 있다. 이런 점에서 볼 때 현 대학구조개혁 정책의 성과가 개별 대학 수준에서 선순환을 위한 대학의 혁신문화로 안착될 가능성이 있는 사례들이 소개되기도 하였다.[36] 그러나 대학구조개혁 평가가 대학 특성화와 교육의 질을 향상시키려는 목적을 갖고 그 결과를 활용하기 위한 것임에도 불구하고[37] 어떤 대학에서는 일시적인 성과 그 자체에 만족하고 지속적인 개선을 위한 성과 활용이 제대로 이루어지지 않는 경우도 있다.[38] 이러한 성과 활용의 정지 상태는 구조개혁 평가에서 하위 등급의 대학들이 대부분 컨설팅을 통해 목표의 개선이 어느 정도 이뤄진데 비해 오히려 컨설팅 지원을 받지 못한 상위 등급 대학들에게서 더 많이 나타날 수 있다.

향후 정책성과의 지속적인 개선을 위한 활용가능성을 제고하기 위한 과제들을 제시하면 다음과 같다. 첫째, 기대하는 성과를 분명하게 설정할 필요가 있고, 성과를 제고할 수 있는 내용과 방법을 구체화하여 완성도를 높여야 한다. 교육부 발표 자료에 언급된 정책의 성과는 정원감축 수치 이외에는 매우 추상적으로 언급되어 있거나 극히 제한적인 사례가 간단하게 예시되어 있을 뿐이다.[39] 둘째, 대학의 교육력을 평가하는 현 평가도구가 어떻게 대학 교육의 질을 제고하는데 활용될 수 있는지 경험적인 연구를 활성화하여 대학의 유형별 특성에 따라 축적되어야 하고, 효과적인 맞춤형 컨설팅을 위한 지식기반 구축의 근간이 되어야 한

---

36 변기용·김병찬·배상훈·이석열·변수연·전재은·이미라, 『잘 가르치는 대학의 특징과 성공요인』, 2015, 학지사; 신현석, 「한남대학교 인문사회계열 구조조정 방안」, 『한남대학교 인문대학 및 사회과학대학 합동세미나 발표자료』, 2016.9.

37 박춘란, 「고등교육의 경쟁력 강화와 대학구조개혁 추진」, 『직업과인력개발』 17(4), 2014.7.

38 신현석, 「한남대학교 인문사회계열 구조조정 방안」, 『한남대학교 인문대학 및 사회과학대학 합동세미나 발표자료』, 2016.9.

39 교육부, 「대학 구조개혁 평가결과 발표」, 2015.8.31; 교육부, 「대학구조 개혁 후속 이행점검 결과 발표」, 2016.9.5.

다. 셋째, 정원감축을 통해 교육의 질을 제고하거나 특성화의 선순환 체계를 성공적으로 안착시킨 모범 사례를 대학 유형별로 발굴하여 대학들이 서로 공유할 수 있도록 정부 혹은 대학교육협의회가 기관 간 협력을 통해 플랫폼을 만들어 운영할 필요가 있다. 이는 현재 대학의 성공 사례가 마치 엄청난 노하우인양 정보 공유를 기피하고 독점하려는 이기적인 발상을 가진 일부 대학들의 사욕을 무력화시킬 것이다. 넷째, 대학 교육의 지속적인 개선을 위해 대학 자체의 데이터를 바탕으로 한 연구·개발 결과가 대학행정 및 학사행정 전반에 활용될 수 있도록 대학기관연구(institutional research) 기능을 체계적으로 활성화하고 이를 전담할 기구의 조직화가 필요하다.[40]

5. 결어

본고는 박근혜 정부에서 추진되어온 대학구조개혁 정책의 궤적을 추적하여 정책의 구성 요소별로 정부와 이해집단들이 서로 엇갈린 의견을 보이고 있는 쟁점들을 도출하고, 그 쟁점을 해소하기 위한 과제를 제시하고 논하는데 목적을 두었다. 지금까지 대학구조개혁 정책의 쟁점 분석 및 과제 도출이 정책 요소별로 미시적으로 이루어졌다면, 보다 완전한 분석을 위해서는 정책 전체에 대한 통합적 분석이 필요하다. 이러한 통합적 분석은 대학구조개혁 정책을 하나의 단위로 간주하여 거시적으로 이루어지며 미시적 각론 분석을 종합하는 의미를 지닌다. 통합적 분석은 보통 정책의 합리성, 일관성, 정합성 등 세 가지 측면에서 이루어

40 신현석·전재은·유은지·최지혜·강민수·김어진, 「미국 대학기관연구(Institutional Research) 사례 분석 및 시사점 – 연구중심대학을 중심으로」, 『교육문제연구』 28(2), 2015.

질 수 있는데. 각 분석 기준에 따라 분석 결과를 종합하여 결론으로 제시하면 다음과 같다.

첫째, 정책의 합리성 측면에서 대학구조개혁 정책은 방향, 내용, 방법, 결과 활용에 이르기까지 정치적 이해에 따라 다양한 도전을 받아왔으며, 수많은 쟁점을 야기하였다.[41] 정부가 이해하는 합리성은 법적·제도적 기반 하에 환경에 부합하는 정책임을 입증하고 목적과 내용이 타당하면 되는 것인 반면, 교수 사회가 이해하는 합리성은 정책의 목표와 절차가 보편적 합의의 의해 결정되는 것으로 보았다. 이에 향후에는 이해집단과 정책 공유를 통해 보다 합목적적이고 수단적 합리성을 강화할 수 있는 정책 추진과정의 개선이 필요하다. 한 방편으로 정책의 성공적 추진을 위한 소통과 협업을 중시하는 협력적 거버넌스의 설계를 과감하게 구상해야할 시점에 이르렀다.

둘째, 정책의 일관성 측면에서 대학구조개혁 정책은 과거 틀의 유지를 융통성 없이 고수하는 가운데 확보되는 것이 아니라 정치적 상황에 따라 변동될 가능성을 염두에 두고 추진방식을 유연하게 가져가는 것으로 이해되어야 할 시대적 상황에 직면해 있다. 과거 정책이 필요했던 상황과 지금의 상황은 결코 같을 수 없기 때문이다. 구조개혁 정책의 필요와 기대 효과에 대한 사회적 합의가 있으므로 이러한 원론이 지켜져야 한다는 공통의 믿음에 따라 목표, 내용, 수단, 결과 활용에 대한 합의적 기획을 통해 일관성 있는 합리적 실행이 가능하도록 추진방식을 보완할 필요가 있다. 이와 같이 정책의 기획과 집행과정의 추진방식 분리를 통해 쟁점과 갈등 해소를 기획과정에서 해소하는 전략을 채택하는 것이다.

---

41 반상진, 「대학구조개혁 평가의 정치학」, 『교육정치학연구』 23(1), 2016; 임재홍, 「대학구조조정에 대한 공교육적 접근」, 『참교육을 위한 전국학부모회 세미나 자료집』, 2016; 한국대학학회, 앞의 글.

셋째, 정책의 정합성 측면에서 대학구조개혁 정책은 정책의 기획된 기대와 실제에서 나타난 결과 사이의 괴리가 생각보다 크다는 것이다. 이는 정책의 현장적 관점의 기획과 이행 상황에 대한 현장 모니터링이 그만큼 부족했다는 의미이다. 정책의 성패는 현장에서의 수용성과 실제 착근 정도에 따라 가름되기 때문에 현장성 제고는 정책의 완성도를 높이는데 중요하다. 향후 구조개혁 정책은 기획과 실제의 간극을 좁혀 정합성을 제고할 수 있도록 현장의 다수 의견인 맞춤형 평가체제의 확립과 실행된 방안에 대한 친 현장적 모니터링과 즉각적인 피드백을 통해 현장이 피부로 느낄 수 있는 효과를 거두도록 재구조화될 필요가 있다.

6

대학교수 구성변화와 비정규직 교수

비정규교수 문제, 대학 내 · 외에서 공공적으로 풀기

임순광

1. 들어가며

비정규교수 대다수는 시간강사이다. 비정규교수는 시간강사, 겸임교수, 초빙교수 등 수십 가지 명칭의 각종 비전임교원과 비정년트랙 전임교원을 통칭하는 말이다. 넓게 보면 계약기간의 정함이 있는 교수 모두를 의미한다고 볼 수도 있는데 이 경우는 정년보장을 받기 전의 정년트랙 전임교원까지 포함된다. 하지만 한국의 교수제도가 재임용심사를 통한 승진제로 운영되고 있고, 한 번 정년트랙 전임교원으로 임용되면 대부분의 경우 정년까지 고용이 유지된다는 점에서 정년보장 이전의 정년트랙 전임교원을 비정규교수라고 보기는 어렵다. 이에 비해 비정년트랙 전임교원은 정년보장이 되지 않으므로 비정규교수의 범주에 해당한다.

비정규교수 문제가 중요한 것은 이들이 겪고 있는 문제점을 해결하지 않고서는 대학사회에서 민주, 평등, 공공성을 논하기 어렵기 때문이다. 고등교육의 질 향상과 학문 성숙도 기대하기 힘들다. 학문후속세대 붕괴와 국민 교육권 침해 및 국가경쟁력 약화로 이어지는 거대한 악순환의 고리를 빨리 끊어내기 위해서는 비정규교수 문제를 해결해야 한다. 최근 한국사회 곳곳에서 회자되고 있는 '적폐청산과 사회대개혁'은 비정규교수 문제에도 그대로 적용될 필요가 있다.

2. 비정규교수 실태, 양극화와 빈곤화 그리고 차별

한국의 대학교수 사회는 극단적으로 양극화되어 있다. 맨 아래쪽에는 시간강사가 위치해 있고 맨 위에는 정년을 보장받은 교수가 있다. 가장 큰 격차는 급여이다. 개별 시간강사의 연봉을 정확히 알기는 어렵지만 책임시수를 다 한다고 가정하였을 때 〈표 1〉과 같은 추정이 가능하다.

시간강사 상당수는 40대이며 남녀 비율은 비슷하다. 계열별로 존재하는데 특히 예체능계, 자연계, 인문계에 다수 존재한다. 국내박사들은 국외박사에 비해 정년트랙 전임교원이 될 가능성이 낮다.

이들에게 작은 공동연구실조차 제공되지 않거나 직장건강보험 적용이 안 되는 것도 중요한 문제이지만, 당장의 생활을 위한 급여가 너무 적은 것이 가장 큰 문제이다. 또한 수 십 년을 일해도 퇴직금 지급을 받으려면 몇 년에 걸쳐 소송을 해야 하거니와 일부 승소조차 쉽지 않다는 점도 문제이다. 퇴직금 관련법에서 여러 대학에서 강의나 연구노동을 하는 교원을 한 대학의 초단시간근로자로 간주하여 퇴직금 지급을 어렵게 만들고 있기 때문이다.

〈표 1〉 2016년 기준 시간강사 강의료 기준 연봉 추산표

구분	2016년 강의료 (원, 시간당)	주당 강의시수 (시간, 전임교원 책임 시수 기준치)	1개 학기 (주)	1년 (학기 수)	연봉(만원) *()은 월급 반올림값
국립대 전업강사	83,000[1]	9	15	2	2,241(187)
국립대 비전업강사	33,000[2]	9	15	2	891 (74)
사립대 전업강사	50,000[3]	9	15	2	1,350(113)

저임금 못지않게 시간강사들을 괴롭히는 것이 고용불안이다. 시간강사들은 대학에서 상당수의 강의를 담당하고 강의평가결과도 전임교원에 못지않다. 하지만 비정규직이라는 이유만으로 언제 해고될지 모르는 불안 상태에 내몰려 있다. 전체 시간강사의 98.9%가 6개월 이내의 기간으로 계약을 하고 있고 해고될 때 문자 통보 하나 못 받는다. 〈그림1〉과 〈그림2〉는 교수사회의 양극화 특징을 단적으로 보여준다.

시간강사보다는 처지가 낫지만 최근 증가하고 있는 비정년트랙 전임교원 역시 비정규직의 고통을 안고 있다. 1975년 박정희가 '교수재임용심사제도'를 도입한 이래 많은 전임교원들이 해고되었다. 교수재임용심사제도는 점차 전임교원들을 통제하는 주요한 수단이 되고 있다. 2002년부터 교수재임용심사제도를 기반으로 한 교수계약제가 실시되었고 이는 필연적으로 연봉제를 수반하였다. 2003년 '비정년트랙교수

1 교육부는 2015년 12월에 시간강사법 유예법안 통과를 위한 '부대의견서'를 국회에 제출하면서 앞으로 몇 년 간 공무원 임금인상률에 맞추어 전업시간강사 시간당 강의료를 인상하겠다고 하였고 그 금액은 매년 시간당 3,000원 수준이었다. 2014년부터 동결된 국립대 전업강사 시간당 강의료가 80,000원 이었으니 2016년에는 83,000원을 지급했음을 유추할 수 있다. 실제 충북대를 비롯한 대부분의 국립대에서 83,000원을 지급하였다. 한교조 분회가 있는 국립대의 강의료는 시간당 90,000원이 넘지만 극소수로 존재한다. 따라서 노조가 없는 대다수 대학의 사례로 기준점을 삼았다.

2 대학알리미(www.academyinfo.go.kr)의 국립 충북대 2016년 주간 비전업강사 시간당 강의료이다. 한교조 분회가 있는 대학은 강의료가 조금 더 많지만 역시 극소수로 존재하므로 노조가 없는 대다수 대학의 사례를 기준점으로 삼았다.

3 http://www.mt.co.kr/view/mtview.php?type=1&no=2016062917381992618&outlink=1. 교육부는 2016년 4년제 대학 평균강의료를 55,000원, 사립대 평균강의료를 50,000원으로 발표하였다.

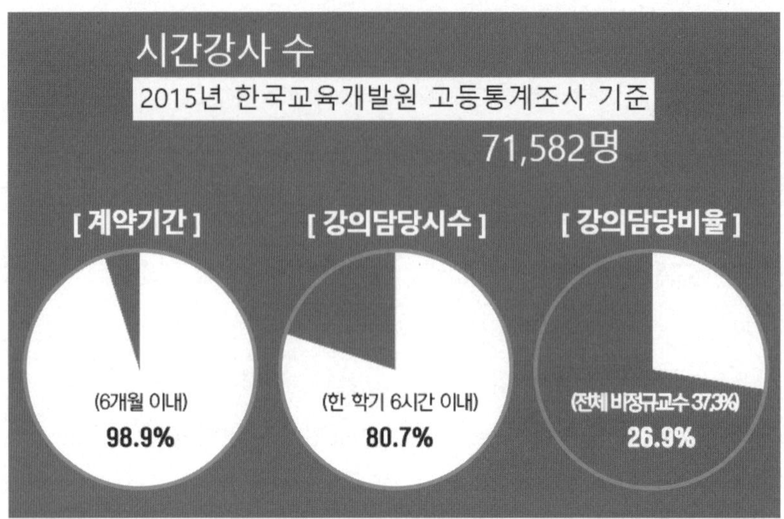

출처 : 제20대 국회개원기념 세미나 '교육 및 문화체육관광분야 현행법률의 개선과제 분석과 현안 점검' 이준화 입법조사관 발표문 참고.

〈그림 1〉 시간강사 규모

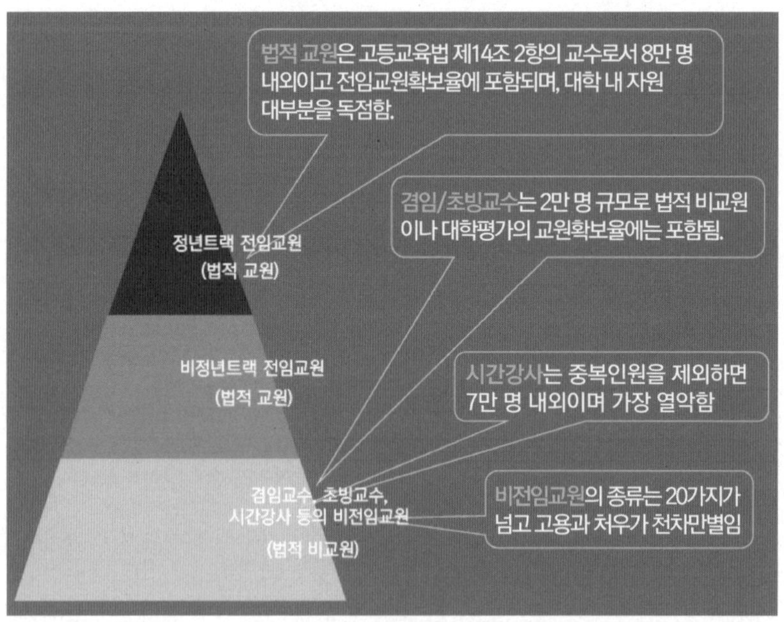

〈그림 2〉 양극화 된 교수사회

제도'[4]가 수도권 주요 사립대학을 중심으로 도입되었다.

비정년트랙 전임교원제도는 2003년 연세대가 처음 도입한 이래 2004년부터 급격하게 확산된 교수계약제의 한 형태이다. 도입 당시에는 1~3년의 단기계약으로 임용한 뒤 재임용(재계약)을 1~3회로 제한해 임기가 만료되면 당연퇴직하는 시한부 단기임용제도였다.[5] '정년을 보장하지 않고, 승진도 없으며, 급여 등 근무여건이 차별되는 형태'가 대부분이었다. 하지만 2012년 4월 '사립학교법 상 재임용심사절차 없이 내린 면직 처분은 위법'하다는 대법원 판결이 나오고, 2013년 대학정보공시부터 교육부가 '재임용심사자격이 부여되지 않은 교원 및 재임용 횟수를 제한하는 교원은 전임교원에 포함되지 않는다'는 입장을 표명하면서 재임용(재계약) 횟수 자체를 제한하는 행태는 거의 사라졌다. 일부 대학은 명칭을 '전담트랙' 또는 '특성화트랙' 등으로 변경하여 더 이상 '비정년트랙 제도를 운영하지 않는다고 주장'하고도 있다. 하지만 명칭이 무엇이든 비정년트랙 전임교원은 규정 상 '정년트랙 교원으로 전환될 수 없'고, 직무구분을 이유로 동일직급 정년트랙 교원에 비해 현저히 낮은 급여를 받으면서 승진 또한 제한적인 경우가 대부분이다.

비정년트랙 전임교원은 상당수가 '교육중점교원'이나 '외국인교수'이다. 비정년트랙 전임교원은 한 때 전임교원 채용의 60% 이상을 차지하는 규모로까지 성장하였다. 교육중점교원 대부분은 국내박사들로 인문사회계열에서 초빙교수나 강의전담교수의 형태로 존재해 왔던 사람들이다. 비정년트랙 전임교원들의 연봉은 3,500만 원 정도이다. 강의담당시수는 학칙이나 정관에 따라 12시간~15시간 정도인데 더 많은 경우

4 http://khei-khei.tistory.com/1570. 한국대학교육연구소 홈페이지 박스 처리한 부분을 참고하시오.

5 김태년 의원실(2015)에 따르면 자료를 제출한 전국 78개 4년제 대학에서 2011년 전임교원의 12.0%(2,179명)를 차지했던 비정년트랙 교원의 수는 2015년에 2배로 증가했다(전임교원의 20.6%. 4,379명). 자료를 제출하지 않은 수십 개 4년제 사립대와 백 개 이상의 전문대학에도 비정년트랙 전임교원이 있다고 생각해 볼 때 전체 규모는 1만 명 이상이 될 것으로 보인다.

도 있다. 최근 전임교원 강의담당비율이 높아진 주요 원인 중 하나가 비정년트랙 전임교원들의 높은 노동강도 때문으로 보인다. 이들의 급여는 퇴직금을 제외한 시간당 강의료로 계산하였을 때, 2016년 국립대 전업강사의 임금 기준보다 그리 높은 편도 아니다.[6] 처음 비정년트랙 조교수로 임용되었을 때에는 정년트랙 조교수에 비해 60% 수준의 임금을 받지만 시간이 지나 교수가 되었을 때는 정년트랙 교수에 비해 40% 수준의 임금을 받는다. 갈수록 정년트랙 전임교원과의 격차가 벌어지는 것이다.

3. 신자유주의적 대학구조조정이 비정규교수에게 미치는 영향

우리나라에서 대학구조조정은 교육부 정책의 형태로 강요되고 있다. 신자유주의적 대학정책은 1995년부터 ① 대학설립자유화정책, ② 국립대 민영화(법인화) 정책과 그 우회로인 선진화정책, 사립대학 상업화(탈규제)정책, ③ 대학평가정책(평가를 통한 차등지원 및 강제입학정원조정정책), ④ 대학 영리화 정책 등으로 나타났다. 이는 시장화를 전제한 것들이다. 신자유주의는 자유주의와 달리 '정치권력'을 동원해서 고등교육영역에서 시장의 도입과 경쟁을 강요한다.

국민에 의해 퇴출되기 전까지 박근혜 정권은 김영삼·김대중 정권의 대학 취업학원화 정책, 노무현 정권의 대학 시장화 정책, 이명박 정권의 대학통제 정책을 좀 더 폭압적으로 강제하려 하였다. 이명박 정권 시절 교원의 기능 축소[7]와 비정년트랙 전임교원 양산, 교원의 비정규직화

6 2016년 국립대 전업강사 시간당 강의료가 83,000원이니까 1주일 12시간을 강의할 경우 연간 강의료는 2,988만 원이고 15시간을 강의하면 3,735만 원이 된다.

7 2011년 국회 본회의를 통과한 고등교육법 15조는 교원의 기능을 분할하여 축소하고 있다. 제

와 강사 대량해고 사태를 야기할 시간강사법[8]이 국회를 통과했고, 대학평가지표를 통한 대학 줄세우기 정책과 재정지원제한대학 선정 정책 등도 실시되었다. 박근혜 정권은 교육부가 주도하는 대학구조개혁평가정책(재정지원사업 포함)을 좀 더 전면적으로 실시하였는데 그 기준과 결과에 대한 대학의 반발이 끊이지 않았다. 대학구조개혁법안들은 2014년과 2016년에 각각 발의 되었으나 국회에서 제대로 논의되지 않고 있다. 2016년 10월에 드러난 박근혜-최순실 게이트의 일부인 이화여대 정유라 부정입학사건과 대학재정지원사업의 연관성 의혹으로 인하여 이와 같은 방식이 그대로 진행될 수 있을지도 의문이다. 더욱이 시간강사법은 개선을 한다면서 오히려 추가 개악을 하는 꼴이 되어버려 정부가 2017년 1월에 입법발의 하였지만 국회에서 제대로 다루어 질 가능성은 거의 없다. 그럼에도 불구하고 시간강사법이 제정되고 시행을 앞두는 상황이 수차례 반복되고, 대학평가의 전임교원강의담당비율지표가 여전히 존속되면서 강사들이 대량해고 되는 사태가 이어지고 있다. 〈그림3〉은 2011년 통과된 시간강사법의 2013년 시행을 앞두고 2012년에 비정규교수의 강의담당비율이 대폭 줄어든 것을 단적으로 보여준다. 2015년도 상황도 마찬가지다. 전임교원강의담당비율지표와 함께 시간강사법이 비정규교수 대량해고의 핵심 원인인 셈이다.[9]

구조조정의 폐해가 학과 통폐합 등으로 인한 학생 피해 사례에 집중되어 교원이나 직원, 특히 비정규교원과 직원이 겪고 있는 상황은 상대

15조(교직원의 임무) ② 교원은 학생을 교육·지도하고 학문을 연구하되, 필요한 경우 학칙 또는 정관으로 정하는 바에 따라 교육·지도, 학문연구 또는 「산업교육진흥 및 산학협력촉진에 관한 법률」 제2조 제5호에 따른 산학협력만을 전담할 수 있다.

8 2011년 12월 국회 본회의에서 통과되었지만 아직 시행되지는 않고 있다. 2017년 1월에 개정법안이 정부입법 발의되었다. 법률 상세 내용은 생략한다.

9 http://www.ytn.co.kr/_ln/0103_201605070504129126 YTN 뉴스 "시간강사, 설 곳이 없다"(2016.5.7) 참고. 위 비율 변경 폭으로 추산하면 최소 1만 명 이상의 강사가 일자리를 잃었음을 알 수 있다. 교육부 통계도 그만큼 강사 수가 줄었음을 보여준다.

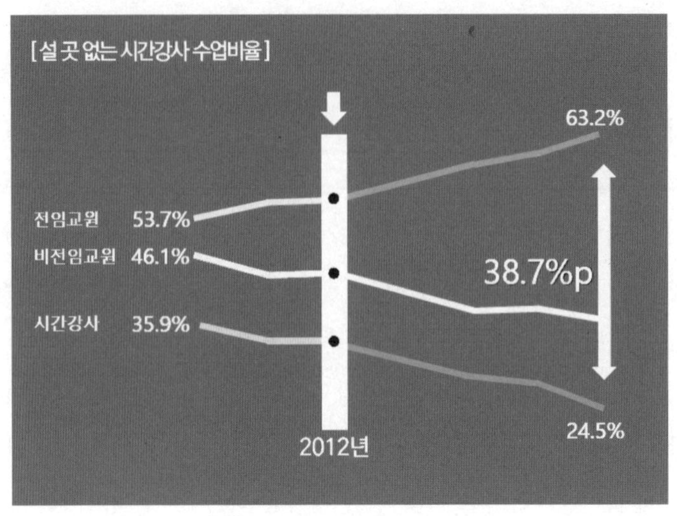

〈그림3〉 교원 강의담당비율 변동

적으로 덜 알려져 있다. 대학구조조정의 피해는 정년을 보장받은 교원들에게는 강의시수 증가, 더 많은 연구실적 강요, 형식상의 상담 실적 요구 등의 '노동강도 강화'와 '임금 및 각종 복리 혜택의 실질적 축소'로 나타난다. 간혹 학과가 통폐합 되어 교양과목을 집중적으로 맡게 되거나, 비전공분야를 연구하고 강의해야 할지도 모르는 상황에 직면하기도 한다. 노동강도 강화와 학과 통폐합 및 임금 등의 축소는 '프라임사업'이나 '코어사업' 등의 직접적 여파로 발생하기도 하지만 최근 있었던 연금법 개악이나 성과연봉제 확대 등과 연동하여 나타난 것이기도 하다. 같은 재원을 놓고 누구는 더 주고 누구는 덜 주는 '상호약탈적 성과연봉제' 도입으로 인하여 연구실적이 적은 사람은 강의라도 더 해야 임금을 어느 정도 보전받을 수 있고, 퇴직 전까지 최대한 많은 임금을 받아둬야 연금도 이전에 비해 좀 덜 깎이기 때문이다. 기존에 보장받던 '생활권'을 어느 정도 지키기 위해 정규교수 상당수는 스스로 강의담당시수 확대 같은 노동강도 강화와 부대업무 수행에 동조하고 있다.

이에 비해 겸임교수와 초빙교수, 강의전담교수, 그리고 시간강사로까지 이어지는 비전임교원의 아래층으로 갈수록 대학구조조정의 여파는 '생존권' 박탈로 이어진다. 비정규교수에 대한 압박을 설명하는 데 있어 앞에서 언급한 신자유주의 대학 정책 4가지 이외에 '대학평가지표'와 '비정년트랙 전임교원제도' 및 '시간강사법'을 추가할 수 있다. '교수직의 비정규직화를 목표로 추진' 되고 있는 이 사슬들은 앞으로 대학구조개혁법과 연동될 경우 큰 파괴력을 대학사회에 보여줄 것으로 예상된다. 대학구조조정 과정에서 개설 강좌 자체가 줄어들거나 전임교원이 더 많은 강좌를 담당함으로써 다수 비정규교수들이 일자리를 잃게 되는 것이다.

이는 곧 공공성과 학문생태계 파괴에 다름 아니다. 엄청난 사회적 역량을 투입하여 오랜 시간에 걸쳐 육성된 비정규교수들을 내치는 것은 그 자체로 공적 낭비다. 전망을 잃은 대학원생들의 이탈이 가속화되어 대학원이 붕괴될 것이고, 학문다양성 확보나 학문후속세대 양성은 더욱 힘들어질 것이다. 더 적은 교원으로부터 더 제한적인 강의를 대규모로 들어야 하는 학생은 교육권을 침해당한다. 이 모든 것은 교육공공성 파괴에 해당한다.

시간강사법이 입법되고 대학구조조정을 위한 대학평가지표에 전임교원확보율, 전임교원강의담당비율이 들어 간 뒤 몇 년 동안 시간강사의 일자리는 1만 개 이상 사라졌다. 시간강사법이 시행될 경우 최소 2만 명 이상이 더 해고될 것으로 보인다. 앞으로 10년간 입학정원 1,600명 규모의 대학이 100개 정도 사라진다고 추정되므로 비정규교수 또한 상당수 줄어들 것이다. 지금과 같은 대학구조조정 상황에서 비정규교수의 운명은 대학에서의 사회적 타살(해고) 그 자체이다. 퇴직금도 못 받고 직장건강보험도 적용 안 되고,[10] 실직수당급여는 소득이 적으니 턱없이 부족하며 수

10 http://www.kipu.or.kr/bbs/board.php?bo_table=notice_05&wr_id=40. 배보다 배꼽이 더 큰 소

급기간도 짧다. 이처럼 비정규교수의 문제가 심각한 교육적·사회적 현안임에도 교육부의 대책은 없다시피하다. 아니, 이와 같은 상황을 교육부가 조장한다고 보는 것이 더 맞을 것이다.

4. 비정규교수들의 조직적 저항 – 한교조의 시간강사법 시행 저지

2011년 국회를 통과한 시간강사법의 주요 내용은 ① 고등교육법 제14조2항 일부를 변경하고 그 바로 밑에 제14조의 2 조항을 신설한다. ② '강사'를 교원의 범위에 포함한다. ③ 강사 임용계약 시 학칙이나 정관으로 정하는 바에 따라 1년 이상의 기간을 정해 계약을 맺는다. ④「교육공무원법」과「사립학교법」에 따른 교원임용 및 신분에 관한 사항을 준용하며, 강사 임용 시 대학인사위원회의 심사를 거치고 계약위반이나 형의 선고 등을 제외하고는 계약기간 중 의사에 반한 면직을 제한하며 불체포 특권을 보장한다 등이다.

2015년까지 대학 측은 시간강사법에 반대해왔는데 그 이유로 매학기 주 9시간 강의 배정을 하기 힘든 교육과정상의 어려움, 인사위원회 설치 운영 등 강사 선발상의 행정적 부담 및 4대 보험과 퇴직금 등의 재정적 부담, 1년 이상 계약, 교원 자격 기준 준수, 임용·재임용 절차 준수로 인한 고용 경직화, 2009년 이후 지속된 등록금 동결로 인한 재정적 압박, 대학구조조정으로 입학 정원 규모의 변동과 학과 간 정원 조정 등으

송을 해서 일부 받을 수 있을지 모르는 퇴직금 소송도 앞으로 몇 년이 더 지나면 더욱 힘들어질 것이다. 강사들이 퇴직금과 직장건강보험을 적용 받기 위해 무엇을 어떻게 고쳐야 하는지는 앞의 한국비정규교수노동조합 홈페이지를 참고하라(2016.6.28 성명서). 요약하면, 퇴직금 관련법과 시행령에 예외조항을 두든지 아니면 시급노동자를 다 포괄하도록 하는 방법으로 개정을 해야 한다는 것이다.

로 인한 불확실성 등을 들었다.

한국비정규교수노동조합(이하 한교조)은 이와는 다른 이유, 즉 시간강사법의 입법취지인 고용안정과 처우개선은 없으면서 시간강사들을 거리로 내모는 악법이라는 이유로 반대해 왔다. 한교조는 2011년부터 '교원 9시간 책임시수 강요로 강의몰아주기로 인한 수만 명의 시간강사 대량해고 발생, 세부전공을 고려하지 않은 9시간 이상 담당 강사 배정으로 인한 교육의 질 저하, 전임교원 강의 시수 증가에 따른 교육과 연구의 질 하락, 비정년트랙 전임교원과 겸·초빙교수의 채용 가속화(풍선효과로 인해 강사의 처우개선 효과 없이 다른 비전임교원이 고통을 부담), 교원 간 차별을 법률로 고착화하여 타 교육기관과 공공부문에 악영향(예 : 기간제교사, 초등 시간강사, 시간제교사, 시간제공무원제도 등으로 확산), 좋은 일자리 축소로 인한 대학원 붕괴' 등의 문제를 제기하며 시간강사법의 시행을 막아왔다. 이들이 공청회 장소를 점거하거나 정당의 당사를 점거하거나 노숙농성과 파업까지 불사하면서 '악법 철폐, 선법 쟁취'를 외친 덕에 아직 시간강사법이 시행되지는 않고 있다.

시간강사법 개정을 위해 '대학강사제도정책자문위원회'가 2016년에 가동되었다. 이는 2015년 12월말에 시간강사법 시행을 2년간 유예하는 조건으로 국회 교문위에서 '협의체 운영, 처우개선 예산 확보 등의 내용이 담긴 부대의견서'를 채택하였기 때문이다. 하지만 10여 차례에 걸친 회의에서 노사간 이견은 확연하였고 노조의 반대에도 불구하고 사용자의 입장만을 대부분 반영하면서 활동이 종결되었다. 한교조는 이를 강력히 규탄하고 있다. 대학 측은 끊임없이 현재의 시간강사법을 더 개악하려고 시도한다. '1년 계약기간 만료 시 당연퇴직한다, 강사에게 1년 미만 계약기간 적용하는 것을 가능하게 해야 한다, 팀티칭을 하는 강사는 법 적용에서 예외로 해야 한다, 책임시수는 적용하지 않아야 한다,

퇴직금과 직장건강보험료는 대학이 부담하지 않는다'는 내용을 넣으려고 시도하였고 교육부는 이를 뒷받침하려 했다. 한교조는 이들 주장의 문제점을 폭로하면서 비판여론을 조성하였다.[11]

2011년에 국회를 통과된 시간강사법이 지금까지 시행되지 못하고 3차례에 걸쳐 유예된 이유와 2017년 1월 정부입법 발의된 새로운 시간강사법이 지탄받고 있는 이유는 〈표2〉에 요약되어 있다.

5. 연구강의교수제와 다양한 대안들

한교조가 연구강의교수제로 정식화 한 비정규교수 문제 해법의 주요 내용은 다음과 같다.[12]

① 시간강사법은 시간강사 대량해고가 발생하지 않는 방향으로 개정되어야 한다.

② 대학은「대학설립·운영규정」상의 전임교원확보율을 준수해야 한다. 아울러 비정년트랙 전임교원 제도를 폐지해야 한다. 교육부와 대학은 10개년 기본계획 수립 시 전임교원확보율 100% 의무화 방안을 마련해야 한다. 학령인구가 감소하고 있기 때문에 이 정도의 수준은 대학이 충분히 감당할 수 있을 것이다. 2014년 4년제 대학 의학 계열을 제외한 전임교원확보율은 평균 69.0%에 불과하다.[13] 강사들이 전임교원이 될

11 대표적으로 2016년 7월 20일 강사제도 종합대책시안 발표 비판 기자회견, 9월 9일 교육부의 강사제도 종합대책안 비판 기자회견, 10월 19일 입법예고 규탄 기자회견, 2017년 1월의 교수연구자시국회의의 시간강사법 폐기 촉구 기자회견 등을 들 수 있다. 관련 기자회견문과 자료는 모두 http://www.kipu.or.kr/bbs/board.php?bo_table=notice_05 한국비정규교수노조 홈페이지에서 볼 수 있다.

12 전문은 한국비정규교수노동조합 홈페이지 공지사항 윗부분에서 쉽게 찾아볼 수 있다. 대체입법의 원칙과 방향, 연구강의교수제 등 2개의 파일이 중요하다. www.kipu.or.kr

13 대학교육연구소, 『대교연 통계(기본) 2014-15년』 8호(통권 27호), 2015.4.20. 참고로,

〈표 2〉 시간강사법의 주요 내용과 쟁점

	현행	2011년 시간강사법 (3차례 시행 유예) 2018.1.1 시행 예정	2017년 시간강사법 (국회 계류 중)
법적 교원 지위	없음	강사만 교원	강사만 교원
겸임/초빙 유지	유지	유지(풍선효과)	유지(풍선효과)
책임시수	기준 없음 (9시간 이상은 소수)	1주일 9시간 (교원이므로 추후 소수에게 강의집중)	기준 없음 (교원이므로 추후 극소수에게 강의집중)
사학/공무원 연금 적용여부	없음 (교원 아님)	없음 (교원임에도 배제)	없음 (교원임에도 배제)
소요 재정 추계	-	없음(신뢰불가)	없음(신뢰불가)
고용재계약	애매	애매	없음 (법에 '당연 퇴직' 명시)
소청심사청구권	없음	애매	사실상 미보장 ('당연 퇴직'되므로)
강사의 임무	교육과정에 필요	전임교원과 동일	학생교육에 국한
임용조건 근거	대학 임의	고등교육법 시행령	고등교육법
임용기간	기준 없음 (97.8%가 6개월이내)	1년 이상	1년 이상 원칙 (1년 미만 상당수 허용)
신규채용	대학 임의	전임교원 채용절차	절차간소화, 별도심사위
의사결정권	없음	없음	없음
퇴직금	요건 될 때 소송해야	요건 될 때 소송해야	요건 될 때 소송해야
직장건강보험	미보장	미보장	미보장

길을 마련해야 한다. 그렇지 않을 경우 시간강사가 결국 강사 교원으로 명칭만 변경되고 영원히 강사로 남을 것이기 때문이다.

③ 대학교육 정상화와 공공성 강화를 위하여 전임교원 책임시수를 9시간 이내로 하여 꼭 준수해야 한다. 또한 전임교원강의담당비율은 대

2014년 4년제 대학 전임교원 1인당 학생 수는 의학계열을 제외하면 31.8명으로 OECD 평균 수준인 15명(2012년 기준)보다 두 배 이상 많다. 전임교원확보율을 계산할 때 의학 계열은 제외해야 한다. 아울러 휴학생의 수가 엄청나게 많으므로 교수1인당 학생 수를 계산할 때 재학생 기준이 아니라 재적생 기준으로 하는 것이 타당하다.

학평가지표에서 빼야 한다.

④ 겸·초빙교수제를 원래 목적에 맞게 운영해야 한다. 대학평가에서 겸·초빙교수를 포함시키는 '교원확보율' 평가지표를 빼고 '정년트랙 전임교원확보율'만 사용해야 한다. 겸·초빙교수는 빠른 시일 내에 강사와 통합하여 하나의 비전임교원으로 묶어서 관리해야 할 것이다.

⑤ 강의를 담당하는 사람은 누구나 교원의 지위를 가져야 하며 교권을 존중받아야 한다. 3시간 미만의 수업을 담당하는 강사도 교원의 지위를 가져야 한다. 또한 강의를 하는 사람은 마땅히 교권이 있어야 한다. 교권은 고용안정의 정도, 의사결정권의 크기, 제공받는 물적급부, 자원 활용권한 등에 크게 영향 받는다.

⑥ 비정규교수의 책임시수를 한 대학의 최대강의시수로 하여 명문화해야 한다. 1개 대학 최대강의시수는 5~6시간 정도로 하향조정해야 한다. 전체 강사의 64.9%가 1개 학교에서 주당 3~6시간 강의하고 있으며, 3시간 미만은 16.5%, 7~9시간은 12.5%, 9시간 초과는 6.1%이기 때문이다.[14] 비정규교수는 2~3개 대학에서 강의할 수도 있다.

⑦ 비정규교수의 처우개선을 위해서는 임금 인상이 절대적으로 필요하다. 당장 한 대학에서 1주일 6시간 강의를 할 경우 연봉 2천만 원이 되도록 하려면 연간 7천억 원 정도의 재원이 더 투입되어야 한다. 정부가 고등교육재정을 확충하여 정부 부담금을 높여 임금인상을 주도해야 한다. 사립대학도 정부 못지않게 자체 재원을 확보해야 할 것이다. 다만, 사립대 자체에 대부분의 비용부담을 맡길 경우 강사 대량해고를 초래할 가능성이 크므로 투자를 유도하고 책임을 다하도록 하는 장치 마련이 중요하다. 또한, 대학에 비전임교원의 인건비를 직접 지원하는 것이 어렵다면, 고등교육기여금이나 연구지원비 또는 강의준비금 등의 기본급

14 2015.4.1 기준 한국교육개발원 고등통계조사.

을 한국연구재단에서 당사자 개인으로부터 강의경력서 등의 근거자료를 등록하게 하여 지급토록 하는 것도 한 방법이다.

⑧ 강사법이 올바로 개정되지 않을 경우 과감하게 즉각 폐기한 뒤 새로운 법안을 마련해야 한다. 이 경우에도 비정규교수들이 수십 년 간 겪고 있는 고통을 외면해서는 안 되므로, 국회와 정부에서 우선적으로 긴급 예산 배정과 각종 규정 개정(직장건강보험 적용대상 시행령 3개월 이상 계약자로 확대 개정, 퇴직금 지급 대상 포함, 대학평가지표에 비정규교수 처우와 복지수준 반영, 강의료 인상 등등)을 통해 비정규교수 전반에게 보편적인 처우개선을 보장해야 할 것이다. 그리고 국회에 특위를 설치하여 국민 앞에 공론화하고 올바른 대안을 사회적으로 만들어야 할 것이다.

이러한 한교조의 대안에 대하여 많은 시민사회단체, 교육운동단체, 노동운동단체들이 지지를 표명하였다. 〈표 3〉은 이를 요약한 것이다.

〈표 3〉 한교조의 시간강사법 폐지 및 연구강의교수제 도입 지지 현황

시기	지지단체들과 의제명
2017.1	교수·학술4단체와 대학노조 등이 주축이 된 '대학공공성강화를 위한 전국대학구조조정 대책위원회'의 '고등교육 9대 핵심의제와 과제'에 포함
2017.1	민주노총 대선요구 의제에 포함
2017.2.18	1,500여개 단체가 결합하여 박근혜 정권을 퇴진시키는데 크게 기여한 '박근혜정권 퇴진 비상국민행동'의 '100대 촛불개혁과제 대국민초안'에 포함
2017.2.22	전교조와 학부모회 및 교육단체들이 주축이 된 '새로운 교육체제 수립을 위한 사회적교육위원회(준)'의 '대선 9대 주요 과제'에 포함
2017.2.28	'박근혜 즉시퇴진과 민주평등 국가시스템 구성을 위한 전국교수연구자 비상시국회의'의 '새민주공화국 정치사회적 제안 25개 과제'에 포함

한편, 연구강의교수제 이 외의 대안들도 병행 가능하다. 예를 들어, 장기적으로 대학통합네트워크를 구성하여 그 안에 국립교양대학을 두며

거기서 일하는 교수를 대규모로 선발하자는 '국가연구교수제'도 주목할 만하다. 2011년부터 제시된 이 대안은 그 도입 요건을 갖추는 데 시간이 많이 걸릴 수밖에 없다. 하지만 당장은 아니겠지만, 실현될 경우 학문 생태계 보전과 고등교육의 질 향상에 도움을 주며 국가의 교육공공성 확보 의무 수행에도 긍정적 영향을 줄 것이다.

만일 대학 바깥에서도 비정규교수들이 활동할 공간이 더욱 확보될 수 있다면 비정규교수의 고용안정과 소득증진만이 아니라 국민의 교육권 및 행복추구권 보장에도 일조할 수 있을 것이다. 가령, 수천 개에 달하는 전국의 '주민자치센터' 기본 프로그램들로 시민들과 함께 하는 인문학 강좌나 다양한 유형의 사회과학교실 또는 환경과 생태 교양강좌를 개설한다고 생각해 보자. 대학의 평생교육원에 진학하지 않더라도 늘 다양한 학문을 원할 때 가까운 곳에서 접할 수 있다면 국민의 교양 수준이 매우 높게 올라갈 것이다. 이는 민주주의 신장과 사회적 자본 강화에도 큰 도움이 된다. 더 나아가 고령사회에서 노인들의 소통을 원활하게 하고 배려하는 사회로 발전할 수 있는 토대가 될 수도 있다.

교육청과 연계한 다른 대안도 구상할 수 있다. '전국 고교생들을 대상으로 방학이나 입시 후 일정 기간 동안 다양한 교양 특강', 예를 들어 노동법이나 고전 강독을 아무런 대가나 강요 없이 자율적으로 실시한다면 인격 도야나 사회 적응에 도움이 될 것이다. 교도소를 비롯한 수많은 시설 수용자들을 위한 교양 강좌도 사회통합 차원에서 고려할만하다. 풀뿌리 마을학교도 마찬가지로 다양한 강좌를 운영할 수 있다.

환갑에 가까워지는 비정규교수가 늘어나는 작금에 이들의 역량을 언제 해고될지 모르는 대학 안에만 가두는 것은 사회적 손실이다. 역량과 경륜이 있는 비정규교수들이 노인의 지혜와 전문가의 지식 그리고 시민의 열정과 청소년의 호기심이 융합되는 다양한 소통공간 속에서 역할

할 수 있도록 기회를 만들 수 있다면 그 또한 비정규교수 문제를 공공적으로 풀어가는 방법 중 하나가 될 것이다.

6. 나가며 – 연대, 문제 해결의 출발

앞에서 살펴보았듯 비정규교수 문제는 정치권력과 자본의 교수분할 지배 과정에서 심화되었고 공공성 약화를 넘어 학문생태계 자체를 파괴하기 일보직전이다. 대학의 종말이라는 백척간두의 위기에서 대학 내 승자독식 구조를 그대로 두는 것은 위험천만한 일이다. 기득권층이 대학 내 자원을 공유하지 않을 때 다른 구성원들이 협력하지 않을 것이기 때문이다. 학생과 비정규교수와 비정규직원들이 언제까지고 정규직들의 방패막이로만 머물 것이라 기대하는 것은 착각이다. 이미 한교조는 수차례에 걸친 파업과 농성으로 비정규교수 문제에 미온적인 정규교수들을 강력하게 질타한 바 있다.

소위 대학 내 기득권층이 동맹을 이루어 자신들의 이권만 수호할 경우, 학생을 비롯한 피해자들의 격렬한 저항을 피할 길 없다. 2016년 가을부터 이어진 광장촛불항쟁은 피해자들이 더 이상 참지 않고 변화를 추구한다는 점을 극적으로 보여주었다. 2016년 세간을 떠들썩하게 했던 평생단과대학설치를 둘러싼 이화여대 사태와 2017년 봄을 달구고 있는 서울대 시흥캠퍼스 사태를 통해 우리는 앞으로 대학구조조정을 둘러싸고 학내에서 일어날 일을 미리 보고 있다. 저항의 방향이 정치권력과 자본에 맞서지 않는 대학내부의 기득권층을 향할 수도 있는 것이다.

정치권력과 사학자본의 이익을 위해 추진되는 대학구조조정과 인건비 절감 정책은 일부 단위들의 각개약진만으로는 막아내기 어렵다. 대학 간, 대학 내 구성원 간 광범위한 단결이 있어야 정치권에 부담을 줄 수 있고 그 힘으로 대학공동체를 지킬 수 있을 것이다. 그러려면 지금 좀 더 많이 가진 쪽에서 자신들이 가진 지분을 조금이나마 나누려는 자세를 먼저 보일 필요가 있다. 대학 내에서 동력을 얻지 못한 활동은 법과 제도 개선으로까지 나아가기 어렵다. 비정규교수 문제도 학문 생태계 복원뿐만 아니라 노동 존중의 입장에 서서 대학 안팎에서 연대 기풍을 확고히 할 때 해결의 전망이 열릴 것이다.

대학교원의 프레카리아트화, 진단과 대안 모색

임운택

1. 강사법 개정안의 배경과 대학교육의 열악한 현실

지난 1월10일 국무회의에서 대학 강사의 신분보장 및 처우개선을 위해 마련한 '고등교육법 일부개정법률안'(소위 '보완 강사법')이 의결되었다. 2010년 조선대 시간강사 서정민씨의 자살로 촉발된 시간강사 처우개선의 논의는 2011년 국회를 통과한 '시간강사법'이 이해당사자들의 반발로 3차례나 유예되면서 재개정의 과정을 거쳤다. 그럼에도 올해 1월 달에 국무회의에서 통과된 강사법은 개선은커녕 오히려 개악에 가까운 안을 도출하여 당사자들인 시간 강사들의 반발을 초래하고 있다. 기실 이러한 현실은 단지 시간 강사/비정규 교수만의 문제가 아닌 칼레이도스코프처럼 복잡하게 얽힌 한국 대학교육의 적폐(명문대 서열화, 성과중심의 대학평가제도, 대학교육의 시장화, 사학재단의 비리은폐 등)를 반영하는 것임에도 현재의 논의는 시간강사와 비정규 교수의 처우수준만을, 그것도 개악된 수준에서 법률의 대상으로 하고 있어 당사자들을 더욱 초라하게 만들고 있다.

더욱이 교육부 마피아와 사학재단, 이들의 이해관계를 대변하는 관련 프로젝트 연구자와 교수들, 그리고 이와 결탁된 정치적 이해관계자들(정치인, 기업 등)이 직간접적으로 이러한 논의를 주도하거나 여론 조성에 영향을 주고 있으며 정작 대학교육과 관련된 주체들인 교수(모든 형식적 지위를 망라한 교수의 참여가 전제되어야 하나 협의의 테이블에 이해 당사자인 비정규 교수의 자리는 실질적으로 보장되지 않는 것이 현실이다), 학생, 나아가서 대학교육의 실질적인 수혜자이자 연대적 공동체를 형성해야 할 (지역)사회의 목소리는 배제되고 있어 강사법 개정의 논의구조마저 왜곡된 상황이다.

김영삼 정부에서부터 시작된 신자유주의적 대학정책은 학력개선 기회구조의 확장이라는 대중적 욕망에 부응한 사립대학의 부분별한 설립, 급속한 교수 충원의 시혜적 조건 (즉 고용, 임금, 사회보험의 보장) 속에서 형성된 교수들의 교육 황폐화에 대한 침묵과 방관, 신자유주의 확산('사회성의 시장화')의 흐름 속에서 꾸준히 관철되었다. 대학교육의 시장화는 신자유주의적 헤게모니 블록에서 형성된 대학교수, 엘리트 관료, 언론인으로 이루어진 '인식공동체'(epistemic community)의 산물이다.

상당수가 미국에서 박사학위를 취득한 지식인인 이들은 1980-90년대 자신들이 목격한 미국 대학의 신자유주의적 구조조정을 당연하게 받아들였고, 자신들이 특권적 위치에 머무르고 있는 한 이러한 구조조정이 사학재단을 비롯한 교육현장의 비리를 은폐하는 수단으로 악용되는 것에 별다른 성찰을 보이지 않았다. 이미 전두환, 노태우 정권의 유화정책을 통해 사회경제적으로 특권적 지위를 획득한 대학 교수들[1]의 일부

1 광주학살로 집권한 군사정권이 정치적 정당성과 합법성을 획득하기 위해 가장 적극적으로 포

는 교수의 지위를 빌어 각종 정부정책과 정부위원회에 자문위원으로 혹은 정책의 당위성과 정당성을 엄호하는 프로젝트 보고서 작성자로 참여하면서 교육과 연구보다는 사회적 명성과 프로젝트에서 생기는 과외 수익에 눈이 멀기 시작했으며, 1990년대 이후 소위 포디즘적 축적체제가 서서히 붕괴되고 사회경제적 불확실성이 확산되어 가는 과정에서 강조되었던 지식경제의 흐름 속에서 지식행상꾼이 되었다. 이들이 생산해낸 정부보고서는 상당 부분 그들만의 자기복제기제로 전락하였으며, 정책 관련 보고서마다 어김없이 등장하는 해외사례 연구는 어느덧 교수들의 번역작업과 해외시찰을 위한 비용과 여비를 대주는 기제로 전락하였다.

이와 같이 영혼이 없는 교수들과 함께 언론인 그리고 주로 미국에서 연수를 마친 엘리트 공무원들은 경제와 사회의 미국식 신자유주의 구조조정의 정당성을 무비판적으로 수용하였으며, 이들은 1997~98년 외환위기 이후 광범위하게 수용된 다양한 신자유주의적 경제정책(노동시장의 유연화, 기업의 분사화, FTA를 통한 시장중심의 산업구조조정 등)과 행정정책(저비용-고효율을 앞세운 행정에서의 성과주의 도입)은 물론 이려니와 심지어 단기적 성과로 측정할 수 없는 교육에서조차 효율성과 신자유주의적 구조조정을 정당화하는 나팔수가 되거나 눈을 감는 데 익숙해졌다.

한편, 신자유주의적 대학구조정책은 교육 주체의 반발에도 불구하고 신자유주의의 내재화 과정을 통해서 사회에서 일정하게 수용되었다. 경제영역에 대한 정치적 개입을 금기시하면서 경제성을 중심으로 한 문화, 즉 자산증식과 주식투자에 대한 높은 가치부여, 경제적 결과에 대한 자기책임, 사적 연금을 통한 위기관리의 개인화, 다양한 생활양식의 존중, 국제적 감각의 소비양식, 유연하고 창의적인 노동에 대한 긍정적 가

섭한 인텔리 직업군은 교수와 기자였으며, 이 두 직업군은 1970년대에 비해 파격적인 대우를 받았을 뿐만 아니라 이후 정권의 나팔수로 동원되는 대표적 직업군이 되었다.

치 등이 사회 속에서 관철되고, 이러한 문화는 일종의 사회적 아비투스(habitus)로 이해할 수 있을 만큼 강력한 신자유주의적 사회화를 통해서 개별 시민에게 내면화되었다. 교육과 문화, 노동의 상품화는 물론 사회적 관계의 상품화가 시민사회 내에 깊숙이 관철되었다.

그러한 조건 속에서 소위 민주정부라고 불리는 김대중·노무현 정부에서조차 신자유주의적 엘리트들은 그람시의 '변형주의' 개념의 의미에 걸맞게 반대 집단을 새로운 헤게모니 블록 내부로 병합시켰다. 이로써 전통적인 진보세력은 이념적 차원에서 중앙으로 이전하였으며, 그와 함께 사회 전반의 이념적 스펙트럼은 우경화되었다. 여전히 시장에 대한 규제를 비롯한 강력한 정치적 행위를 강조하는 전통적인 '좌파'와 이들의 정책들은 시대적 소명을 이해하지 못하는 극단주의로 몰려 주변화되었다.[2] 신자유주의는 이제 (유사)사민주의 이념(소위 '제3의 길'로 대변되는 좌우 정치의 융합)를 통해 비로소 헤게모니적으로 보편화되었다. 헤게모니는 모든 사회집단의 공통적인 비전을 접합시켜놓은 것이 아니라 다양한 관점과 사회적 프로젝트가 접합되고 그 안에서 다양한 모순적 잠재력이 무력화되는 현상이다. 이처럼 신자유주의를 통한 헤게모니의 보편화는 새로운 사회적 전망에 대한 상상력보다는 시장의 논리에 순응하는 점진적 사회개혁을 목표로 삼았으며, 이 과정 속에서 대학교육 또한 철저하게 기능화하였다.

이러한 관점에서 볼 때 대학교육의 시장화 및 황폐화의 문제는 단순히 교육 당사자들만의 문제로 회귀될 성격의 것이 아니다. 정치의 민주화가 일정하게 진척되었음에도 불구하고 역설적으로 진학과 취업을 둘러싸고 '금수저'와 '헬조선' 논쟁이 등장하는 데서 보듯 학벌만능주의

2 임운택, 『전환시대의 논리 – 자본주의와 민주주의의 이중위기 속의 한국사회』, 논형, 2016, 190~191쪽.

사회의 모습은 결코 사그라지지 않았다. 이러한 조건 속에서 사회의 경제화를 반영하는 지식의 가벼운 소비와 기능화[3]에 대한 사회적 인식은 대학교육에 대한 가치마저 심하게 왜곡시키고 있다. 연봉, 고용안정, 취업 가능성과 같이 대학 본연의 기능과는 무관하고 뜬구름 잡는 사회적 통념에 기댄 소위 '유망학과'를 중심으로 한 학과 줄세우기의 기준은 이미 교육정책의 기조가 되었으며, 이는 한편으로는 대학 구조조정의 근거를 제공하고, 다른 한편으로는 인기학과를 준비하는 사교육 시장의 활성화로 이어졌다. 뿐만 아니라 대학교육은 전공 학문보다는 넓고 얕은 잡다한 교양교육과 영어교육으로 도배되고 있으며, 대학평가의 주요 기준도 제대로 된 교육환경 개선(안정적 교원 확보, 연구환경 개선 등)이 아닌 동료교수들조차 읽지 않는 연구논문 생산량과 학생들의 취업통계가 핵심이 되고 있는 실정이다.

이러한 사회적 배경 속에서 대학 강사 및 비정규 교수의 상황은 점점 더 열악해질 수밖에 없다. 정부의 각종 구조조정 사업에 목을 매고 있는 전국의 대학교는 전임교수 충원이라는 지표를 충족시키기 위해 자기방어권이 없는 비정규 교수를 희생하고 있기 때문이다.

교육부 자료에 의하면 2016년 기준 전국의 국공립 및 사립대학에서 비전임 교수의 비율(54.9%)이 전임 교수의 비율(45.1%)보다 훨씬 높은 것으로 나타났다. 그 가운데서도 국립대학은 51.3%로 사립 55.7%보다 낮

---

3 최근 서점가를 강타하고 있는 '지적대화를 위한 넓고 얕은 지식'이라는 책이 상징하듯 지식의 경량화 내지는 슬림화, 그리고 각종 방송 프로그램에서 횡횡하는 '지식의 살롱화' 현상은 이미 대학교육의 무용론마저 제기될 위험에 이르렀다. 지난 수년 동안 학계 안팎에서 소위 인문학의 대중화를 앞세운 인문학 활성화 시도는 시민들에게 인문학적 사유를 확장시켰다기보다는 인문학을 가벼운 한담 수준의 소비를 위한 지식의 도구화로 전락하게 하였다. 사유보다는 사실을 강조하는 Q&A 수준의 인문학을 넘어 오늘날에는 인문학적 사유의 비판적 관점마저 정형화해서 소비되고 있다. 입시교육에 중독된 한국사회가 학문을 어떻게 소비하는지 보여주는 단적인 모습으로 이러한 지식의 소비양태는 기본적으로 대학교육에 대한 불신을 조장할 수밖에 없다.

았지만 공립대학은 63.5%로 사립대학보다도 더 높은 것으로 드러났다. 한편, 비전임 교수 중에서 시간강사의 비중이 39.7%로 압도적으로 높게 나타나고 있다(표1 참조).

〈표 1〉 전국 전체 대학의 운영 주체별 교수 현황(2016년 기준)(구성비, %)

(단위 : 명)

	계	전임				비전임			
		소계	교수	부교수	조교수	소계	시간강사	겸임교수	명예교수
계	199,514 (100)	89,974 (45.1)	42,306 (21.2)	20,155 (10.1)	27,513 (13.8)	109,540 (54.9)	79,268 (39.7)	19,197 (9.6)	11,075 (5.6)
국립	40,129 (100)	19,535 (48.7)	12,858 (32.1)	3,798 (9.5)	2,879 (7.1)	20,594 (51.3)	15,485 (38.6)	1,341 (3.3)	3,768 (9.4)
공립	1,753 (100)	640 (36.5)	386 (22.0)	176 (10.0)	78 (4.5)	1,113 (63.5)	876 (50.0)	172 (9.8)	65 (3.7)
사립	157,632 (100)	69,799 (44.3)	29,062 (18.4)	16,181 (10.3)	24,556 (15.6)	87,833 (55.7)	62,907 (39.9)	17,684 (11.2)	7,242 (4.6)

자료 : 교육부 · 한국교육개발원(2016)

이 통계를 다시 세부적으로 보면 전문대학의 경우 비전임 교수의 비율(68.7%)이 전임교수의 비율(31.3%)에 비해 압도적으로 높은 것으로 나타났다. 전반적으로 비전임 교수의 비율은 공립(73.5%)〉사립(68.7%)〉국립(63.4%) 대학교 순으로 높은 것으로 조사되었으며, 이때 국공립 대학이 사립대학에 비해 시간강사를 더 많이 활용하는 것으로 나타났다(표2 참조). 이는 전문대학 교육의 상당부분을 차지하는 실기 교육이 시간강사와 겸임교수에 의존하고 있음을 잘 보여주고 있다.

전국의 4년제 일반대학교의 경우 전임과 비전임의 비율은 전문대학보다 덜한 편이나 여전히 교육의 절반(49.3%)은 비정규 교수에 위임하고 있으며, 비전임 교수의 비율은 국립(51.7%)〉공립(50.7%)〉사립(48.5%) 대학교 순으로 나타났다(표3 참조). 국가의 운영지원을 받는 국공립대학이

〈표 2〉 전국 전문대학의 운영 주체별 교수 현황(2016년 기준)(구성비, %)

(단위 : 명)

	계	전임				비전임			
		소계	교수	부교수	조교수	소계	시간강사	겸임교수	명예교수
계	40,649 (100)	12,724 (31.3)	3,215 (7.9)	3,636 (8.9)	5,873 (14.5)	27,925 (68.7)	19,034 (46.8)	8,491 (20.9)	400 (1.0)
국립	240 (100)	88 (36.6)	58 (24.1)	19 (7.9)	11 (4.6)	152 (63.4)	141 (58.8)	11 (4.6)	-
공립	838 (100)	222 (26.5)	109 (13.0)	82 (9.8)	31 (3.7)	616 (73.5)	508 (60.6)	108 (12.9)	-
사립	39,571 (100)	12,414 (31.3)	3,048 (7.7)	3,535 (8.9)	5,831 (14.7)	27,157 (68.7)	18,385 (46.5)	8,372 (21.2)	400 (1.0)

자료: 교육부 · 한국교육개발원(2016)

〈표 3〉 전국 4년제 일반 대학의 운영 주체별 교수 현황(2016년 기준)(구성비, %)

(단위 : 명)

	계	전임				비전임			
		소계	교수	부교수	조교수	소계	시간강사	겸임교수	명예교수
계	128,380 (100)	65,128 (50.7)	32,911 (25.6)	13,474 (10.5)	18,743 (14.6)	63,252 (49.3)	45,422 (35.4)	7,843 (6.1)	9,987 (7.8)
국립	31,547 (100)	15,241 (48.3)	10,327 (32.7)	2,795 (8.9)	2,119 (6.7)	16,306 (51.7)	11,993 (38.0)	1,012 (3.2)	3,301 (10.5)
공립	748 (100)	369 (49.3)	248 (33.1)	76 (10.2)	45 (6.0)	379 (50.7)	266 (35.6)	51 (6.8)	62 (8.3)
사립	96,085 (100)	49,518 (51.5)	22,336 (23.2)	10,603 (11.0)	16,579 (17.3)	46,567 (48.5)	33,163 (34.5)	6,780 (7.1)	6,624 (6.9)

자료: 교육부 · 한국교육개발원(2016)

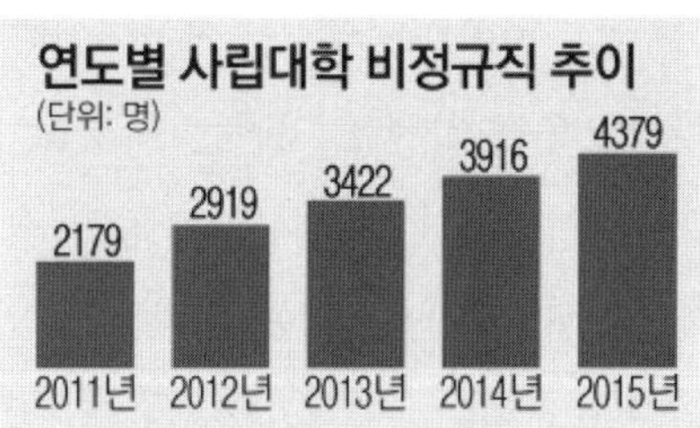

출처: 서울신문 2016.10.2.

〈그림 1〉 연도별 사립대학 비정규직 추이

사립대학교보다 더 많이 시간강사를 채용하고 있는 사실은 공공부문에서조차 시장화가 무비판적으로 받아들여지고 있음을 보여주고 있다.

〈그림 1〉에서 보듯 전반적으로 사립대학의 비정규 교수 채용비율은 지난 5년 동안 꾸준히 증가하고 있음을 알 수 있다. 대학이 전임교원보다 비전임 교원을 선호하는 이유는 단순하다. 이들의 급여가 낮고 해고가 용이하기 때문이다. 현행법상 겸임교원과 초빙교원의 경우 교원 확보율 산출시 일반대학은 정원의 1/5, 산업대학과 전문대학은 정원의 1/2 범위 내에서 주당 강의시수를 9시간으로 환산하여 교원에 포함시킬 수 있다는 점도 이런 추세를 부추긴다.

교원 유형별 평균연봉을 보자. 2014년 교육부 자료에 의하면, 4년제 대학의 전임교원인 교수, 부교수, 조교수의 평균연봉은 각각 9,148만 4천 원, 7,425만 9천 원, 5,272만 9천 원인 반면 비전임 교원인 겸임교원, 초빙교원 기타 비전임교원, 시간강사의 연봉은 각각 853만 9천 원, 2,853만 3천 원, 1,909만 7천 원, 650만 4천 원에 불과하다(유은혜 의원실 보도자료, 2014.10.24). 즉 겸임교원과 시간강사의 연봉은 1천만 원을 넘지 못하고 있는 실정이다. 같은 자료에서 본 전문대학의 교원 유형별 평균연봉은 전임교원인 교수, 부교수, 조교수의 평균연봉이 각각 8,697만 4천 원, 7,398만 5천 원, 4,543만 6천 원이며, 비전임 교원인 겸임교원, 초빙교원, 기타 비전임 교원, 시간강사의 연봉은 각각 846만 원, 2,398만 7천 원, 1,732만 1천 원, 449만 2천 원으로 파악되었다.[4]

앞서 보았듯 대학교육의 일선을 지키는 비정규 교수들의 임금 수준은 처참한 상황이다. 2016년 현재 4인 가족 기준 최저생계비가 월 175만 6,547원인데, 국내 7만 명이 넘는 시간강사들의 월 평균 강의료

4 사정이 이러한데 시간강사들의 신분보장과 처우개선을 염두에 두었다는 '보완 강사법'은 이러한 현실을 개선하기는커녕 오히려 악화시키고 있는 실정이다. 여기 대해서는 뒤에서 더 상세히 다룬다.

소득은 최저생계비의 38.5% 수준에 불과하다. 이들은 단지 최저생계비에도 못 미치는 강의료를 받고 있을 뿐만 아니라 각종 사회보험에서도 배제되고 있다. 정규직이 아니다보니 공무원연금이나 사학연금의 대상도 아니며 알바생에게조차 주어지는 건강보험도 제공받지 못하고 있는 실정이다. 현행 법률에 의하면 시간강사가 건강보험 직장가입자가 되려면 주당 15시간 이상 강의를 해야 하는데, 이러한 수급요건을 채우는 것은 현실적으로 불가능하다. 전반적인 시간강사의 처우개선을 위해 다각적인 제도개선에 대해서 논의하기 전에 아래에서는 대학 비정규 교수의 프레카리아트화의 문제점을 좀 더 살펴보고자 한다.

2. 대학 비정규 교수의 프레카리아트화[5]

최근 금융자본주의 아래서 꾸준히 증가하는 불안정 노동자들을 지칭하기 위해 프레카리아트(Precariat)라는 개념이 주목받고 있다. 프레카리아트란 '불확실하다'라는 뜻의 형용사(precarious)와 어근으로서 'proletariat'라는 명사를 조합한 용어로, 전통적 마르크스주의적 관점에서 보면 대자적 계급은 아니나 '형성중인 계급'이라고 할 수 있다. 가이 스탠딩은 프레카리아트를 산업사회에서 시민권적 규범, 즉 노동시장에서의 소득, 고용, 직무, 근로안정, 숙련기술 재생산, (노동조합의) 대표권 등이 보장되지 않는 사람들로 규정한다. 좀 더 단순화해서 보면 프레카리아트는 결국 신분적 지위와 법적 권리와 같은 안정성을 전제로 한 규범적 생계노동의 바깥에 존재하는 모든 노동자들을 지칭한다고 볼 수 있다. 규범적 기대유형에는 무기계약, 전일제 노동을 지향하는 노동시

5 이 절의 주요 내용은 임운택(앞의 책)의 11장에 기초하고 있다.

간모델, 노동의 성과에 따른 안정적 보수, 사회적·노동법적 안전보장이 포함되며, 이러한 규범적 고용관계는 법적보호, 단체협약, 기업의 보상 시스템이 보장된다.[6]

규범적 생계노동의 외부에 존재하는 프레카리아트 계급이 전 산업 영역에서 증가하고 있지만 교육분야에서도 빠른 속도로 증가하고 있다. 오래전부터 고용시장의 노동자성 지위를 둘러싸고 쟁점화되었던 학습지 교사와 같은 특수고용 노동자들은 물론이려니와 연구와 강의가 상시적이고 유기적으로 이루어져야할 대학에서도 시간강사로 대변되는 고학력 프레카리아트 노동자들의 비중이 증가하고 있는 것이다. 프레카리아트 계급의 실상을 살펴보고 그에 대한 대안을 모색하기 전에 간략하게 이 계층의 보편적 특성이 무엇인지 살펴보자.

첫째, 노동의 프레카리아트화는 기존의 안정적인 노동집단의 사회적 몰락을 의미하기도 하지만, 사회경제적 소비와 욕구체계의 변화 속에서 지속적으로 새로운 모습으로 등장하고 있으며, 나아가서 프레카리아트의 유연한 고용형태가 규범적 기준으로 확립된 영역들마저 생겨나고 있다. 유연한 노동과 저임금을 성공한 소수 엘리트에 대한 충성과 미래의 성공기대와 교환하고, 노동의 수탈을 열정으로 대체한 문화적 영역의 프레카리아트화가 그것으로, 언론 및 미디어 종사자, 학술연구자, 다양한 문화산업 종사자들이 불안정한 창의성을 대가로 열정페이를 강요받고 있다.

둘째, 프레카리아트의 새로운 특성은 금융 자본주의의 사회경제 구조와의 관련 속에서 획득된다. 프레카리아트는 생산형태, 사회구조적 특성, 주관적 내면화(프레카리아트화에 대한 불안감에 근거)의 상호작용 속에서 형성되고 있으므로, 프레카리아트를 단순히 빈곤과 정상성(normality) 간

6 가이 스탠딩, 김태호 역, 『프레카리아트, 새로운 위험한 계급』, 박종철출판사, 2014, 23~29쪽.

의 불균형 상태로 환원하는 것은 합당하지 않다. 고용관계의 유연화는 국가의 개입에 따른 것이며,[7] 이는 생산형태의 변형에서 결과한 것이다. 노동의 프레카리아트화는 경제적 합리성의 증대에서 초래된 것이 아니라 금융자본의 행위자가 종종 전체경제의 합리성마저 희생하면서 행사한 사회적 권력의 결과이다. 기업의 주주가치 지향, 단기적 시간체제(단기적 이윤 극대화)가 극복되지 않는 한 사회전반에 걸친 노동의 프레카리아트화는 지속될 것이다.

셋째, 프레카리아트 계급이 자본의 전략으로부터 파생한 만큼 이 계급은 단순히 분석적 차원에 머무르지 않고 적대적(antagonistic) 비판의 지평을 고려해야만 한다. 대체로 프레카리아트의 고용형태와 개별 노동자의 주관적 인식 사이에는 느슨한 연관성만 존재한다. 객관적 조건에서 대자적 계급의식이 형성되지 못하고 있는 것이다. 동시에 형식적으로 규범적 고용관계에 있는 노동자들이 처할지도 모를 프레카리아트화에 대한 불안감(구조조정, 분사, 낮은 성과로 인한 지위하락 등)을 무시하고 사회적 불안감이 모든 노동자들을 무차별적으로 위협할 것이라는 자동주의적 사고는 위험하다. 공무원, 일반은행원, 중소기업 노동자 등이 구조조정에 대해서 느끼는 불안감은 서로 상이하고, 대학 강사들의 불안감도 이들과는 다를 것이다. 이것이 프레카리아트화에 대해 느끼는 불안감의 정도 차이를 낳는데 이는 노동의 조직화 수준도 다르고 불안정한 고용상황과 맺어져 있는 사회적 관계망이 상이하기 때문이다. 일례로 실업률이 높은 지역에서는 오히려 불안정한 지위로 인해 사회적 결속이 지역사회나 동료집단 속에서 강하게 유지되기도 한다.[8]

넷째, 프레카리아트화에 특징적인 '비동시성의 동시성'에 주목할 필

7 Castel, Robert, *Die Metamorphosen der sozialen Frage. Eine Chronik der Lohnarbeit*, Konstanz, 2000.

8 Dörre and Matthias, "Geduldige Prekarier? Unsicherheit als Wegbegleiter wissenschaftlicher Karrieren", *Forschung & Lehre*, vol.15 no.10, 2008.

요가 있다. 포디즘적 축적체제의 와해와 함께 남성중심의 규범적 고용관계와 그 대척점에 있던 여성(혹은 이주노동자) 중심의 불안정 고용관계의 이중성은 해체되고 있다. 오늘날 제조업에서는 전통적인 포디즘적 생산양식의 아비투스를 벗어난 다수의 청장년 남성 노동자들이 사내하청, 파견 및 용역의 형태로 극단적 테일러리즘 양식의 노동을 수행하고 있으며, 시간제 근로 위주의 단순 서비스업에는 여성이, 저임금 및 단순노동에 기반을 둔 건설부문 및 중소사업체에는 다수의 이주노동자들이 종사하고 있다. 다양한 프레카리아트 집단의 공존은 프레카리아트화의 중층구조를 보여주는 동시에 이들 간의 연대가 쉽지 않다는 점을 암시한다.

다섯째, 지배사회학적 관점에서 노동의 프레카리아트화는 사회적 통제기제의 변화에 기반하고 있다. 물질적 분배, 노조(및 노동권)의 사회적 인정, 정치적 참여를 통한 사회통합 기제는 시장원칙과 국가권력의 강제적 개입에 의해 대체되고 있다. 최근 청년일자리 창출을 핑계로 한 임금피크제, 공공부문의 구조조정과 같은 국가에 의한 인위적 노동개혁 프로그램이 그 비근한 예로, 국가는 노동시장의 활성화를 위해 정부지원금의 선택적 배치와 공적기금의 자의적 편성을 통해 프레카리아트에게 시장의 규율을 강제하고 있다. 그러한 점에서 국가의 노동시장 개혁은 이전과는 완전히 다른 사회적 발전수준에서 원시적 축적단계에서 행해진 폭력적 규율화와 유사한 기능을 강요하고 있다. 노동시장의 이중구조와 점증하는 사회적 불평등에 기초한 유연한 생산양식의 확립을 목표로 하는 정부의 노동개혁은 노동자들에게 '개인의 기업화'를 요구하는 것으로 노동시장의 성과보다는 주로 프레카리아트화에 노출된 경계인들과 실업자들에 대한 시장중심적 통제기능으로 기능한다.

이와 같이 프레카리아트화는 역사적으로 구성된, 시대진단적 범주의 특성을 지닌다. 따라서 프레카리아트화 담론의 정치화는 실천적 문제로 귀결된다. 실제로 불안정 노동을 무엇이라고 부르던 간에(비정규 노동, 비전형 노동, 유연한 노동 등) 그동안 노조, 정당, 시민사회는 다양한 방식으로 시장의 규율적 강제를 제한하기 위한 다양한 노력을 기울여왔으며 여기서 논의하는 소위 '시간강사법' 논의도 그러한 논의의 선상에 놓여 있다.

그럼에도 불구하고 유연노동을 1차 노동시장(정규직 노동)으로 통합시키려는 시도는 매우 제한적인 것으로 보인다. 운동주체의 당파성과 적극성, 심지어 연대의 불충분성 논의는 제외하고서라도 상당수 노동자들이 느끼는 프레카리아트화에 대한 불안감에서 보듯 프레카리아트의 내적 구성은 동질적이지 않기에 "산업예비군의 후보자들이 착취문제에 집중하여 계급운동을 성공적으로 이끌어낼 수 있다"는 마르크스의 진단은 오늘날 가능해보이지 않는다. 상대적으로 안정적이고 숙련기능을 보유한 연구자 집단에게서 조차 착취문제는 상대화되고 있기 때문이다. 따라서 이들에게 연대의 원칙을 일방적으로 주장하는 것은 이데올로기의 지평을 넘어서기에 간단한 문제가 아니다.

그럼에도 불구하고 프레카리아트 집단 내에서 사회적 안전과 기본권 보호를 둘러싼 투쟁의 필요성이 주체적 차원에서 공유되고 있으므로 정치적 통일성 혹은 연대의 가능성을 배제할 필요는 없어 보인다. 나아가서 노동자 계급의 중층구조적 특성을 감안해 볼 때 자신들의 사회적·문화적 다양성을 유지하면서도 삶의 불안정성이라는 공통분모에서 제기되는 일련의 민주적 "등가물(고용보장, 공공의료, 안전, 평화 등)의 연쇄"[9]를 이루어낸다면 새로운 정치적 연대의 지평은 요원하지 않을 것이다.

9 Mouffe, Chantal, *Zugeständnisse für Arbeitsplätze*, Berlin, 2007, p.115.

3. 프레카리아트 연구자의 처우개선 방안 모색

시간강사 및 비정규 교수와 같은 학술연구자 프레카라이트에 대한 해법은 법적 지위 개선과 소득 및 사회보장 등 대단히 포괄적인 측면에서 찾아야만 할 것이다. 여기서는 우선 비정규 교수의 현실을 개선하는 방안에 초점을 맞추어 대안을 제기해보고자 한다.

대학교의 비정규 교원이 처한 가장 심각한 문제는 무엇보다 이들이 사회보험의 사각지대에 놓여 있다는 것이다. 이들의 연구와 강의의 질을 보장하고 미래의 안정성을 일정하게 유지하기 위한 최소한의 조치는 무엇보다 일용직 노동자 수준에 머물러 있는 이들의 사회안전망을 개선하려는 노력이라고 할 수 있다.

〈표4〉에서 보듯 한국사회에서 비정규 노동자의 사회보험 가입 현황은 40% 안팎에 불과한 형편이다. 대부분의 프레카리아트 연구자들은 사회보험의 수급요건을 갖추기 어렵고 부정기적이고 낮은 소득으로 인해 지역보험 가입조차 회피할 수 있는 여지가 많기 때문이다. 그러한 점에서 강의와 연구를 주 업무로 삼고 있는 이들의 노동을 특화시킨 별도의 사회보험 제도를 구축할 필요성이 있다. 이와 관련하여 필자는 독일의 '창작자 사회보험(Künstler Sozialkasse)'제도를 국내의 현실에 맞게 수용할 필요가 있다고 판단한다. 독일의 창작자 사회보험은 예술인, 언론인, 그리고 독립적으로 저술활동을 하는 연구자들을 대상으로 하는 사회보험으로 연간 3,900 유로 미만의 소득 혹은 월 450유로 미만의 소득을 얻는 창작자들을 대상으로 한다. 이들은 해당 직업분야에서 창작활동(작품, 저술, 기사 등)을 수행하고 특별히 이중 직업을 수행하지 않는 한 창작자 사회보험의 대상에 편입되며, 필요할 경우 추가로 사적 보험에 가입할 기회를 얻게 되며, 이 틀 안에서 연금과 의료보험의 혜택을 얻게 된다.

〈표 4〉 근로형태별 사회보험 가입률1) 현황(2015년 8월)

(단위 : %, 천명)

근로형태별[2]	국민연금	건강보험	고용보험
임금근로자	67.4	71.5	68.6
정규직	82.0	84.8	82.4
비정규직	36.9	43.8	42.5
한시적	54.4	64.1	60.4
기간제	58.2	69.4	64.6
비기간제	40.4	44.6	45.4
시간제	13.3	17.5	18.8
비전형	21.0	31.1	29.0

주 : 1) 국민연금, 건강보험 가입률의 경우 전체 근로자 수 대비 직장가입자로 가입한 근로자 수의 비율임
2) 비정규직의 세분류별 개념은 다음과 같음
한시적근로자 : 근로계약기간을 정한 근로자(기간제근로자) 또는 정하지 않았으나 계약의 반복 갱신으로 계속 일할 수 있는 근로자와 비자발적 사유로 계속 근무를 기대할 수 없는 근로자(비기간제근로자)
시간제근로자 : 직장(일)에서 근무하도록 정해진 소정의 근로시간이 동일 사업장에서 동일한 종류의 업무를 수행하는 근로자의 소정 근로시간보다 1시간이라도 짧은 근로자로, 평소 1주에 36시간 미만 일하기로 정해져 있는 경우
비전형근로자 : 파견근로자, 용역근로자, 특수형태근로종사자, 가정내(재택, 가내)근로자, 일일(단기)근로자
자료 : 통계청(2015), 「경제활동인구조사」

이러한 제도의 도입은 이미 소위 '최고은 법'으로 알려진 예술인 법에서도 부분적으로 차용되었는데, 물론 현재까지 그 효율성은 대단히 미비한 수준이다. 대학연구자들이 기본적으로 미래에 대한 불확실성 속에서 연구와 강의를 지속하는 것은 현실적으로 불가능하므로 현재의 사회보험 사각지대를 극복하기 위한 특수 사회보험 제도의 도입이 시급하다고 판단된다. 대부분의 시간강사들은 논문과 저술활동을 병행하고 있으므로 이들의 창작활동을 사회적으로 인정하는 것은 그다지 어려운 일이 아니기 때문에 사회적 공론의 형성이 가능하다고 판단된다.

마지막으로 말도 많고 탈도 많은 한국연구재단의 사업 중 기초학문 사업을 제외한 지원사업의 상당부분을 비정규 연구자들의 연구비로 돌리는 방안을 적극 제기해본다. 현재 연구비 가운데 정규직 연구자(교수)

들의 인건비가 제한적이긴 하나 이들에 의한 갑의 횡포(연구비 배정이나 연구주제 선정 등)를 실질적으로 제어하기는 어렵기 때문이다. 따라서 연구재단 사업의 상당부분을 비정규 연구자들의 연구활동 지원으로 돌리는 방안은 단지 비전임 연구자들의 생계뿐만 아니라 더 활발한 연구성과를 내는 데 있어서도 긍정적 효과가 있을 것이다. 비정규직 교수가 교육의 반을 담당하는 대학현실에서 정규직 교수와 비정규 교원 간의 이해관계에 따른 갈등을 넘어선 연대는 대학의 제 기능을 위해서도 중요하다. 정규직 교수의 일정한 양보는 이같은 연대를 위한 토대가 될 것이다.

시간강사 제도의 문제점과 그 해결책 모색

박거용

1. 교원이 아닌 시간강사

군사쿠테타 정권에서 1962년 지식인에 대한 통제의 일환으로 도입한 시간강사 제도는 50년이 훨씬 지난 오늘날까지 많은 문제를 안은 채로 근본적인 해결이 되지 않고 있다. 이 제도는 강사의 자격, 신분, 대우, 초빙방법, 권리와 의무 그리고 처벌 등에 관하여 구체적으로 규정하고 있지 않아서 복잡하고 중첩된 문제들을 야기하고 있는 것이다.

우선 강사의 자격은 무엇인가? 초·중등학교 교사들에게는 교사 자격증이 기본자격이기 때문에 기간제 교사들에게도 자격증이 요구된다. 그러나 전문대학과 4년제 대학의 강사가 되기 위한 자격요건은 구체적으로 규정되어 있지 않다. 그저 상식적으로 석사나 박사 학위를 떠올리지만, 특정 분야에서는 심지어 무학력자도 경험이 풍부하고 업적이 있으면 강단에 설 수 있다. 따라서 그간 대학에서 강의하는 사람들, 즉 교원에게 그 자격 요건으로 자격증제도를 도입하자는 제안도 있었고, 석사 이상 학위에 대하여 국가자격시험 제도를 도입하여 석사학위와 박사학위의 질 관리를 해야한다는 논의도 있었다. 그러나 대학 강단에 서는 학자들의 자격요건에 대하여는 아직 여론도 수렴되어 있지 않고, 관행을 따르다보니 관심도 별로 없는 것이 사실이다.

그렇다면 교원도 아닌 강사의 대우는 어떠한가? 2015년 기준으로 시간강사 시간당 강의료는 최소 25,000원에서 최대 80,150원에 이르고 있으며, 그것도 국·공립대학이냐 사립대학이냐에 따라, 그리고 수도권 소재 대학이냐 비수도권 소재 대학이냐에 따라 엄청난 차이를 보이고 있다. 또 시간강사에 대해서는 국민연금, 건강보험, 고용보험, 산재보험 등 4대 보험의 혜택이 전무하다고 할 수 있다. 강사의 대우에 대한 최소한의 기준을 만들어서 국·공립과 사립을 막론하고 모든 대학에 필요조건으로 제시하자는 의견은 강사 당사자의 관심사이지 그 이외의 사람들에게는 전혀 심각한 문제가 아닌 것이다.

강사의 초빙 방법은 또 어떠한가? 그것은 대학마다 모두 다를 정도로 제도적으로 제대로 확립되어 있지 않은 상태다. 전임교원을 채용하는 절차, 가령 공개채용과 인사위원회의 동의를 구하는 절차를 법제화하는 것이 옳은 것인지 아니면 무리하고 불필요한 것인지에 대한 논의조차 제대로 없이 관행적으로 이루어져 온 것이 강사채용 제도다. 더 나아가서 강사의 권리와 의무, 그리고 처벌 등에 관해서도 규정되어 있지 않다. 강사의 임무에 학문연구나 학생지도가 포함되는가 아니면 교육에 한정되어야 하는 것인가? 또 강사는 소속 학교 또는 최소한 관련학과 교육에 관한 논의에 일정 정도 참여할 권리가 있는가 아니면 교원이 아닌 강사에게는 불필요한 것인가? 또 강사는 학기 중에는 불체포특권이 인정되고 소청심사 청구권이 있어야 하는가 없어도 되는 것인가? 이 모든 사항들이 제대로 규정되어 있지 않으니 강사의 위상은 대학의 사정에 따라서 천차만별이라고 할 수 있다.

강사의 지위가 이러한 상태에 있으니 시간강사가 교원으로 인정받지 못하고 있는 것이 우리 대학의 현실이다. 2015년 1학기 기준 대학정보공시에 따르면, 국·공립과 사립대학을 포함한 176개교에서 전임교원이 담당하는 학점은 전체 학점의 62.7%이고 겸임교원 3.9%, 초빙교원 4.0%, 시간강사 26.9% 그리고 기타 교원 25%이다. 이 자료에 따르면, 한국 대학생들은 27% 가량의 학점을 교원도 아닌 시간강사로부터 수강해서 졸업하고 있는 것이다. 다시 말해서 우리나라 대학생의 졸업장은 공식적으로 27%가 '함량미달'이라고 할 수 있다.

이러한 심각한 문제점 때문에 그 동안 여러 교육운동단체들은 조교가 교원임에도 시간강사는 교원이 아닌 교육법(교수, 부교수, 조교수, 전임강사, 조교를 교원으로 규정)을 개정하여 시간강사에게 교원 지위를 부여하기 위하여 여러 가지 방법을 동원하여 운동을 벌여왔으나, 그 결과는 경악스러운 것이었다. 1998년 3월 이 조항이 개정(교원은 교수, 부교수, 조교수, 전임강사로 규정)되면서 조교도 교원이 아닌 신분이 되어버린 것이다. 그리고 더 최근에는 '전임감사'라는 명칭도 사용하지 않게 되어 버렸다.

그 후 강사노조를 비롯하여 여러 교육단체들의 10여년이 넘는 노력 끝에 드디어 2011년 12월 30일에 강사법(통과되었으나 유예되어서 일명 '유예 강사법')이 국회를 통과하였다.[1] 그러나 이 강사법은 강사에게 교원 지위를 부여하기는 했지만, "강사에게 매학기 주 9시간 강의 배정"해야 한다고 규정하여 대학의 현실을 무시하고 있다는 비판을 받았으며, 강사

1 서울대 법인화법이 날치기(?) 통과된 것도 바로 이때였다.

노조와 대학 양쪽의 강한 반대에 부딪혀 현재까지 5년(총3번) 시행이 유예된 상태에 있다.(2018.1.1 시행예정)

이 조항으로 인하여 개별(사립) 대학에서는 ① 전임교원의 수업시수 확장(주당 9시간 책임시수를 12시간 내지 15시간으로 확대), ② 비정년트랙 교수 대거 채용,[2] ③ 세부전공을 고려하지 않은 강의 몰아주기 등을 시행했으며 이로 인하여 시간강사가 대량 해고되었다. 김태년 더불어민주당 의원이 교육부로부터 받은 자료에 따르면, 전국 78개 4년제 사립대의 2011년 비정년트랙 교원 비율은 12%(2,179명)이었으나, 2015년에는 20.6%(4,399명)까지 증가했다. 이 기간 동안 신규로 임용된 교수 3,167명 가운데 2,200명(69.5%)이 비정년트랙이었으니 10명 중 7명이 인건비 부담은 없으며 전임교원 확보율을 높여주는 비정년 트랙교수였다. 이것이 강사법이 실시될 것을 예상한 사립대학의 대처 방법이다.

이렇게 강사법이 5년간 유보 상태에 있는 동안, 3차 유예 시 국회의 부대의견에 따라서 대학, 강사대표, 교수 등을 포함하는 '대학 강사제도 정책자문위원회'가 구성됐다. 이 자문위원회는 14회의 자문회의를 개최하여 '유예 강사법'을 논의한 결과 '보완 강사법'을 제출했고, 2017년 1월 10일 국무회의는 그것을 일부 개선·보완하여 「고등교육법 일부개정법률」을 의결했으나, 국회 통과 여부는 아직 미지수다.

이 '보완 강사법'은 몇 가지 보완을 했다고는 하지만, 강사의 임무를 "교육 또는 연구"(현행)와 "교육·지도 및 학문연구"(유예 강사법)에서 연구와 지도를 제외하고 "학생교육"으로 한정하였다. 이는 상식을 초월하는 개악으로 시간강사에게 연구의 의무가 없다는 생각은 교육이 연구와 무관하다는 논리와 마찬가지이기 때문이다.

2 학교에 따라 다르지만 이들의 연봉은 2,000만 원에서 3,500만 원 수준으로 전임과는 비교가 되지 않는다. 또 대학평가에서 전임교원확보율에 비정년트랙 전임교원도 포함되는 이점도 있어 각 대학에 비정년트랙이 늘어났다.

강사도 교원이라는 점은 상식에 해당하는 사실이다. 그러나 강사를 교원으로 최초로 인정한 '유예 강사법'은 강사가 처해있는 대학 현실을 고려하지 않은 탓에 강사의 대량해고 사태를 불러왔다. 그것도 강사법의 시행 준비과정에서 일어난 일이기 때문에 강사법은 이제 근본적으로 개정되지 않으면 안되는 국면에 봉착해 있다.

2. 시간강사는 어떻게 사나?

강사에게 교원의 지위가 주어진다고 하더라도 정상적으로 연구를 하면서 교육을 하기 위한 어느 정도의 생활비(월급에 해당하는 강사료)가 확보되어야 한다. 2015년 1학기 기준 교육부 자료에 따르면, 국·공립대학(26교)의 시간당 시간강사 강의료는 최소 52,220원, 최대 80,150원이어서 평균 70,290원이며, 사립대학(150개교)은 최소 25,000원, 최대 72,090원이어서 평균 50,600원이었고, 전체 평균은 55,060원이었다. 국·공립대학 시간당 강사료를 80,000원으로 잡고 9시간 강의를 한다고 해도 월 180만 원이고, 사립대학 시간당 강사료를 50,000원으로 잡고 9시간 강의를 한다고 하면 월 110만 원 수준이다. 이는 표준생계비나 최저생계비와 비교해도 정상적인 학문연구와 교육을 하기에는 상상하기 힘들 정도로 적은 금액이다.

그렇다면 시간강사가 교원의 신분에 걸맞게 연구와 교육을 정상적으로 하기 위한 적정한 월 급여는 어느 정도가 되어야 하고 또 그러한 재정은 어떻게 확보해야 하는가? 현재와 같이 사립대학이 80%에 이르고 또 그 사립대학 대부분이 등록금에 의존하여 학교를 운영하고 있다. 게다가 등록금은 최근 4년간 정부의 압력에 의해 동결 상태이기 때문에 재정압박을 받는 사립대는 낮은 인건비를 유지하거나 더 절감하려고 한다. 이런 상황에서는 국가가 나서서 해결하지 않고는 다른 방법이 없어 보인다. 국가가 적정한 강사료를 제시하고 이를 강제하든지 그것이 어려우면 사립대학에 강사료지원금을 제공하든지 해야 할 것이다.

강사문제에 대한 국가의 개입방법에 대하여는 사회적 정치적 합의가 필요하며 이것을 어떻게 법제화 할 수 있을지도 난제다. 그럼에도 불구하고 강사에게 교원 신분을 부여하는 동시에 그에 합당한 경제적인 환경(가령 4대보험 보장)을 동시에 마련해주지 않는다면 교원 신분 부여도 빛 좋은 개살구에 불과할 것이다. 시행은 연기되고 있지만 강사에게 교원 신분을 부여한다는 원칙 자체는 정부가 착취하고 홀대해왔던 시간강사를 국가의 중요한 지적 자산임을 인정한다는 점에서 긍정적이다. 이는 우리 사회가 제4차 산업혁명을 능동적으로 이끌어가기 위해서라도 시간강사를 포함한 모든 지적자산을 보호·육성하지 않을 수 없는 시기에 도달해 있음을 말해준다.

3. 학문생산 구조의 파괴

강사에게 교원신분을 부여하고 수긍할만한 생계유지환경을 마련해야 하는 이유는 학문생산과 재생산 구조를 사회와 국가의 기본적인 골격으로 튼튼하게 세우기 위한 것이고, 그래야만 국가와 인류의 21세기 미래 발전에 고등교육이 이바지할 수 있기 때문이다.

그러나 우리나라의 고등교육재정은 여전히 OECD 평균수준에도 못 미치고 있다. 그렇기 때문에 대학을 영리기업처럼 경영하려는 사립대학들의 경향성이 강해지면서 대학의 교육환경은 우리나라 경제 수준에 못 미칠 정도로 열악한 처지에서 벗어나지 못하고 있다. 법정 교원확보율도 72.7%(2016년 일반대 및 산업대 전임교원 기준, 의학계열 제외)에 불과하고, 대학원 전임교원은 거의 전무한 상태이며, 대형강의는 계속 늘어나고 있다. 대학의 실험실과 실험장비는 선진국에 비하면 장난감 수준에 있고, 도서관은 장서도 좌석도 부족하다. 대학의 기숙사 수용율은 20% 수준(2016년 일반대 및 산업대 기준)에 머물러 있어서 학생들은 통학하면서 소중한 시간을 낭비하고 있다. 또 쥐꼬리만 한 기업의 기부금도 일부 대학에 편중되어 있어서 대부분의 대학은 기업의 기부금을 한 푼도 받지 못하고 있다.

이와 함께 우리의 대학은 언제부터인가 기업문화, 특히 영리를 목적으로 모든 수단을 합리화하는 기업문화에 물들어가고 있다. 그리하여 대학에서도 모든 것을 효율성의 관점에서만 평가하고 결정한다. 대학은 이제 기업을 빰칠 정도로 행정부서가 지배하는 구조로 급변하고 있다. 이러한 구조 하에서 교수들은 오히려 탈 전문화되고 빈곤화된다. 강사들도 이러한 행정우위의 지배구조 속에서 목소리를 내지 못하는 것은 말할 나위 없는 사실이 되었다. 결국 이러한 환경 속에서 피해를 가장 심하게 입는 것은 학생이 될 수밖에 없다.

결국 우리 고등교육의 문제는 가르치는 사람, 행정하는 사람, 배우는 사람 모두에게 피해를 주고 어두운 미래를 암시한다는 점에서 심각하다. 강사 문제는 고등교육의 다른 모든 문제들과 연결되어 있으며, 강사 문제를 그것대로 풀려고 아무리 노력해도 풀리지 않는 것은 그 때문이다. 사실 '유예 강사법'이나 '보완 강사법'도 학문의 발전에는 이바지하지 못하고 문제점만 야기하는 이유는 지나치게 강사 문제에만 초점을 맞추고 대학의 다른 문제들을 논외로 하였기 때문이라고 할 수 있다. 따라서 우리는 강사 문제를 해결하는 단초를 마련하기 위해서 교수, 학생,

직원이 안고 있는 문제들도 고려하면서 해결책을 찾아야 할 것이다.

그렇다면 우리는 이러한 문제를 어떻게 풀어나가야 하는가? 고등교육의 공공성을 높이는 방향에서 해결책의 단초를 찾아야 할 것이라고 생각된다. 우리는 전 세계에서 사립대학이 가장 많은 나라라는 사실을 인식하고, 현재 80:20의 사립대 국·공립대 비율을 최소한 50:50으로 전환해 나가는 계획을 여론화 과정을 통해서 수립해야 한다.

그 방법으로 가장 시급한 과제는 영세하고 부실한 사립대학, 그리고 지역 균형 발전의 관점에서 필요한 사립대학을 우선적으로 소위 "공영형 사립대학"으로 전환하는 것이다. 공영형 사립대학은 정부의 재정지원을 국립대학 수준(현재 사립대학은 학교운영재정의 약 20% 정도를 국가로부터 지원받고 있는데, 이를 50%선으로 끌어올리는 것)으로 확대하면서, 학교의 운영은 과거 독점적인 이사회가 아니라 학교 구성원이 참여하는 이사회에서 책임지도록 하여 학교운영의 공공성, 민주성 그리고 투명성을 높이는 것이다.

사학이 공영화된다고 해서 강사 문제가 완전히 해소되는 것은 아니겠지만 사립에 대한 정부지원이 확대되고 공공성이 강화되면 강사의 신분보장과 아울러 정당한 보수에 대한 요구도 제도적 틀을 갖출 수 있을 것이라고 본다. 아울러 사학을 공영화하는 가운데 강사도 일정정도 학사운영에 관여하고 대학운영의 주체로 참여할 수 있도록 대학의 거버넌스를 혁신해 나가야 할 것이다.

7

지식생산 및 학문종속성 극복을 위하여

I

지식생산체제 개혁 문제

사회과학 주체화를 중심으로

김동춘

1

2011년 봄 '유네스코'와 '국제사회과학협의회'가 공동으로 『세계 사회과학 보고서』를 발간했다.[1] 그런데 이 보고서를 접한 '유네스코한국위원회'와 '한국사회과학협의회'의 관계자 및 학자들은 이 보고서 집필에 "한국 사회과학계를 대표하는 학자가 단 한 명도 참여하지 못했다는 사실에 충격과 당혹감을 금할 수 없었다"고 한다. 특히 '한국학자들의 부재'와 대조적으로 한국보다 사회과학의 발전이 앞서지 않다고 생각되는 '아프리카, 이슬람, 동남아시아, 중국 및 라틴아메리카 학자들이 집필에

1 Unesco, International Social Science Council, *World SocialScience Report: Knowledge Divides*, 2010.

상당수 참여했다'는 사실이 더 충격적이었다.[2] 이러한 결과가 나온 것에 대해서 '보고서'를 접한 관계자 및 학자들은 한국 사회과학의 후진성 자체에 원인이 있다기보다는 국제 사회과학계 또는 '유네스코'와 학술교류 및 의사소통을 소홀히 해 온 한국 사회과학계와 '유네스코한국위원회'에 그 책임의 일단이 있다고 보았다. 그러한 반성 위에서 한국 측은 교육부의 지원을 받아 차후 이러한 보고서가 또다시 나올 것에 대비하여 별도의 한국 측 보고서를 만들었다.[3]

그런데 과연 『세계 사회과학 보고서』 작업에 한국 사회과학자들이 빠진 것이 국제학계와의 소통 부족 때문이었을까? 어쩌면 한국 학자들이 학문적인 독창성이나 이론적인 탁월성이 부족해서 국제 학회에서 주목을 받지 못한 것은 아닐까? 소통의 측면만 보면 한국 사회과학자들만큼 미국의 학계, 학술발표회에 자주 들락거리는 사람들이 있을까? 영어로 집필된 논문수도 한국이 다른 비영어권 나라에 크게 뒤진다고 볼 수 있을까? 오히려 한국사회의 과거와 현재, 더 나아가 지금 동아시아와 인류가 처한 정치 경제 사회 문제를 과학적으로 분석한 논문을 쓴 사회과학자를 찾기 어렵고, 과도하게 미국 사회과학 수입 소비위주의 관행에서 벗어나지 못하기 때문에 이런 결과가 나왔다고 보는 것이 솔직한 진단이 아닐까?

사실 이러한 현실에 대해 알 만한 사람은 이미 다 알고 있다. 『지배받는 지배자』를 쓴 김종영 교수의 한국 사회과학의 미국 편향 행태, 서울 주요 대학 사회과학 분야의 미국박사 독점 현실에 대한 고발은 새삼스러운 것이 아니라,[4] 이미 80년대 초반 이후 필자와 동년배였던 당시 한국의 젊은 연구자들이 몸으로 모두 깨달은 것이었지만, 그들도 이제 교

2 유네스코 한국위원회, 『UNESCO World Social Science Report 연구분석』, 2011, 3쪽.

3 위의 책.

4 김종영, 『지배받는 지배자』, 돌베개, 2014.

수로 안주하거나 제도권 학문사회의 일부가 되어버려 새 돌파구를 여는 데 실패한 것 같다. 사회과학은 언제나 그 사회의 지배체제와 매우 긴밀히 연동되어 있는데, 정규직 교수가 된 사람들은 이미 기득권 체제의 일부가 되어 연구자로서 자신을 채찍질하여 지속적인 연구작업을 수행할 수 있는 동인을 잃고, 정부나 민간 연구소에 자리를 잡거나 아예 시간강사로 근근이 먹고사는 사람들은 독자적 연구 활동 자체를 할 수 없었기 때문이 아닐까?

2

일상적 지식과 전문적 지식은 모두 그 상위에 있는 이론, 혹은 사상의 일부가 된다. 전문적 지식과 고등교육은 주로 대학이라는 제도를 통해 생산 유포된다. 그러나 학문과 대학은 그것이 처한 시대, 국가, 사회의 사상의 틀 속에 존재하며, 그것을 넘어설 수 없다. 설사 개인 차원에서 넘어선 듯이 보이더라도 그것은 무의미한 것이거나 세상의 유지 존속과는 무관한 것일 가능성이 크다. 그래서 사회과학은 집단적 역량과 실천의 문제다.

사회과학은 근대 서구에서의 산업화, 자본주의, 국민국가 형성과 더불어 형성된 새로운 학문이다. 전통사회에서 유럽의 성직자와 동아시아 유교문화권 특히 한국의 선비는 각각 두 사회의 지식의 전수와 유포, 그 지배질서를 정당화하는 전문가였다. 그러나 관료-선비의 축은 무너지고 식민지, 근대화 이후 직업적인 학자, 사회과학자가 형성되었다. 서구 제국주의 지배는 언어와 문화, 종교의 지배, 특히 20세기 초 이후에는 영어의 세계의 지배를 수반했다. 그래서 사회과학은 서구의 개념과 이론 틀로 짜여 있고, 그것에 따라 세계 모든 지역의 모든 현상이 설명될 것으로 전제되어 있다. 이러한 개념과 이론은 식민지 후발국의 엘리트들에 의해 전파되었으며, 제2차 세계대전 이후에는 이들 나라의 대학이 서구에서 만들어진 개념과 이론을 국민들에게 교육하기 위한 통로역할을 했다.

해방 후 대학이 설립되고 사회과학이라는 '이름'은 한국의 대학의 여러 전공 분야 구획에서 사용되었다. 50년대의 혼란기를 거쳐 60년대 이후 사회과학의 이론은 이제 일본이라는 이중번역의 경로를 거치지 않고 미국에서 직수입되는 장점은 있었지만, 전통 학문, 인문학과 어떠한 연관성을 갖지 못한 이식학문으로 존재하였다. 그래서 50년대 이후 한국 사회과학은 제도로서는 정착되었으나 대체로는 미국 아카데미즘의 일부가 되었으며, 시간이 오래 지난 지금까지도 자신의 입지를 제대로 설정하지 못하고 있다.

사회과학이 제대로 서기 위해서는 사실에 대한 접근, 즉 자유롭게 조사 대상에 접근할 수 있어야 하고 정부나 민간의 통계를 신뢰할 수 있어야 한다. 그리고 연구자가 간섭과 통제 받지 않고 자유롭게 자신이 발견할 내용을 발표할 수 있어야 한다. 발표는 논문, 저서, 정책보고서, 평론 등 다양한 형식을 취할 수 있으나 발표할 지면 혹은 기관이 있어야 하고, 그 발표를 들을 청중이 있어야 한다. 연구자는 그런 연구를 수행할 수 있는 최소의 연구비, 조사비를 확보할 수 있어야 한다. 혹은 정부가 통치, 혹은 국가이익을 위해 연구를 발주하면, 그 결과는 국가나 정부의 입김에 종속될 것이며, 기업이 자신의 이익을 위해 조사연구를 발주하면 그 결과는 기업이 필요로 하는 것, 그들이 말하고자하는 범위를 넘어설 수 없을 것이다. 그러나 사회과학자가 최소의 생계를 유지할 수 있는 '자리'가 있어야 이 모든 것이 가능하다.

결국 사회과학 연구가 존립, 발전하기 위해서는 연구 작업이 연구자 개개인의 독자적인 이론적 입장과 그것에 기초한 연구대상 설정, 목적 수립, 조사 방향에 기초해야하지만, 그러한 조건이 마련되지 않는다면, 사회과학은 이론적 정합성과 설득력 즉 과학성을 갖추지 못하게 되고, 체제와 질서를 옹호하는 하수인의 역할을 하게 될 가능성이 크다. 그래서 종교와 국가, 그리고 시장의 강요로부터 자유로울 때 사회과학은 존립할 수 있다. 그것은 민주주의 혹은 성숙한 시민사회가 사회과학이 존립할 수 있는 필요조건이 된다.

1948년 이후 한국에는 국가보안법/반공주의라는 형태로 일제말의 전시체제가 연장되었다. 국방국가의 이념, 국가주의는 일본이나 한국의 따라잡기 근대를 집약한 것, 혹은 위기의 결집체인데, 이런 조건에서 '국가과학'이 아직 발아상태의 사회과학적 사고를 집어삼켰으며, 사회과학은 미국이나 유럽보다 훨씬 더 국가를 위해 봉사할 것을 요구받았다. 냉전질서는 국가주의와 시장주의의 연합적 지배를 한국과 동아시아 국가에 이식시켰다. 식민지 억압, 분단과 냉전, 그리고 근대화와 개발주의는 한국의 지식인, 특히 사회과학자들의 시야를 민족, 혹은 일국적 단위로 좁혔다. 그래서 인문학은 국학으로 왜소화되었고, 사회과학은 통치학, 국가정책학으로 왜소화되었다. 국가주의적 편협성은 주로 냉전과 분단의 산물이다. 한국에서는 서구의 주류 사회과학에 속한 주류, 혹은 자유주의, 부르주와 사회과학이 존재한 적이 없다. 있었다고 하더라도 그것은 대체로 이론의 소비시장으로만 존재했다.

3

오늘날 세계 모든 나라의 사회과학의 개념과 이론은 과거 제국주의 국가였던 유럽, 그리고 1945년 이후 패권국가인 미국의 국가 이익과 관심을 반영하고 있으며, 과거 식민지 주변부 국가 출신의 학생, 지식인들은 주로 이들에게 자료나 사례를 공급하는 역할을 해왔다. 그러다보니 주변부의 지식인과 사회과학자들도 은연중 서구 사회과학의 이론적 문제의식과 관심을 곧 별다른 비판없이 자신의 것으로 받아 들여왔고, 그것은 결국 주변부 국가의 사회과학이 중심부의 이해에 봉사하는 쪽으로 재편되는 결과를 가져왔다.

과거 한국의 전통적 지식인들은 인간관, 자연관, 세계관, 우주관에 걸쳐 일관된 사고 체계를 갖고 있었으나 그것은 일제 식민지화 과정에서 붕괴하였다. 그 이후 서구의 사회과학이 수입되고, 한국인들은 한편에서는 진화론적, 서구근대화론의 세 보편성이나 마르크스주의적인 보편성을 받아들이게 되었다. 그러나 한국이 처한 식민지, 분단의 조건 하에서 인문학 특히 역사학은 보편적 시야보다는 민족주의적인 시야를 갖는 경향이 있었고, 사회과학의 경우 그 반대로 '맥락'의 문제의식을 상실한 보편주의에 경도되는 결과를 가져왔다.

8.15 이후 이제 막 서구의 사회과학을 학습하기에 급급했던 한국의 사회과학자들은 서구의 산업화 과정, 그리고 냉전 초기 미국에서 형성된 경제학, 정치학, 사회학의 개념을 비판적으로 소화하거나 해석할 역량이 없었다. 식민지 시대의 한국의 학자들이 프러시아에서 수입한 일본의 근대 법학과 민속학이 일제 식민지 지배의 도구로 사용되고 있다는 사실을 충분히 알아챌 수 없었듯이 50년 이후의 학자들은 미국의 사회과학이 미국 냉전정책의 충실한 도구의 역할을 한다는 점을 파악하기

가 어려웠다. 이 시기 한국이 처한 식민지 종속국의 처지가 학자들로 하여금 스스로의 주체위치를 설정하기 어렵게 만들었다.

이후 한국 사회과학은 비약적으로 발전했다. 많은 청년들이 미국 유학에서 돌아와 새로운 이론과 방법론을 국내에 소개했다. 그러나 군사정권 하에서 사회과학은 체제유지나 체제비판이냐는 양자 택일을 강요당했다. 80년대는 재야 비판적 사회과학의 전성시대였다. 한국역사상 가장 많은 사회과학 서적이 번역되었으며, 가장 많은 청년들이 사회과학 서적을 읽었다. 그러나 90년대 들어선 이후 시장이 사회를 대체할 수 있다는 신념이 확산되면서 좌파 진보적 사회과학의 입지는 결정적으로 좁아졌다. 그러나 80년대 사회과학의 에너지는 제도권으로 옮겨가지 못했다. 비판적 사회과학의 입지가 좁아지자, 사회과학 자체의 매력이 떨어졌다. 세계화의 불가역성과 불가피성, 그리고 신자유주의 경제, 사회정책을 유일한 대안으로 강조했던 미국 사회과학이 또다시 지식사회에 압도적인 영향력을 행사했다.

결국 한국 사회과학에서는 한국 사회의 존재 가능성에 대한 질문, 그리고 사회과학자들이 수 있는 위치를 어디에 둘 것인지, 제3세계에 두는 것인지, 선진자본주의 국가에 둘 것인지, 국가에 둘 것인지 시장에 둘 것인지, 아니면 동아시아라는 문명권 위에 둘 것인지 아니면 세계 시민의 입장에 설 것인지에 대해 정리하지 못했다. 한국 사회과학이 거의 반세기 동안의 제도적 학문으로서의 자리를 잡았으면서도 다른 아시아 국가들이 그렇듯이 자신의 문제를 이론화할 능력을 갖지 못하고 있는 것도 이것과 관련되어 있을 것이다. 한국 사회과학의 주체 위치의 혼미는 김종영이 말하듯이 한국사회과학이 미국 학계의 마름 역할에 안주하기 때문이고 김경만이 비판하였듯이 토착화를 계속 부르짖고 있지만 전혀 토착적이지 않고,[5] 그렇다고 세계의 지식 장에 진출하지도 못하고 있기 때문이다.

서구의 대학들과 사회과학 분야 연구소는 20세기 인류가 부딪친 여러 가지 문제를 조사 연구해 왔지만, 연구 주제나 연구기금, 연구자들은 모두 주로 국가의 관심에 종속되었다. 특히 미국의 경우 냉전의 시작과 더불어 세계 사회과학의 생산과 보급을 저의 장악하게 되었고, 인문학과 사회과학을 통해 미국의 문화적 헤게모니를 유지해 왔다. 세계 자본주의의 지휘부가 된 미국의 대학과 연구소는 세계 정치경제 현상을 설명하는 이론과 정책을 생산하는 공장이 되었다. 그래서 자유주의, 신자유주의 교리로 전 세계 각국의 엘리트들을 훈련시켜 그러한 설명 틀이 전 세계로 유포될 수 있도록 하였고, 각 나라의 엘리트들의 상당수를 아예 직접 고용하여 최고의 지식을 생산하였다.[6]

그러나 학문의 수입국의 처지에서 벗어나지 못한 한국의 대학은 기본적으로 교육중심 대학, 즉 학부대학이고 서울대학교조차 학부대학의 성격에서 벗어나지 못했다. 한국의 대학은 미국에서 양성된 학자에 전적으로 의존하였다. 이미 70년대 말부터 서울대학교는 대학원대학을 지향한다고 밝혔으나 거의 현실화되지 않았다. 70년대 말까지 국내 대학원에서 박사를 수여한 경우는 극히 드물었고, 또 박사를 수여할 여건을 갖춘 대학도 거의 없었다. 그래서 국내 대학원은 사회과학자의 양성을 위한 조건을 갖추지 못했다. 특히 학자나 교수로서 역할을 하려는 사람들은 유학의 길을 택했고, 유학은 곧 미국유학을 의미했다. 국

5 김경만, 「독자적 한국사회과학 어떻게 가능한가」, 『사회과학연구』 제15집 2호, 2007 및 최근에 출간된 『글로벌 지식장과 상징폭력』, 문학동네, 2015.

6 시카고 학파의 미국 내 패권 차지와 지구적 신자유주의의 확산에 대해서는 이브 드잘레이 외, 김성현 역, 『궁정전투의 국제화 – 국가권력을 둘러싼 엘리트들의 경쟁과 지식 네트워크』, 그린비, 2007; 맨하탄 연구소의 신자유주의적 치안국가 수립 프로젝트에 대해서는 로익 바캉, 류재화 역, 『가난을 엄벌하다』, 시사인북스, 2010.

내 대학원은 유능한 학자를 길러낼 수 있는 조건을 어느 하나도 제대로 갖추지 못했으며 정부는 국내 대학원을 육성할 필요성도 느끼지 못했다. 학문 형성의 초기에는 유학을 통한 학습이 불가피하나, 일정한 단계에 가서는 그것을 벗어나야 독저적 학문기반을 구축할 수 있는데, 한국은 그러한 단계에 진입하지 못했고, 현 상태가 지속되면 그럴 가능성도 크지 않다.

결국 한국의 대학, 특히 사회과학은 보다 이론적인 학술연구 혹은 사회과학의 토대를 쌓는 연구보다는 수입 이론에 기초한 정책연구 교육에 초점을 두었다. 국내 대학원이 학자 양성을 할 수 있는 인프라가 매우 취약하고, 국내 학위자들 국제 학계에서 활동할 수 있을 정도의 실력을 갖추지 못한 경우가 많기 때문에 학문 종속의 구조는 반복 재생산되었다.

4

사회과학의 연구와 교육, 학문적 교류와 전파가 반드시 대학에서 이루어져야 한다는 법은 없지만, 대학만큼 연구와 교육을 체계적으로 할 수 있는 기관은 없다.[7] 사회과학의 학문적 생산, 전수, 학자의 양성은 주로 대학 특히 대학원에서 이루어진다. 물론 정부나 민간의 각종 연구소는 이론과 정책 생산의 기능을 담당하고 있다. 생산된 이론과 정책의 소비자는 관료기구, 정당, 사회단체, 미디어, 그리고 일반 시민이다. 따라서 한국사회과학이 독자적인 생산, 재생산의 기반을 갖추기 위해서는 한국의 사회과학 관련 대학원이 제 자리를 잡아야 한다. 즉 국내 대학원이 생산 기지의 역할을 하고, 정부의 여러 사회과학 연구소가 정치적 간

7 소스타인 베블렌, 홍훈 · 박종현 역, 『미국의 고등교육』, 길, 56쪽.

섭을 받지 않고서 독자적인 정책연구 작업을 할 수 있어야 하고, 권력과 자본으로부터 독립적인 민간 정책 연구소나 싱크탱크가 여러 개 설치되어야 학문의 자생성이 확보될 수 있다.

이 중에서도 국내 대학원 특히 박사과정이 제대로 운영되어, 국내에서 박사학위 과정에 들어선 미래의 학자들이 생계 걱정을 하지 않고서 연구 활동을 할 수 있도록 하는 일은 가장 중요한 과제다. 현재 한국의 대학 중 사회과학 분야 박사과정을 운영할 수 있는 여건을 갖춘 대학은 서울과 지방 모두 합쳐서 10개 이내에 불과하다. 차세대 학자를 위한 지원역시 과거에 비해서는 크게 늘었으나 대학의 교수 시장이 압도적으로 미국 유학파에게 유리하게 편성되어 있는 조건에서 우수인력이 국내 대학원에서 수학할 가능성은 거의 없다.[8] 교육부에서는 토대 연구를 장려하기 위한 많은 정책적 지원을 하고 있으나 실제 대학원의 인프라, 즉 교수들과 공동연구를 수행할 대학원생들을 찾기 어렵다. 박사과정생 지원은 늘어나도 대학이나 여러 연구기관에서 국내 학위자가 자리를 얻는 것이 매우 어렵기 때문에 사실상 정부의 지원정책이 제대로 실효를 거두지 못하고 있다.

이런 상황을 타개하기 위해서는 우선 서울대를 비롯한 몇 개 주요 대학은 대학원 대학으로서 위상을 재정립해야 한다. 가능하다면 아예 서울대의 경우 사회과학 분야 학부를 폐지하거나 입학정원을 크게 축소시키고 대학원 대학으로 변신해야 한다. 그리고 대학원에 들어오는 학생들의 수준을 높이고 대학원 교육의 질을 높이기 위해 학부에서부터 학자를 지향하는 사람을 위한 특별 훈련 과정을 만들어야 한다. 그리고 일

8 서울 주요대학의 사회과학 분야는 거의 해외박사로 채워졌고 그 중 대다수는 미국박사다. 2008년 당시 서울 10개 대학의 경제학 교수 282명 중 270명이 해외박사였으며, 정치외교학 84명 중 75명이 해외박사였다. 『문화일보』, 2008.11.11. 한국 최고의 싱크탱크로 알려진 KDI 연구원 94%는 미국박사다. 『경향신문』, 2008.9.25.

본의 경우처럼 지역연구를 하는 학생들에게는 국내에서의 과정 이수, 외국에서의 연수 등을 거의 필수화하고, 학위 수여자들이 학위 수요 이후 최소한의 연구 활동을 지속할 수 있도록 현재 시행하고 있는 박사 후 학술연구 교수 T.O.도 늘이고 지원액수도 높여야 한다. 그러면 국내외 박사학위 수여자들이 대학의 교수요원으로 채용되지 않더라도, 지속적인 연구활동을 수행할 수 있다.

현재와 같이 영어논문과 영어강의 여부가 대학의 주요한 채용기준이 되는 상황에서 국내 박사들이 대학 정규직 교수로 진입하는 것은 거의 불가능하다. 국내 학부와 석사과정에서 영어논문을 쓰는 훈련은 계속해야하지만, 이런 연구업적 평가 채용 방식은 변경되어야 한다. 국내 학위자 쿼터제를 도입하자는 등의 제안도 있지만, 그 보다는 사회적 유용성이 높고, 학계에서 독창성을 인정받은 연구자를 우선 채용할 경우 대학에 어려가지 혜택을 주는 방식을 고민해 볼 필요가 있다. 사회과학의 경우 국내외 사회문제, 정책적 과제에 대한 대안제시를 통해 사회적 수요에 직접 부응할 수 있는 학문이기 때문에 논문 평가보다는 저서 평가의 비중을 높일 필요가 있다. 그리고 교과서나 대중적인 사회비평서에 대해서도 일정한 평가를 해 줄 필요가 있다. 그래야만 사회과학에 대한 사회적 수요가 창출될 수 있으며, 사회과학이 대학 안의 '그들끼리만의 대화'에서 벗어날 수 있을 것이다. 사회과학이 사회의 민주화, 불평등 완화, 공정성 강화 등의 사회적 과제에 충실할 때 그 존립의 의의를 발견할 수 있고, 그러한 역할을 하는데 기여한 학문적 성과를 적극적으로 인정해야 한다.

만약 국내 상위권 대학이 기득권에 안주하여 대학원 대학으로의 변신을 하지 않을 경우, 새로운 경쟁기관을 만들 필요도 있다. 즉 세종시나 지방 어느 곳에 연구중심의 국립 대학원 전문대학을 설립하여 청년들의 유학 수요를 흡수하고, 연구활동을 전폭 지원하는 방안도 생각해 볼 수 있다. 즉 프랑스나 대만 중국 등에서 시행하는 고등사회과학원 같은 제도를 통해 대학원 간의 질적인 경쟁을 유도할 수 있을 것이다.

지난 10여 년 동안 교육부와 한국연구재단이 지원한 사회과학 분야 기초연구의 성과에 대한 냉정한 평가가 필요하다. 그리고 많은 국책연구기관이 실제 국가라 필요한 연구활동을 제대로 수행했는지에 대한 검증 작업도 이루어져야 한다. 이를 위해서는 대학과 국책연구기관의 인력의 교류, 상호 평가와 검증을 하는 방법도 고민해 볼 필요가 있다. 즉 대학 전임 교원의 업적 평가는 국책연구기관의 연구원들이 담당하고, 국책연구기관의 연구성과는 교수들이 평가하는 방식으로 상호 견제와 검증을 통해 연구의 질을 제고하는 방안이 있을 수 있다. 그리고 국립대학은 물론 사립대학들도 국책연구기관 박사 연구자들을 초빙교수로 유치하고, 이들 국책연구기관은 교수들을 초빙연구원으로 연구팀에 결합시켜, 이론과 조사연구가 적절하게 결합되도록 하는 방법도 있을 수 있다.

한편 대학 밖의 각종 민간 정책연구소, 싱크탱크는 현장과 밀착된 조사활동, 정책 수립활동을 통해서 사회과학의 사회적 기여를 실현할 수 있는 중요한 단위다. 현재 전 세계 영향력있는 대부분의 싱크탱크는 미국과 유럽에 편중되어 있는데, 한국의 국가비전을 수립하기 위해서는 반드시 국내외적으로 영향력을 미칠 수 있는 싱크탱크가 5개 이상은 설립되어야 한다. 그런데 법인기업이나 개인이 NGO 지원이 극히 인색할 뿐더러, 정치적 입장을 가진 단체에 대해서는 더욱 그렇기 때문에 법인이나 개인이 민간 연구소에 지원할 경우 각종 면세, 지원 혜택을 받을 수 있도록 법과 제도를 정비해야 한다.

사회과학 지식의 노예화를 막기 위해서는 학위 수여지역을 불문하고 한국의 현실을 바탕으로 보편적 이론화 작업을 수행하는 연구 집단에 대한 사회적 지원이 필수적이다. 영어로 쓰여진 논문이라고 해서 국제성과 보편성을 갖는 것은 아니기 때문에, 국내의 저서나 논문을 영어 등 외국어로 번역 출간을 자극할 수 있는 지원책을 마련할 필요가 있다.

현재 학문적으로나 공공영역에서 활동을 하는 40대 중반 이하의 사회과학자는 거의 찾아보기 어렵다. 학문활동이나 사회활동을 통해 생존을 유지하는 것이 어려워지면서 미디어가 학문적 비평의 자리를 대신한다. 이것은 국가나 사회의 미래를 위해 매우 불길한 현상이다. 더 늦기 전에 주체적 문제의식을 갖는 사회과학자들이 생겨날 수 있도록 토양을 마련하지 않으면 지적인 종속, 불구상태는 더욱 심화될 것이고, 그것은 결국 교육, 언론, 정책 모든 영역에 심각한 악영향을 미칠 것이다.

이공계 현실과 지식 생산 문제

우희종

이공계 지식은 기본적으로 실험 연구로 창출되며, 과학과 기술이라는 형태로 나타난다. 과학 지식이 근대의 합리적 이성이라는 가치 위에서 발전해왔지만 그것이 인류를 위한 보편적 지식이자 절대적 가치라고는 더 이상 누구도 믿지 않는다. 과학이란 일종의 문화라는 선언도 1990년대 말 과학철학자들에 의해 선언되었고 과학지식의 창출에 대한 논의는 다양하게 전개되었다. 과학과 기술에 대한 지식이 어떻게 만들어 지고 작동하는가에 대한 논의는 로버트 머튼(Robert. K. Merton)의 '과학사회학'을 시초로 하며 이에 대한 비판과 상호보완적인 과학지식사회학(Sociology of Scientific Knowledge)이 등장하여 발전해왔고, 요즘은 STS(Science Technology and Society)이 형태로 보다 넓은 맥락에서 논의가 진행 중이다. 브 뤼노 라투르는 행위자-연결망 이론(Actor-Network Theory: ANT)을 통해

과학지식의 구성요인 으로서 인간 및 사회적 요인과 더불어 실험 기구 등과 같은 비인간 요소까지 능동적 지식 창출 참여자(agency)에 포함시키고 이들 간의 이질적 연결망을 파악하려고 한다.

이 글에서는 이공계 지식 생산에 있어서 이같은 논의전개를 염두에 두되 신자유주의가 지배해온 한국의 상황에서 특히 이공계에서의 지식 창출 방식을 살펴보고 이를 반성적으로 검토하고자 한다. 대학사회에 파고 든 신자유주의적 접근으로 인한 대학문화의 퇴행에 대해서는 이미 많은 논의들이 있어왔지만 이공계 지식 생산 과정은 상대적으로 덜 주목을 받아왔다. 이 글은 이공계 지식이 어떤 방식으로 산출되고 구체적으로 작동하는 지점이 어디인가 그리고 그것이 어떻게 사회와 인간에게 영향을 미치는가가 중심이 될 것이다. 이러한 문제의식을 간략하고 극명하게 보여주는 사례가 근년 우리사회를 분노하게 만든 가습기 첨가제 참사였다. 200여명의 영유아 및 임신부 사망사건으로 이어진 가습기 첨가제 참사를 둘러싸고 원인물질의 과학적 연구를 담당한 독성학 실험 결과의 사례를 살펴볼 것이다. 이 사례는 이 시대에 있어서 또 다른 의미의 물적 행위자는 그 무엇도 아닌 돈(money)이라는 것을 말해준다.

1. 이공계 현실의 외부요인과 내적 수용

한국사회에서 인문학 위기라는 말은 흔히 나오지만 이공계 위기라는 말은 생소한 것처럼 상대적으로 이공계 학문과 지식생산에는 별다른 문제가 없는 것으로 생각되기 쉽다. 정권과 무관하게 정부정책은 이공계를 중시해왔고, 예산 규모도 타분야와 비교가 안 될 정도로 크다. 그런데 문제는 과연 이같은 이공계 중시정책이 이공계의 지식생산을 활성화시켰는가 하는 점이다. 정부가 산학중심이니 이공계 중시니 하는 정책을 쓰고 있지만, 실상 내부로 들어가 보면 이공계 학문은 지식생산보다는 이미 수립된 학문을 전달하고 활용하는 데 치중해 있고 그것으로 만족하는 것처럼 보인다.

막상 이공계 지식이란 것도 대부분 산학협력의 카테고리 속에 들어가 있다. 이공계가 아니라 인문사회 분야도 지식 창출 현장으로서의 역할을 제대로 하지 못하고 있는 것이 현실이기는 하다. 정부 강요에 의한 획일성, 대학 의사소통구조의 와해, 대학의 순응주의 및 이기주의, 교육 질의 하락, 교권 악화 등 여러 문제들을 맞고 있고 이같은 위기상황은 기본적으로 잘못된 국가정책에 의해 야기된 것이다. 그렇지만 더 근본적으로는 대학구성원들, 무엇보다 대학의 중심인 교수집단 자체가 대학의 역할이나 의미에 대한 진정한 고민이 없다는 점을 지적하지 않을 수 없다. 국가는 대학구조조정의 불가피성을 내세워 대학을 평가하고 정원감축을 요구하지만, 미래 고등교육의 형태에 대한 전망이나 고려가 없이 획일적인 잣대로 대학 사회를 압박하고 있다. 국가의 획일적인 기준에 맞추려는 관행이 지속되면서 대학들은 점차 대학 고유의 특성과 정체성을 잃어가고 있으며, 결과적으로 정부가 구조조정의 목적이라고 내세우는 특성화가 아니라 오히려 원래 있던 대학의 특성조차 획일화시킨다. 정량화된 지표를 통해 대학들을 경쟁시킴으로써 대학들은 서열화되고 이 서열에 집착함으로서 대학은 교육부 나아가서 정권에 예속되는 결과를 빚는다. 서구대학들이 대학서열에 우리처럼 목숨을 걸지 않는 것은 그만큼 지식생산자로서의 대학의 자율성을 인정하는 문화가 있기 때문이다.

현실적으로 이공계가 지나치게 국가정책에 종속되어 있다면, 대학은 주어진 상황 속에서 이공계가 무엇을 할 수 있는가 라는 질문을 내부적으로 던짐으로서 학문의 국가종속성을 벗어날 단초를 열 수 있을 것이다. 대학은 박정희 시대의 산업화 국면에서나 신자유주의가 득세한 시기의 대규모 재정지원사업을 통해서 국가정책에 개입했으나, 이 과정에서 대학의 책무나 목적이 무엇인지에 대한 고민은 부족했다. 현재 이공계 교수나 연구자는 기존 지식의 중개인 내지 전달자에 머물고, 더 이상의 지식 창출을 위한 질문을 던지는 일은 없는 것으로 보인다. 다시 말하면 이공계교수는 기술직으로 전락하고, 기술직을 길러내는 것에만 역할을 한정하고 있는 셈이다.

근래 인문학이 위기라고 하지만 이공계 학문이야말로 제대로 되려면 그 속에 인문학이 통합되어 있어야 이공계 지식이 기술의 한 측면에만 매몰되지 않는다. 그러나 현재 이공계는 그 학문이 어떻게 우리 삶과 연계되고 사회적 문제와 관련되느냐를 사고하는 과정 자체가 생략되어 있다. 삶을 깊이 이해하고 나아가서 삶의 현실을 변화시키는 그런 통합적 사고를 기르는 것은 비단 인문학자만이 아니라 과학 지식 생산자에게도 요구됨에도 불구하고, 삶과 분리된 '부유하는 지식'으로 전락해 버린 것이 신자유주의 속의 이공계 지식이라고 할 수 있다. 이처럼 인문학의 위기보다 더 심각한 위기가 오히려 이공계열 학문에 닥쳐 있다. 현실에서 이공계는 모두 돈 되는 곳으로 몰리고 금방 성과가 나오지 않는 연구는 철저하게 뒷전이 된다. 이공계 내부에서도 실적 중심주의로 가다가는 이공계의 지식생산 기능이 심각하게 저하될 수 있다고 반성하는 목소리가 나오고 있는 상황이다. 정부가 바뀔 때마다 거론되는 노벨상 프로젝트도 그렇다. 노벨과학상을 받기 위해서 자연과학을 더 지원하라고 요구할 수는 있지만 여기에는 국가지원을 더 받아서 이를 통해 힘을 얻겠다는 발상이 전제되어 있다. 연구중심대학이 되어야 한다는 요구든 산업에 기여해야 한다는 주장이든 그같은 수익중심으로 교육이나 연구를 바라보는 것이 이공계 교수들에게 거의 내재화되어 있다. 진정한 지식이라면 삶과 연계된 지혜가 동반되어야 하고, 그것을 위해서는 통합적 사고가 필요한 것인데, 이공계의 지식생산이 잉여가치를 만들어 낼 실용적인, 자본주의적인 지식에 편향되어 있어 진정한 삶의 지식과는 멀어진 것이다.

이런 퇴행적인 이공계 지식 문화가 생겨난 것은 1990년대 말 IMF 이후 신자유주의 흐름으로 인해 연구중심대학을 내세운 대형 프로젝트들이 생겨난 이후라고 할 수 있다. 대부분의 교수들도 개인적으로나 집단적으로 연구비 과제 수행에 몰두하게 되고, 세계화 속의 경쟁력이 중시되면서 소위 선택과 집중 식의 선별적 투자가 이루어졌다. 연구비 수주 경쟁이 격화되는 흐름 속에서 황우석 사태와 같은 불미스러운 일이 발생하게 되었음은 잘 알려진 바와 같다. 구체적으로는 BK21 사업이 대표적인데, 취지는 연구후속세대를 지원하고 연구 경쟁력을 높인다는 것이었으나 이것이 연구실과 대학 연구풍토에 근본적인 변화를 가져온다. 이공계에서 연구실 운영은 실험 등으로 대학원생들과의 협업이 필수적인데, 대형 프로젝트가 중심이 되면서 연구비가 일부에 몰리고, 학생들도 그런 외형적 인기과제로 몰리게 됨으로써 산학 응용과는 거리가 있는 지식 창출 연구나 전공에서는 제대로 된 연구 인력을 확보할 수조차 없게 된 것이다. 학문이란 지식, 진실, 진리와 같은 것에 대한 탐구욕이 뒷받침이 되어야 제대로 할 수 있는 것임에도 불구하고 외부 의존적인 이런 수동적 태도가 형성된 것은 이공계든 다른 분야든 학문발전과 지식 창출에는 큰 손실이다. 더구나 정부의 대학정책이란 무책임해서 1~2년 하다가 후속지원이 없으면 그냥 해당 프로젝트 자체가 끝나버리는 구조다. 그런 구조에서 학문적 토대가 제대로 형성되지 못하고, 그러다보니 특정 인기 연구과제에 목을 매는 식의 퇴행적 악순환 구조가 형성되는 것이다.

이렇게 그릇된 연구 문화를 형성하게 된 일차적 책임은 지식생산자인 교수들 자신이 져야 한다. 인문계를 포함해서 대학 전체에 이런 문화가 만연되고 있다면 이거야말로 대학이 내부로부터 무너지고 있다는 증거다. 이공계 경우 학생들이 연구자라기보다 거의 노동자로 전락하고 있다는 자조도 나오고 있고, 그것은 교수들이 현실과 타협하거나 황우석 논문조작 사건처럼 과시적이고 실적 위주의 연구풍토에 동참하고 있기 때문이다. 이런 풍토에 의해 논문표절도 끊이지 않고 실지로 연구자체는 실종된 채 공저 내지 심지어 이름 빌려주기 식의 실적 부풀리기가 성행한다. 이런 실적주의는 이제 강요된 수준을 넘어 일종의 연구문화가 되어버릴 정도로 내재화되어 있다.

이와 관련하여 재정지원 등을 위한 대학평가에서 가령 취업률을 중요한 지표로 하는 교육부의 평가정책은 문제가 많다. 취업률을 사회가 아닌 대학의 책임으로 돌리는 것은 대학의 책무를 너무 한정시키는 근시안적인 왜곡된 시각이다. 대학은 당장의 취업이 아니라 10년 후 20년 후를 내다보면서 미래를 담당한 인재를 길러내는 곳이다. 산업구조도 변하고 있고 직업군도 바뀌고 새로 생겨나기에 적어도 4년제 이공계 대학에서의 지식은 그런 장기적 안목에서 길러져야 하며 나아가서 창의성이나 인성과 같은 인문적인 소양을 바탕으로 이루어져야 한다. 정부는 앞으로 이공계 인력이 더 필요하고 취업률도 인문계열보다 높으니까 정원도 더 늘리고 지원도 더 해서 키워야 한다는 입장인데, 이 자체도 문제가 많다. 지금도 이공계 정원이 현재 산업규모에 비해서 넘친다는 것이 학계분석이고, 장차 산업구조가 재편되고 지식산업을 비롯한 새로운 분야가 떠오를 수 있기 때문이다. 고등교육의 목적을 취업 한가지로, 산업 수요 한가지로 몰아가게 되면 대학의 사회적 기능은 오히려 위축되고 진정한 이공계 지식 창출도 어렵게 될 것이다.

2. 이공계 현실과 지식 생산 문제
– 가습기 첨가제 사망사고 경우

자체 지식 생산이 가능한 대학이 산업발전을 위해 기업연구를 위탁받아 활발히 하는 것은 당연히 좋은 일이고, 이공계도 지식 창출을 통해 사회발전에 기여하는 모습이다. 그러나 근년 국내 사태에서 보듯이 임신부를 포함해 죄없는 영유아가 집단으로 사망한 상황에서 기업 입장을 대변하는 연구 결과를 도출한 것도 이공계 지식 생산자들의 다른 어두운 모습이다. 잉여가치를 창출하기 쉬운 이공계 지식은 이공계 지식생산자들로 하여금 언제나 자본 내지 권력의 유혹에 노출되게 한다. 그 점에서 국내 과학논란에서는 이공계 지식 생산자들이 의도적으로 권력을 보호하는 역할을 하기도 한다. 과거 광우병 사태, 4대강 사업, 천안함 사건, 세월호 참사 등에서 권력의 입장에 서서 정치권력을 옹호하는 연구자들이 시류에 영합한 발언이 계속한 것도 대표적 사례다. 연구윤리가 강조됨에도 불구하고 지속적으로 사회문제에 연구자들이 부정적으로 관련되어 있는 상황은 연구자에게 연구 윤리를 넘어서게 하는 사회적인 외부 조건이 있다는 것을 의미한다. 하지만 묵묵히 대학의 연구윤리를 지키는 이들도 많다는 것은 이런 이공계 지식의 타락이 반드시 외부 요인만은 아님을 보여준다.

지난 가습기 첨가제로 인한 사망사건을 보면 해당 분야의 국가기관장 및 관련학회장까지 거친 연구자가 자신의 전공분야 및 사회적 위치를 이용하여 회사의 입장을 지지함으로서 기업을 보호하고 많은 피해자들의 고통을 증폭시키는 역할을 했다. 그가 수주한 연구과제는 학칙에 따라 대학 산학협력단을 통해 체결되고 이때 첨부되는 연구계획서에 따라 연구가 진행되어야 했으며, 관련 과제의 연구비도 산학협력단을 통해 중앙관리 되어야 했다. 그럼에도 불구하고 연구자는 정식보고서를 산학협력단을 통해 회사에 제출한 것이 아니라, 개인적으로 여러 차례 회사에 가서 실험 중간 결과를 알려주었고, 더욱이 그 중간 연구 결과를 확인한 기업의 요청에 따라 회사에 부정적인 특정 실험 결과를 빼고 최종결과보고서를 작성하였고, 이를 대학을 경유하지 않고 개인적으로 기업에 넘겨주는 부도덕한 행위를 했다. 특히 1년 걸릴 연구를 4개월에 해주었다는 것은 연구가 특정의도를 지니고 주먹구구식으로 이루어진 것임을 보여준다. 일 년이 요구되는 실험을 4개월로 줄였기에 회사로부터 개인적으로 성과금을 받았다고 하니 이는 대학의 이공계 지식 생산자로서의 교수가 기업의 고용인 내지 하청업자로 전락했음을 말해준다. 더욱이 연구결과 보고서의 책임이 대두되자, 모든 책임을 연구원에게 떠넘겼다. 연구기간의 단축은 담당교수 외에 결정할 수 없다는 점이 분명함에도 모든 책임은 대학원생이 지고 성과금은 교수가 취한 셈이니 이는 분명 대학원생에 대한 부당한 인력착취에 해당된다.

이공계 지식은 계속 발전, 확대되기에 현재의 과학적 결론에 입각하여 사물이나 상황을 단정적으로 판단하기보다는 늘 열린 자세를 지녀야 한다. 또 현장의 방역이나 검역에 적용할 때는 당대의 과학적 결론을 넘어선 불확실성에 대비하여 '사전예방원칙'이라고 하는 유비무환의 자세가 요구된다. 이는 과학자에게 요구되는 연구 윤리이기도 하지만 분석적 환원론에 입각한 근대과학의 한계를 보완하는 필수적 연구태도이기도 하다. 과거 다국적 제약회사나 담배 회사, 정유회사 등의 유해성 소송에서 나타나듯이, 제품 등의 유해성 문제가 대두되면 기업은 대학 등에 연구비를 주어 연구과제를 진행하고 기업에 유리한 결과를 만들어 낸다. 결국 과학적으로 논란의 여지가 있다는 결론으로 유도함으로서 무죄추정 원칙을 지키는 사법부를 이용해 최종적으로 무죄 판결을 얻어낸다. 생명현상은 수학이나 물리처럼 흑백이 아니며, 언제나 완충영역이 있어서 환경변화에 유연성을 지니고 대응하게끔 되어 있다. 그 완충영역 때문에 선을 그어 이분법적으로 흑백을 따지는 사법적 관점에서보면 언제나 예외가 있을 수밖에 없기 때문에 법적으로 판단하기에는 한계가 있다. 이 때문에 예외가 있을 수 있다면 무죄로 보는 무죄추정의 사법 논리를 적용하게 되면 생명연구에 있어서 언제나 가해자의 입장인 기업에 유리한 판결로 이어지게 되고, 기업도 이를 잘 알고 있다.

생명 연구에서의 연구윤리는 그만큼 더 중요함에도 이번 사태로 그것이 얼마나 취약한지 드러났다. 옥시로 대표되는 가습기 첨가제에 의한 사망 및 발병 사고에 관여된 여러 집단 중 한 집단만이라도 지킬 것을 지켰다면 이토록 큰 사회적 비극으로 발전되지는 않았을 것이다. 이번 사태는 관산학이라 불리는, 정부 관련 부처, 기업, 그리고 대학 연구자가 합동으로 초래한 일이라는 점에서 문제가 심각하다. 2011년 이전의 상황이 가습기 첨가제 인허가를 책임진 정부와 소비자 안전을 무엇보다 고려해야할 기업의 무책임으로부터 생겨났다면, 이 후부터는 과학적 독성 여부를 철저히 규명해야 할 연구기관이 개입되었다. 피해자들의 문제제기로 재판이 진행되던 2011년, 정부 관련기관인 한국건설생활환경시험연구원 (KCL)은 옥시의 호흡독성을 밝혔다. 반면 기업 의뢰를 받은 대학의 연구실험에서는 옥시의 생식 및 호흡독성이 나타났지만 정상이어야 할 대조군에서도 병변이 생겨 호흡독성 여부를 잘 모르겠다는 실험 결과를 내놓음으로써 논란이 되었고 피해자의 고통과 억울함은 5년을 더 끌어야 했다. 실제 실험은 해당 교수가 국내 독성연구의 권위자라는 이름에 걸맞지 않게 실험의 정상 대조군마저 오염시킨 조악한 실험이었고, 재실험마저 하지 않았기에 대학 전체의 실험연구 수준을 땅에 떨어트리는 행위였음에도 불구하고 사태는 그렇게 진행되었다. 자본의 논리가 관철되고 힘을 발휘한 까닭이다. 해당 교수가 1년 연구를 4개월로 단축시켰기에 개인적으로 성과금을 받았다는 사실만 보더라도 이 연구가 기업 요구에 부응하기 위한 것이었음은 분명하다.

연구의 기본을 지키지 않은 것은 옥시측으로부터 연구 의뢰를 받은 호서대 연구자도 해당된다. 더욱이 충격적인 것은 2차 실험을 진행하는 과정에서 전적으로 회사 직원들의 개입이 있었고, 호서대 교수 역시 공식 연구비 이외에 회사로부터 개인 계좌로 돈을 받았음이 드러났다는 것이다. 연구자가 민감한 기업 연구가 진행되는 과정에서 연구의 기본을 지키지 않고, 개인적으로 돈을 받는 비윤리적 행위를 했다는 것, 두 대학 연구에 참여했던 연구원들이 피해자들의 호소가 이어진 지난 5년 동안 철저히 침묵했다는 것도 지식생산자로서의 우리를 새삼 놀라게 한다. 특히 이공계에서 연구윤리의 확립이 긴요한 것은 그것이 이처럼 자본지배의 연구풍토와 긴밀하게 연계되어 있기 때문이다.

3. 연구윤리 확립을 위한 방안의 모색

대표적인 국제 과학사기사건으로 거론되고 있는 황우석 논문조작사건 이후 우리사회는 부단히 연구윤리 확립에 나섰고, 교육부는 지속적인 개정 속에 '연구윤리 확보를 위한 지침'을 교육부 훈령으로 유지하고, 연구윤리 관련 기구나 체제 마련에 노력해왔다. 한국연구재단은 연구윤리에 대한 규정이나 논의에만 그친 것이 아니라, 2014년에 '연구윤리 실무 매뉴얼'이라는 구체적 실무지침까지 작성해 공유시켰고, 서울대학교에서도 대학 본부 내에 여러 연구윤리 및 심의위원회는 물론 단과대학 차원의 연구윤리위원회와 더불어 '서울대학교 연구윤리 지침'을 개정하기도 했다.

그러나 이런 다층적인 사회적 노력과 인식변화를 위한 조치에도 불구하고 가령 가습기 사망사건 경우처럼 직접적인 인명 피해가 연계된 연구에서마저 기본이 지켜지지 않은 것을 보면, 현재의 방식이 충분하지 못함을 인정해야 한다. 여전히 우리사회의 연구 집단에 있어서 연구윤리란 단지 구호에 불과한 것으로 보인다. 연구윤리라는 말이 중요하게 부각되기 전 과거에도 많은 연구자들이 성실하게 활동했던 것은 연구윤리란 사실 새삼 강조할 필요가 없는 보편적 기본 상식이자 가치이기 때문이다. 위조, 변조, 표절 등 대표적 연구부정행위란 '연구자의 거짓말과 도둑질'과 다를 바 없다. 이같은 부정행위의 유혹은 그런 행위를 통해 나름의 이득이 있기 때문이다. 아무리 연구윤리가 강조되어도 그 같은 이득에 대한 유혹이 일어나지 않는 연구풍토를 만들어내지 못하면 연구윤리 논의는 아무런 효과가 없을 것이다.

연구부정행위를 유발하는 근원에 대해서는 이미 많은 이들이 지적한 것처럼 대학 내에 들어온 신자유주의 경쟁문화가 있다. 생산성을 위한 무한경쟁을 내세워서 일년 단위 논문 숫자나 연구비 수주 액수 및 특허 숫자 등 외형적 정량화가 연구자를 평가하는 기준이 된다. 상대적으로 낮은 평가를 받게 되면 무능한 연구자로 치부되고 봉급 액수에도 영향을 미치기 때문에 거짓말과 도둑질 하지 말라는 기본 상식조차 무너지게 된다. 거짓말하고 도둑질한 일부 연구자들이 오히려 평가에서 인정받아 대외적으로 권위자가 되고 각종 정부 기관의 장으로도 발탁되는 경우를 쉽게 볼 수 있기에 그런 유혹은 더욱 힘을 발휘한다. 더욱이 한국사회는 온정주의가 만연하여 공적 잘못이 있더라도 그런 점을 지적하면 몰인정한 인간으로 되고 오히려 좋은 것이 좋다는 자세가 바람직한 것처럼 여겨져 부패를 더욱 심화시킨다. 명백한 잘못을 한 연구자가 학회나 사회에서 퇴출되지 않고 여전히 활동하는 사례는 매우 흔하다. 외부 유혹에 약한 이들은 스스로 정치권력이나 이득이 있는 곳을 스스로 찾아가 정부의 입장을 대변하는 관변학자로 전락하기도 한다.

유혹에 대응하는 것은 연구자 개인의 몫이겠지만, 외부로부터의 이득 및 유혹에 대한 부분은 엄연히 사회적 부분이다. 특히 연구가 양적 평가로 전환되면서 대학이라는 조직에 대한 평가가 학문 주체인 연구자보다 더욱 중요하게 된 것에 주목할 필요가 있다. 대학은 연구자를 일년 단위의 생산성으로 평가하고 그에 따른 당근을 제시한다. 이는 연구자가 연구를 제대로 하게 하는 방식이 아니라 대학 전체 평가에 유리한 논문 숫자 등의 결과를 얻기 위해 연구자를 다양한 형태로 유혹하고 착취하는 방식이다. 유능한 이가 평가받고 인정받아야 하는 것은 물론이다. 그러나 대학의 교수 평가기준을 보면 거짓말하고 도둑질하지 않으면 심지어 승진이나 정년보장이 불가능할 정도로 과도한 수준을 요구하고 있다. 학문과 연구란 것이 그저 빨리하고 많이 하는 것만이 능사가 아니다. 시류에 영합하지 않고 제대로 연구하고자 하는 이들의 의욕을 꺾는 그런 대학 내부의 구조와 문화가 문제인 것이다.

논문 많이 쓰고 연구 많이 하는 것은 좋은 일이나 이것이 연구자의 개인자산으로 수행되는 것은 아니다. 대개 교수들의 연구는 국가나 대학의 공적 자산을 이용하고 국가나 기업의 연구비로 진행되는 것이 상례이기 때문에 그 연구 결과로 따로 보상을 요구할 수는 없다. 그 혜택은 사회에 환원하고 해당 연구자는 자신의 분야에서 권위자로 인정받는 것으로 충분하다. 굳이 대학 측이 인센티브라고 하여 봉급을 더 주고 여러 혜택을 줄 필요가 없다. 이런 부분에 대한 대학의 체질개선과 사회 전반의 문화가 정착되지 않은 한 연구부정행위는 계속될 것으로 보인다. 결국 연구부정행위는 연구자 개인의 윤리적 불건강성의 반영이지만 사회의 불건강성과도 이어져 있다.

연구윤리 문제는 사회적 가치로서의 윤리와 사회 정의의 문제로 접근해야 그 효과가 발휘될 것으로 보인다. 모든 것을 흑백의 문제로 선을 그어 가를 수 없는 것이 세상일이고 모든 상황에는 허용 범위라는 것이 있기에 혼란스럽고 미세한 부분에 있어서 실무적 규정은 필요하지만, 연구윤리라는 것은 사회와 개인의 기본상식의 문제로 보아야 한다. 그렇다고 거짓말과 도둑질을 하지 말자는 지극히 상식적인 요구를 되풀이하는 것으로 큰 효과를 기대할 수는 없다. 사회 건강성을 높이고 학문의 성찰을 강화하는 인문학적 사회문화가 체화되지 않는 한 잉여가치를 만들어 내기 쉬운 이공계 지식생산자에게는 늘 새로운 유형의 연구부정행위의 유혹이 생기게 된다. 연구자들의 성실한 연구 윤리 이행에 근거해서만 이공계 지식의 진정한 창출이 가능할 것이다. 이공계 지식 생산에 있어서 돈이 행위자가 되지 않게 배제하는 노력이 특히 중요한 것은 이 때문이다.

한국 인문학의 종속성 탈피를 위한 제언

윤해동

1. 학문의 종속성과 '자생 이론'

'지식생산과 학문의 종속성'이란 무엇을 두고 하는 말인가? 학문의 종속성을 가늠하는 객관적인 지표가 있을 리 없다. 그렇다고 지식생산과 학문의 영역에서 종속성이라는 게 없다고 할 수도 없는 일이다. 언제나 그렇듯이, 이런 주관적인 평가에는 '양가성'이 따르기 마련이다. 어떤 점에서는 지식생산과 학문에서 '종속성'이라는 속성은 피하기 어려운 필연으로 받아들여야 할 측면도 없지 않다. 요컨대 따라잡기(catching-up)로 개발을 이루어야 하는 시대에, 대학을 중심으로 한 제도권에 소속되어 성장하고 게다가 상업성에 적나라하게 노출되어 온 한국에서의 근대 학문이 지녀야 했던 숙명적인 속성이 바로 종속성이라 해도 지나치다고 할 수 없을 터이다.

이제 겨우 70년의 역사밖에 갖지 않은 한국의 대학과 학문은, 구미와 일본 등 '선진국'의 제도와 지식, 학문의 영역을 따라잡는 데 급급해왔던 것이 아닌가? 더욱이 2천년대 들어 대학의 버블이 심해지고, 신자유주의적이고 상업주의적인 풍토에 노출되면서, 학문은 이제 국제적인 '인용지수 산출회사'의 '등재' 영문 잡지에 의해 종속성이 측정될 수 있는 것으로 간주될 수도 있게 되었다. 이처럼 지식과 학문의 종속성은 양적으로도 측정될 수 있는 지경에 이르렀고 이것은 따라잡기 시대에 회피할 수 없는 운명으로도 보인다.

그러나 다른 한편으로 '자생이론' 혹은 '우리 이론'이라는 방식의 추구를 통해 종속성을 극복해나가고 하는 지향과 시도가 있을 여지도 있다. 예를 들어 2001년부터 2002년 사이에 『교수신문』 지면에서 '우리이론을 재검토한다'는 학술기획을 진행한바 있는데, 여기에서 말하는 우리이론은 자생이론을 지칭하는 것이었다. 모두 20개의 '이론'을 대상으로 선정하여 비판적 접근을 시도하였는데, 그 이론의 편차가 매우 컸다는 점을 제쳐두고서라도, 지식생산의 자생성 혹은 토착성을 강조함으로써 종속성을 극복해보려는 기획의 의지가 크게 반영되어 있었던 것은 분명하다.[1] 토착성을 강조함으로써 종속성을 극복할 수 있을 것이라는 기대는 상당히 현실성을 가진 것으로 볼 수 있다. 종속성이란 타자와의 관계를 전제한 개념이므로, 토착성 혹은 자생성을 강조하는 것은 여기에서 벗어날 수 있는 좋은 전략이 될 수 있을 것이다.

이 지점에서 학문의 보편성이라는 문제와 필연적으로 조우하게 된다. 전자 즉 제도 속의 학문이 갖는 종속성은 서구 학문의 보편성을 전제로 삼고 있는 반면, 자생성 혹은 토착성을 강조하는 후자는 종속성과는 다

---

1 교수신문 편, 『오늘의 우리이론 어디로 가는가 – 현대 한국의 자생이론 20』, 생각의나무, 2003 참조.

른 길을 감으로써 보편성을 새롭게 묻는 동시에 그것을 의심받게 된다. 타자의 보편성을 전제하는 길과 독자적인 보편성을 주장하는 길, 이 두 가지 길 가운데 한가지 길을 선택하면 되는 것인가? 그렇지 않다는 데에 문제의 심각성이 있다는 것을 우리는 알고 있다. 그렇다면 종속성과 보편성이 보여주는 이 엇갈림을 우리는 어떻게 돌파해가야 할 것인가? 쉽고 단순한 길이 있을 리 없다.

이매뉴얼 월러스틴(Immanuel Wallerstein)은 학문적 보편주의에 두 가지가 있다고 본다. 하나는 '유럽적 보편주의'인데, 이것은 강자들의 보편주의 곧 편파적이고 왜곡된 보편주의이며, 범유럽의 지도자들과 지식인들이 근대세계체제 지배계층의 이익을 도모할 목적으로 내놓았던 것이라고 비판한다. 다른 하나는 '보편적 보편주의'인데 이것이 진짜 보편주의라고 주장한다. 그러나 보편적 보편주의로 가는 길은 평탄하거나 필연적이지 않다고 본다. 그 중에서도 특히 경계해야 할 것이 초특수주의적(super-particularist) 입장인데, 이는 지구 전역에서 제기된 모든 특수주의 관념이 똑같이 정당하다는 관념을 지칭하는 것이다. 초특수주의적 보편주의는 오히려 유럽적 보편주의 세력에 은밀하게 굴복하는 것에 지나지 않는다는 비판이다.[2] 제도 속의 학문이 갖는 종속성이 유럽적 보편주의를 전제한 것이라면, 토착성을 앞세운 보편성은 초특수주의적 보편주의로서 유럽적 보편주의를 오히려 강화하는 것이 된다.

그렇다면 이같은 어려움을 극복하는 길을 어떻게 찾을 것인가? 그 '좁은 길'을 찾기 위한 방편으로 월러스틴은 '다원적 보편'이라는 형용모순을 동원한다. 보편성이 다원적이라는 것은 그것이 보편주의 속성을 갖는 것을 부정하는 것이 아닌가? 그럼에도 다원적인 보편주의가 필요하다는 것은 곧 특수주의에 기반을 두고 끊임없이 그로부터 견제를 받

2 이매뉴얼 월러스틴, 김재오 역, 『유럽적 보편주의 - 권력의 레토릭』, 창비, 2008.

아야 할 필요가 있다는 것이 아니겠는가? 그래서 월러스틴은 "끊임없는 변증법적 교환 속에서 우리의 특수한 것을 보편화하면서 동시에 우리의 보편적인 것을 특수화할 필요가 있다"고 주장하는 것이다.[3]

이 '좁은 길'의 모색에서 우리는 "하위주체는 말할 수 있는가(Can subaltern speak?)"라고 질문한 포스트콜로니얼리즘의 대가 스피박(Gayatri Spivak)을 기억하게 된다. 인도 출신으로 프랑스에서 공부하고 프랑스 철학자 자크 데리다(Jaques Derrida)를 영역하여 미국학계의 주목을 받은 스피박은 인도의 하위주체(subaltern) 역사학 연구에서 자극을 받았다. 그러나 그의 문제의식은 지구 제국의 중심부에서 인정을 받음으로써 비로소 보편성을 획득하게 되었다. 포스트콜로니얼리즘 곧 탈식민주의가 식민주의 본국의 인정을 받아야만 비로소 보편성을 가지게 되는 것, 이것이 세계학계의 현실이 아니겠는가? 학문의 보편성이란 무엇인지 다시 질문하게 되는 소이다.

2. '피더 스쿨(Feeder School)'과 한국의 대학, 대학원

한국의 대학시스템이 파행하고 있다. 고등학교 졸업자 수가 줄고 게다가 대학진학을 원하는 학생이 줄어드는 추세 때문에, 한국대학은 산술적으로나 현실적으로 규모를 대폭 축소해야 하는 상황에 처해 있다. 하지만 이런 상황은 단순한 규모축소 이상의 많은 문제를 낳는다. 그 중에서 가장 심각한 것은 모든 국내의 대학이 피더 스쿨(feeder school)로 변하고 있다는 사실이다. 카이스트 총장을 지낸 서남표는 이미 오래 전에 한국의 대표적인 대학, 이른바 SKY(서울대, 고려대, 연세대)조차 피더스쿨

3 위의 책, 61~90쪽.

이 되었다고 말한 바 있다.[4] 오래 동안 미국에서 교수생활을 하다가 와서 보니 국내대학이 더 한심했을지도 모르겠지만, 이것이 진실을 벗어난 지적이라고 할 수는 없다. 피더스쿨이란 "같은 지역의 특정 상급학교에 학생을 보내는 역할을 하는 학교"라는 사전적 정의를 가진 단어인데, 한국 유수의 '명문대학'조차 미국의 '대학원 중심대학'으로 학생을 보내는 역할 이상을 하지 못한다는 말이겠다.

한국대학의 피더스쿨로의 변화는, 두 가지 현실의 연쇄 속에서 실현된다. 하나는 미국대학 박사학위 소지자가 주요 한국대학의 교수직을 거의 대부분 점령하고 있는 현실, 다른 하나는 한국의 대학원은 거의 대부분 내부적으로 '붕괴'되어 있는 또다른 현실! 전자가 표상하는 현실 곧 미국유학파 엘리트들이 한국을 지배하면서 동시에 미국학계에는 종속되어 있는 현실은 한 연구자에 의해 '지배받는 지배자'로 묘사된다.[5] 후자 곧 한국 대학원의 붕괴현상은 어떤가? '명문대학'의 인문사회계 학과 대학원조차 정원을 채우지 못하고 있으며 또 진학하는 사람이 있다고 하더라도 이른바 '학력세탁'을 위한 사람들로 의심받는다. 국내대학에 취직하기 위해서는 미국대학의 학위를 가져야 하므로 국내대학원에는 우수한 학생이 진학하지 않는다, 다시 우수한 학생이 없는 국내 대학원에서 배출된 박사는 대학에서 임용하지 않는다는 이 기막힌 '악순환'!

이제 솔직하게 말할 때가 되었다. 국내의 대학원 지원제도인 BK(Brain Korea)사업 특히 그 중에서도 인문사회계열 대학원의 BK사업은 이 악순환을 은폐하기 위한 제도 이상이 아닌 것처럼 보인다. 국내 대학원 학생의 진학상황을 보면 금방 확인할 수 있다. BK사업을 지원받는 대학원

4 서남표, 『한국대학의 개혁을 말한다』, 생각의나무, 2008 참조.
5 김종영, 『지배받는 지배자』, 돌베개, 2015 참조.

학과는 학생을 채우지만, 그 학생들은 박사학위를 받아도 전공을 살려 연구하고 가르칠만한 직장을 구하는 것이 거의 불가능하다. 대학의 규모가 줄고 있거니와 국내 박사를 뽑지 않으니, 어디로 갈 수 있겠는가?

3. '인문학'이라는 병!

한국 인문학이 앓고 있는 병 두 가지가 있다. 하나는 대학이 만들어질 때 생긴 것이고, 다른 하나는 대학이 붕괴하면서 생기고 있는 병이다. 무엇인지 살펴보자.

한국의 인문대학에는 그 기원의 발생사적 흔적이 깊이 새겨져 있다. 1974년 서울대 문리과대학이 인문대학, 사회과학대학, 자연과학대학의 3개 대학으로 분리되었다. '인문대학'이 독립적으로 국내대학에 정착하기 시작한 것은 이때부터이다. 그러나 그 전 문리대 시절부터도 그랬지만, 국내대학의 인문학 편성은 어문학이 중심을 차지하고 있었다. 엄밀한 실증이 필요한 작업이겠으나, 범박하게 말해서 70-80%의 학과를 어문학 전공학과가 차지하고 있는 듯 보인다. 물론 여기에는 대학 설립 때의 현실성과 필요성이 반영되어 있었을 것이다. 요컨대 어문학을 포함한 인문학은 학과운영 비용이 많이 지출되지 않는다는 점, 그럼에도 외국어 전공자가 개발시대의 한국경제에 많이 필요하였다는 점이 복합적으로 작용하였을 것이다. 이렇게 인문대학이 어문학 중심으로 구성되면서 다른 분야 특히 철학 전공은 현저하게 소외되었다. 게다가 종교와 예술 등 인간의 믿음이나 정념, 미 등을 다루는 분야는 아예 인문학에서 배제되었다.

게다가 '문리대'의 분화로 한국대학에서 인문과 과학이라는 '두 문화

(two cultures)'의 거리는 더욱 멀어지게 되었다. 여기에 중등학교의 문리과 분리교육이 이런 현상을 더욱 부채질하였다. 인문사회계열 전공자가 자연과학을 모르는 것이 아무렇지도 않은 일이 되었다. 그 반대의 경우도 마찬가지인데, 이는 윤리적인 차원의 문제가 아니다. 인간을 드러내는 학문으로서의 인문학은 그저 문학, 사학, 철학이라는 3분과 학문으로만 구성되어 있어도 족한 것은 아니다. 인간의 얼굴을 드러내기 위해서는 인간과 관련한 모든 기초학문을 두루 알고 있어야 하는 것 아닌가?

1945년 이전 서구에서는 일반적으로 역사학과 함께 동양학과 인류학이 모두 인문학에 속해있었다. 그러나 그 이후 분과학문은 극단적으로 분화하기 시작했고, 인문학의 사회과학 지향도 강화되었다. 대신 예술과 인문학의 거리는 더욱 멀어지게 되었다. 반면 한국을 비롯한 동아시아지역에서 인문학은 "문, 사, 철"로 규정되고 제도적으로 정착되었는데, 아마도 일본의 학계가 토대를 닦았을 것이다. 반면 19세기까지 중국문명권에서 경사자집(經史子集)으로 분류되던 학문체계는 모두 인문학의 범주에 속하는 것이었다.

이것이 인문학이 앓고 있는 첫 번째 병이다. 곧 인문학의 본령에서 멀어진, 지나친 편향과 분화라는 병! 한국의 인문학은 '두 문화'의 거리를 좁혀야 한다는 과제를 지상명령으로 부여받고 있는 것이다.

대학이 대중화되고 그 영향으로 중등교육화의 과정을 밟고 있다는 지적은 1970년대 이래 미국대학에서도 줄곧 있어왔다. 대학이 중등화한다는 것은 대학이 연구를 경시할 수밖에 없다는 것과 동전의 양면을 구성한다. 동부의 아이비리그(ivy league)를 중심으로 한 연구중심대학을 제외하면, 미국의 대부분의 대학은 대중화된 교육체계를 가진 대학이거나 2년제 커뮤니티 칼리지(community college)들이다. 한국 대학은 1990년대 중반 이후 20여년 사이에 급속하게 팽창하였으나, 곧바로 축소를 강요당하게 되었다. 한국에서의 대학 팽창과 중등교육화 과정은 곧바로 '버블'로 직행하였으며, 대학 내의 인문학을 비롯한 기초학문은 직격탄을 맞았다. 인문대학부터 줄이는 것은 대학축소의 당연한 순서가 되었다.

게다가 4차산업혁명이 눈앞에 있는 것처럼 운위되는 지금, 과학기술 발전으로 인한 실업은 인문학에 또다른 차원의 타격을 입히고 있는 중이다. 이제 인문학 전공 졸업생들은 갈 곳이 없게 되었다. 기술발전과 '고용 없는 성장'의 여파를 직접적으로 맞고 있는 셈이다. 실업과 인문학 축소라는 또다른 악순환이 인문대학을 직접 타격하고 있다. 교육부는 여기에 PRIME사업이라는 독약을 품은 당의정을 대학에 건네고 있는 중이다. 인문대학은 대부분의 대학으로부터 '시한부생명'을 선고받았다.

다시 대학시스템에 대한 근본적 재고가 요청되는 시점이라 할 것이다. 대학에서 축출되고 있는 인문학을 어찌할 것인가? 대중인문학이 인기를 끌고, 아마추어 인문학자의 책이 서점가를 장악하고 있다면, 대학의 인문학은 그저 사멸해도 좋은 것인가?

이것이 한국 인문학의 두 번째 병이다. 대학에서 축출되면서 그 정체성도 함께 잃어버리고 정착할 곳을 찾지 못하고 있는 병! 이제 대학의 밖에서 인문학은 자신의 새로운 거처를 만들어가야 할지도 모른다.

4. 새로운 대학원 중심대학과 '기초학문 아카데미'

대학이 피더스쿨이 되고 대학원이 붕괴한 이 상황에서, 학문의 종속성을 탈피하고 보편성을 확보하기 위한 방안은 무엇인가? 두 가지 정도를 생각해볼 수 있겠다. 첫째, 기존 대학의 역할을 조정하고 분화시키는 것이다. 국내 모든 대학이 피더스쿨이 되는 것을 피하기 위해서는 내실 있는 '대학원 중심대학'을 육성할 필요가 있다. 이렇게 지정되는 대학원 중심대학은 학부를 대거 축소하거나 폐지해야 한다. 나머지 대학 중 우수한 대학을 중심으로 교양중심대학(liberal arts college)으로 편제하여 대학원중심대학의 피더스쿨 역할을 하도록 해야 한다. 4,500여 개에 달하는 미국의 대학 중 대학원중심대학은 아무리 많이 잡아도 불과 150여 개에 지나지 않는다고 한다. 그러나 한국에는 대부분의 대학에 대학원이 있고 또 대부분은 유명무실한 것 아닌가?

대학원중심대학과 교양교육대학 그리고 직업교육을 중심으로 하는 대학 등 역할에 따라 대학의 성격을 분리한 뒤, 대학원중심대학과 교양교육대학의 연계를 강화해야 할 것이다. 한편 이와 관련하여 국공립대학을 확대하고 네트워크화하는 것은 필수적인 전제 작업이 될 것이다. 예를 들어 광역화된 지역별로 대학원중심대학과 교양교육대학으로 대학의 역할을 분리하고, 교육과 연구의 체계를 대학별로 긴밀하게 연계시키는 방식으로 교육체계를 구축할 필요가 있는 것이다.

이와 아울러 전반적인 대학의 위상이 변화하고 있다는 점을 고려한 새로운 제도 혹은 매커니즘을 고민해볼 필요가 있을 것이다. 대학원 중심대학 곧 대학의 교육기능에 연구기능을 가진 대학원을 접합해놓은 새로운 대학은 19세기 후반 미국에서 처음으로 출현하여 20세기 표준적인 대학 모형으로 전세계에 전파되었다. 그러나 앞서 본바와 같이 교육과 연구의 결합이라는 대학의 모형은 서서히 파괴되고 있는 중이다. 대학에서 교육과 연구기능의 분리가 불가피한 현실이라는 점을 인정한다면, 그럼에도 한 사회 전체의 기초학문을 폐기해버릴 없다는 당위도 받아들일 수 있다면, 연구기능을 대학으로부터 분리시켜 새로운 연구전문 아카데미를 설립하는 방안을 모색할 필요가 있을 것이다.

국공립의 "기초학문 아카데미" 같은 새로운 기구를 설치하고, 여기에 기초학문 대학원을 병치하는 방법이다. 이는 미국식 대학원중심대학이 아니라 프랑스식 대학 모형과 유사성을 갖는 것이다. 프랑스는 대학이 주로 교육기능을 담당하고, 연구기능은 대학 밖의 전문 아카데미가 수행하는 방식의 역할분담이 이루어지고 있다. 혹은 구소련이나 중국, 대만 등이 채택하고 있는 과학아카데미 혹은 중앙연구원 등의 모델이 타산지석이 될 수 있을 것이다. 기초학문 아카데미에는 반드시 문리과 연구가 통합되어야 하며, 국내외 대학이나 연구기관과의 긴밀한 인적교류 및 공동작업이 필수적인 과정으로 설정되어야 할 것이다.

인문학과 자연과학, 사회과학 등의 기초학문이 한 사회를 지탱하는 기본이 된다는 것은 두말할 나위도 없다. 따라서 이를 학문의 시장논리에만 방치해두는 것은 그 사회의 토대를 스스로 허무는 일, 그 이상도 이하의 일도 아니다. 대학 구조개혁이 안팎의 사정으로 '강요되고' 있는 작금의 위기적 상황을, 오히려 기초학문 연구의 매커니즘을 더욱 튼실한 토대 위에 올려놓을 수 있는 좋은 기회로 삼는 지혜를 발휘해야 할 때다.

5. 학문적 보편성과 반성적 구체성

'새로운 인문학'은 학문적 종속성과 다원적 보편주의가 엇갈리는 가운데 드러나게 될 '좁은 길'을 찾아내어 자신의 길을 가야 한다. 그 좁은 길을 찾는 방법은 무엇인가? 다음 네 가지의 가능성을 상상해볼 수 있지 않을까 싶다. 첫째, 다원적 보편주의의 모색, 둘째 '두 문화'의 분리 극복, 셋째, 4차산업혁명에 맞춘 새로운 인간형 형성, 넷째 이를 모두 아우르는 반성적 구체성의 기반을 수립하는 것 등이다.

첫째 다원적 보편주의를 추구하는 방법에 대해 생각해보자. 잘 알다시피 근대 문학과 역사학은 국민국가를 만드는 데 필요한 국민을 양성하는 데 크게 기여해왔다. 한국의 경우도 예외가 아니었으나, 한국문학과 역사학의 민족주의적 경향성은 오히려 다른 어떤 국가보다도 더 강렬한 것이었다. 식민지와 분단의 경험이 그런 편향을 강화했을 것이다. 그러나 그런 민족주의적 학문은 모듈화된 것이어서 한국만의 독창적인 것도 아니었고, 학문적 보편성을 획득할 수도 없는 것이었다. 이런 수준이라면 한국 인문학의 종속성 탈피는 언급할 가치도 없을 것이다.

한국의 역사학과 문학이 보편주의적 지형 위에 자신을 세우기 위해서는 자신의 경험 속에서 보편성을 확인해나가지 않으면 안된다. 그런 경험 중에서 가장 현저한 것이 바로 식민주의의 경험이다. 요컨대 식민지배의 경험이라는 특수성을 보편주의적 인식으로 만들어나가는 것, 그것이 바로 탈식민주의가 지향하는 가치이다. 예컨대 식민지근대(colonial modern) 혹은 트랜스모던(trans-modern)이라는 발상[6]을 바로 그 사례로 들 수 있을 것이다. 이런 인식은 세계체제의 주변부에서 일어난 경험을 보편주의적 경험으로 인식하되, 타자와의 상호성을 인식지평 속으로 끌어들인다는 점에서 기존의 서구중심적 근대인식과 차이가 있다. 요컨대 특수의 보편화와 보편의 특수화를 끊임없이 되풀이할 필요가 있는 것이다.

둘째, '두 문화'의 분리 극복에 대해 살펴보자. 학문의 분화만큼이나 오랫동안 학제간(multi-disciplinary) 연구의 필요성이 언급되어 왔다. 그럼에도 그 동안 학제간 연구가 분과학문의 독립성을 강화하기 위해 이용되어 왔다는 사실도 우리는 아울러 잘 알고 있다. 왜 이런 일이 생기는 것인가? 한국의 대부분의 연구자들은 중등학교 이후에 다른 학문에 대

6 윤해동, 『근대역사학의 황혼』, 책과함께, 2010 참조.

해서 배우거나 공부한 적이 거의 없기 때문이다. 요컨대 두 문화의 범주를 넘어서는 연구를 할 수 있는 능력을 갖고 있지 않기 때문에, 이런 노력은 언제나 구두선에 그치고 마는 것이다. 우선은 중등학교와 대학의 학제를 고쳐서, 연구자들이 다른 문화를 공부할 수 있게 만들어야 한다. 다음으로 대학원의 학과구분을 다양한 융합이 가능한 방식으로 통합해야 한다. 게다가 이런 융합연구를 파격적으로 지원하는 정부의 지원시스템이 수립될 필요가 있다. 또 융합을 통한 창의성을 고민하는 학문적 지향이 겪어야 할 실패에 대해 더욱 관용적이어야 한다. 이미 확립된 분과학문의 입장에서 볼 때, 모든 융합학문은 전통적인 학문에 미달하거나 지나친 것이 될 가능성이 높다.

셋째, 4차산업혁명에 맞춘 새로운 인간에 대한 고민이란 무엇을 말하는 것인가? 과학과 기술의 발전은 인간 자체를 급속하고 심각하게 변모시키고 있다. 더욱이 4차산업혁명이 인간의 모습을 완전히 바꾸어 놓을지도 모른다는 예측은 이제 별로 놀라운 일도 아닐 정도가 되었다. 빅히스토리 연구자 가운데 한 사람인 이스라엘의 유발 하라리는 호모 사피엔스의 종말을 멀지 않은 장래에 일어날 일이라고 예측한다.[7] 혹은 브루스 매즐리시가 인간과 기계의 불연속성이 해체될 것이라고 예측한 지 오래지 않은 지금 실제 변화는 훨씬 빠른 것처럼 보인다.[8] 이제 '트랜스휴머니즘'의 시대가 되었으며, 곧 '포스트휴먼'의 시대가 도래할 것이라고들 한다.[9] 호모 사피엔스의 종말 혹은 포스트휴먼 시대의 도래란 인문학에게 무엇을 의미하는 것인가?

거기까지 가지 않는다고 하더라도, 인공지능이나 빅데이터가 초래할 기존 분과학문의 혼란 역시 가벼운 것이 아니다. 이미 빅데이터는 인간

---

7 유발 하라리, 『사피엔스』, 김영사, 2015.

8 브루스 매즐리시, 김희봉 역, 『네번째 불연속』, 사이언스북스, 2001.

9 신상규, 『호모 사피엔스의 미래』, 아카넷, 2014.

의 생활에 깊숙이 침투하여, 커다란 변모를 초래하고 있는 중이다. 혹자는 빅데이터가 샘플링 분석을 중심으로 삼는 근대 사회과학의 기법을 무용지물로 만들어버렸다고 주장하고, 사회과학의 정체성을 형성하기 위한 새로운 모색이 필요하다고 말하기도 한다. 역사학 역시 빅데이터의 영향으로부터 자유로울 수 없다. 어쩌면 빅데이터의 통계분석이 역사학의 중심분야로 부상한다면, 역사학과 사회과학을 구분하기가 어렵게 될지도 모른다. 그렇다면 역사학은 어디로 가야 하는 것일까?[10]

마지막으로 반성적 구체성에 관한 것이다. 이는 계산에만 매달리는 '합리성' 혹은 과학을 향한 '물신숭배'에 관한 것이다. 근대 인문학은 인간의 이성에 기반한 것이 아니라, 계산가능성에 기댄 합리성 곧 예측가능한 합리성에 크게 의존해왔다고 해도 지나치지 않다. 이런 합리성은 이성과는 다른 것이다. 게다가 근대학문의 과학을 향한 물신숭배 역시 지나친 바가 있었다.[11] 이를 넘어서기 위해 필요한 것은 반성적 구체성이다. 구체성이 가지는 다양성에 바탕을 두되, 그 구체성은 반성적인 것이어야 한다.

이런 방식으로 우리는 어설프더라도, 종속성과 보편성 사이로 난 좁은 길을 애써 찾아서 나아가야 한다. 그것이 주변부 지식인의 운명만이 아니라 인류라는 더 큰 세계를 위하는 길이기도 한 까닭이다.

---

10 윤해동, 「제도로서의 역사학과 '민족서사'의 미래」, 『역사학보』 228집, 2015 참조.

11 마르쿠스 가브리엘, 김희상 역, 『왜 세계는 존재하지 않는가』, 열린책들, 2017.